JN228138

医師　斉藤佳苗

LGBT問題を考える

基礎知識から海外情勢まで

鹿砦社

医師
斉藤佳苗

LGBT問題を考える
基礎知識から海外情勢まで

鹿砦社

目　次

第一部　LGBT問題　基礎知識編

第二部　さらに深掘り！　詳論編

付　録

序　文

本書は私が個人的にnoteやXなどネット上に書いてきた記事を本の形にまとめたものです。

私自身はふつうの臨床医で（特に医師とは公言してなかったので、今回初めて知ったというフォロワーさんがほとんどかと思いますが）、社会学の専門家でもジェンダー学の専門家でもなく、去年（2023年）の1月頃までは「LGBTやトランスジェンダーという言葉を聞いたことがある気がする」という程度でした。

あることをきっかけにトランスジェンダーを巡る問題に関心を持ち、アメリカ人トランスジェンダー学者と対話し、海外での現状を知り、性的少数者当事者の声などを聞いた結果、現在急速に日本でも広まりつつあるLGBT思想（性別は肉体では決まらないという考え方）に基づいて社会制度を設計してしまうと、とんでもないことになってしまうから止めなければならないという考えに至りました。

その過程で勉強してきたことを多くの人にも知ってほしいと思い、まとめたのが『LGBT問題の基礎知識』という記事、ならびにそれに関連した歴史や出来事にまつわる各記事です。

前述のとおり、私は決してこの問題の専門家ではなく、ほんの1年前までほとんどなんの知識も無かった人間です。しかしそんな素人目線でまとめられた内容だからこそ、多くの人にとって読みやすく、理解しやすいものになるのではないかと声をかけていただき、このたび、本を出させていただくことになりました。

私自身はLGBT思想（性別は肉体では決まらないという考え方）やそれに基づいて制度設計をすることには反対の立場ですが、賛成するにしろ反対するにしろ、まずは正確な知識や情報を手に入れることが最も重要と考えます。

基礎的な知識が無いまま騒いでも、有効な対策は立てられませんし、むしろ新しく問題を引き起こしてしまう可能性もあります。

LGBTとは何か？　いったい、何が問題視されているのか？　海外では何が起こっているのか？　LGBT理解増進法の目的や懸念は何か？

それぞれについて、まずは正確な事実を知っていただき、その上で判断してほしいと思っています。そのため、少なくとも基礎知識編においては、記述の内容はなるべく中立的な表現になるよう努め、過激な表現は使わないように心掛けました。

LGBT思想に反対の方も、賛成の方も、まずは読んでいただき、その上で内容の誤りがあると思えばぜひご指摘いただきたいですし、異論反論があればぜひ聞かせていただきたいと思っています。

声をかけていただいた鹿砦社様には、貴重な機会をいただけたことを感謝します。

斉藤佳苗（Xハンドルネーム：エスケー）

本書の構成

本書は前半の第一部「基礎知識編」と後半の第二部「詳論編」に分かれています。

「基礎知識編」はLGBT問題について全く何も知らない人に向けたもので24ページしかありません。しかしこの24ページを読みさえすれば、問題の概要が把握できるように書きました。

後半の第二部「詳論編」は、さらに細かい内容、具体的な内容に踏み込んだものです。LGBT問題について概要を把握した上で、もっと詳しく知りたいとか、具体的な事例について知りたい人に向けたものです。

「基礎知識編」に、詳論の関連項目とページ番号があるので、「基礎知識編」を読みながら気になる項目があればそれを詳しく読んでみる……という使い方をしてもらえればいいかと思います。

このLGBT問題は、哲学、フェミニズム、ジェンダー学、政治、経済、宗教、医療、教育と、非常に幅広い分野にまたがっており、一朝一夕で全体像を把握することは非常に困難だろうと思われます。それぞれのペースで少しずつ知っていってもらえればと思います。

第　一　部

ＬＧＢＴ問題
基礎知識編

LGBTとは

レズビアン、ゲイ、バイセクシャル、トランスジェンダーといった性的少数者を指す言葉。

キリスト教、イスラム教、ユダヤ教の国では宗教上の理由で激しく弾圧されてきた歴史がある。

近年ではQ（クィア、クエスチョニング）、I（インターセックス）、A（アセクシャル、アロマンティック、アライ）、+（その他）を付け加えて、「LGBTQIA+」としていることもある。

さらにはより多くの属性を加えて「LGBTQQIAAPPO2S」とすることも。ここまでくると意味がわからなくなる。

以下で各項目について説明。

L=レズビアン

女性を性的対象とする女性。

G=ゲイ

男性を性的対象とする男性。

B=バイセクシャル

男性と女性の両方を性的対象とする人。

T=トランスジェンダー

肉体の性別と性自認（ジェンダーアイデンティティ）が一致しない人。場合によっては、従来の性規範（男らしさ、女らしさ）に当てはまらない人や、当てはまらないと自分で感じている人がトランスジェンダーに含まれることもある。

Q=クィア

元々は「変態」という意味の英単語。かつては欧米において同性愛者に対する蔑称として使われていたが、のちにそれを自称としてあえて使う人も現れ始め独特な文化を形成した。さらには1990年代に生まれたクィア理論（既存のルールや規範に疑問を投げかける考え方。性別は肉体では決まらないというLGBT思想の基礎理論）の影響を受け、自らクィアを自称するムーブメントが起こった。クィアを自称する人は、奇抜な格好や外見をしていることも多い。アメリカなどではクィアを連帯の言葉として、あらゆる性的少数者の総称的に使用することもあるが、それに反発を示す当事者も少なくない。

Q=クエスチョニング

自分自身のジェンダーアイデンティティ（性自認）が何かわからない人。定まっていない人。

I=インターセックス

性器の形状や染色体、遺伝子などが、典型的な男女とは異なる形態をしている性分化疾患の人々のこと。

その一部は、かつて両性具有やふたなり、半陰陽などと呼ばれていたが、現在では誤解を招きやすい差別的な表現とされる。当事者にはインターセックスよりも、DSDs（Differences of sex development：体の性の様々な発達）の呼称の方を好む人も多い。しばしばLGBT活動家が「性別はスペクトラムであり男女の2つには分けられない」という主張の根拠としてDSDsの人々を利用するが、それに傷ついたり迷惑に思っている当事者は多い。DSDsはあくまでも男性の中の多様性、女性の中の多様性。「男でも女でもない」という表現は正しくなく、当事者を傷つけるため要注意。

A=アセクシャル
　他人に性欲を感じない人。

A=アロマンティック
　他人に恋愛感情を感じない人。

A＝アジェンダー
　ジェンダーアイデンティティが無性の人。

A=アライ
　LGBTQ＋権利運動をしている人。日本語では「仲間」「同盟」という意味。昔は異性愛者に限って表現される言葉だったが、現在では自分の性的指向などに関係なく、相手の性的指向や性自認・セクシュアリティを尊重し支持する人のことを指す。つまり、ゲイのアライもいればレズビアンのアライもいるということ。そして性的少数者でもアライではない人はいる。
　……すなわち、一部のクィアがパレードで性器を露出したり公開SMをしているのを批判するような人はアライになれないし、未手術のトランス女性がジムの女子更衣室に入れてもらえず施設を訴えたら（アメリカで実際に起こった裁判）アライはそれを応援しなければならないということ。なかなかハードルが高い。

P=ポリアモラス／ポリアモリー
　複数を対象とした恋愛を同時進行する人およびそのような状態。恋愛対象が1人に絞られず、複数を同時に愛し、全てのパートナーの同意の元に、恋愛を同時進行する。二股や三股との違いは、了承を得た上でそれぞれを心から愛している点。相手が1対1の交際を求めるタイプだと成立しない。

P=パンセクシャル

相手の肉体やジェンダーアイデンティティ（性自認）のタイプに関わらず恋愛感情を抱く人。日本語では全性愛者という。相手の性別を意識せず、「人」として認識しているのが特徴。

O=オムニセクシャル

相手の肉体やジェンダーアイデンティティ（性自認）のタイプに関わらず恋愛感情を抱く人。パンセクシャルと同じく日本語では全性愛者という。パンセクシャルとの違いは、相手のセクシャリティを理解した上で恋愛感情を抱く点。

2S=トゥースピリット

複数の性的役割をする男女。アメリカやカナダの先住民で認識されている性で、「自分に男性と女性両方の魂が存在している」と感じる人たちのこと。また、男性と女性両方の役割を果たしている人のことも意味する。

＋＝上記のもの以外も含む全ての性的少数者を指す。

2023年6月に成立したLGBT理解増進法は、あくまでLGBTが対象。

しかし日本でも使用されつつあるLGBTQ+という表現には「+」があるため、上記やそれ以外も対象になる。「“全ての性的少数者”には何が含まれるのか？」という点はしばしば議論になり、時には「小児性愛（ペドフィリア）や獣姦・動物性愛（ズーフィリア）、屍体愛好者（ネクロフィリア）なども含まれるのか？」という過激にも聞こえる意見もあるが、少なくとも国連の関連団体でもあるLGBT活動家団体であるILGA（国際レズビアン・ゲイ協会）などは「LGBTQ+に小児性愛者は含まない」と表明している。ただし、1994年まではILGAの中にNAMBLA（北米男性/少年愛協会）

などの小児性愛者の権利団体が含まれており、国連の関連団体になる際にそのことが問題になったことがきっかけでILGAから追放したという経緯があったことは留意したい。また、ドイツの小児性愛者の権利団体Krumme-13などは自分たちのことを「MAP（minor-attracted person：未成年者に惹かれる人)」と表現し、自分たちが性的少数者でありその権利もまた保護されるべきだと主張している。Krumme-13は性的同意年齢を12歳に引き下げることを求める一方、ドイツ議会に子供の自己決定権に関する請願書を提出して受理されるなど、非常に活発に政治活動をしている団体でもある。

ジェンダーとは

1950年頃にアメリカの性科学者ジョン・マネーや、精神分析学者ロバート・ストラーが提唱した概念。元々のジェンダーの意味は女性名詞、男性名詞などの単語の「性別」を指す言語学の言葉だった。

マネーとストラーは、生まれながらの肉体の性（sex）の規範とは異なる行動をとる人々がいることに着目し、それを彼らの性別に関する自己認識（性自認、ジェンダー・アイデンティティ）が肉体の性（sex）と異なっているためだと考えた。

マネーはジェンダーの形成には環境要因が大きいと考え、生後18ヶ月まではジェンダーは中性なので肉体の性とは異なる性へと性転換可能であると主張していた。これをきっかけに、医学、精神医学だけでなく、社会学やフェミニズムの分野でもジェンダーが研究され始め、今ではジェンダーは非常に複雑な概念を持つ言葉になっている。

1990年に哲学者ジュディス・バトラーが主張した「セックス（肉体の性）もまた文化的に構築されたものであり、その点においてセックスもまたジェンダーである」という理論が学者間で広く受け入れられてからは、ジェンダー・アイデンティティこそが性別を決定する最も重要な要因であるという考えが欧米を中心に広がっている。

1990年にテレサ・デ・ラウレティスというアメリカのジェンダー学研究者が、当時バラバラになりかけていた性的少数者を含むエイズ患者たちを団結させる目的で「クィア理論」というものを提唱し、それに哲学者ジュディス・バトラーが現代哲学的肉付けを行い、性別二元論を否定した（性別は男と女の2つだけではないと主張）。

このクィア理論はLGBT活動家やフェミニスト、学術関係者らに広く受け入れられ、世界中に今日まで続く大きなムーブメントを起こし、各国にジェンダー・セルフID制度（医師の診断書や性別適合手術無しで、本人の自己申告のみで法的な性別変更を可能にする制度）を認めさせるなど、社会制度を変革させるほどの影響力を持っている。

【関連事項】

●ジェンダー理論の歴史　→32ページ
●ジュディス・バトラーの「セックスは常に既にジェンダーである」の解説　→44ページ
●LGBTをめぐる世界と日本の動き　→267ページ

新しい性別分類について

性別の分け方には、外性器の形で男と女に分類する従来の性別分類法と、クィア理論に基づいた新しい性別分類法がある。

現在は国連をはじめ、多くの先進国が新しい性別分類法を採用しつつある一方、日本ではまだ浸透しているとは言い難い。

ここでは、新しい性別分類法について解説する。

新しい性別分類法においては、性別は ①肉体の性別、②性自認（ジェンダーアイデンティティ）、③性的指向、④性表現　の4つの要素で構成される。

池田市公式ホームページより

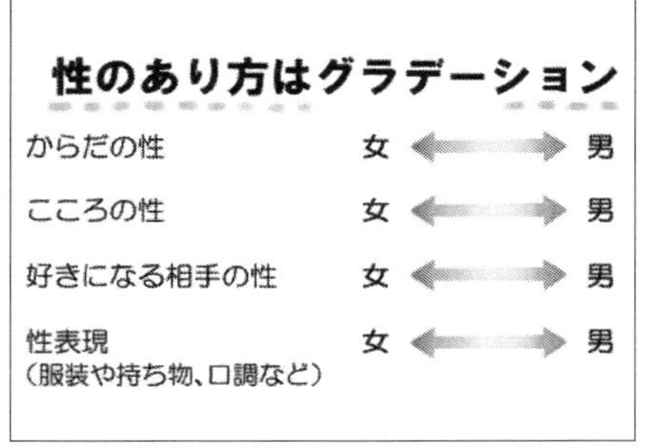

四條畷市公式ホームページより

①肉体の性

基本的には生まれた時の性別により、男性/女性に分けられる。

※DSDs（性分化疾患、インターセックス）の人については、染色体や遺伝子検査などから医師が診断した性別で判断。
「半陰陽」「両性具有」「男でも女でもない」「第3の性」などという表現は多くの当事者を深く傷つけることになるため要注意。

②性自認（ジェンダーアイデンティティ）

自分の性別の認識によって、男性/女性/Xに分けられる。

Xジェンダーは単純に男性、女性と決められない場合の分類。「中性」「無性」「男でも女でもある」「その時々で男になったり女になったり」などが含まれる。

※Xジェンダーは日本独特の概念である。海外ではクィアに分類されたり、ノンバイナリー(男でも女でもない)、ジェンダーフルイド（その時々で男になったり女になったり）など個別の名称を与えられたりする。

③性的指向

本人の性自認、および性的対象の性別により分類される。

※性的指向のベースを肉体的にするのか、性自認にするのかは意見が分かれている。あくまで肉体がベースだと主張する当事者は多い。

男性→女性、女性→男性：ヘテロセクシャル（異性愛者）

男性→男性：ゲイ（男性同性愛者）

女性→女性：レズビアン（女性同性愛者）

男性→男女、女性→男女：バイセクシャル（両性愛者）

男性→全部、女性→全部、X→全部：パンセクシャル、オムニセクシャル（全性愛者）

男性→無し、女性→無し、X→無し：アセクシャル

④性表現

服装や言葉遣い、振る舞いが男っぽいか、女っぽいか、中性か。

①肉体の性と②性自認が一致していればシスジェンダー、一致してなければトランスジェンダーに分類される。Xジェンダーはトランスジェンダーの一種。

肉体の性：男性、性自認：男性→シスジェンダー男性（シス男性）

肉体の性：女性、性自認：女性→シスジェンダー女性（シス女性）

肉体の性：男性、性自認：女性→トランスジェンダー女性（トランス女性、MtF［Male to Female］）

肉体の性：女性、性自認：男性→トランスジェンダー男性（トランス

男性、FtM［Female to Male］）

肉体の性：男性、性自認：X→Xジェンダー（MtX）

肉体の性：女性、性自認：X→Xジェンダー（FtX）

トランスジェンダーの中で、身体違和（性自認と異なる肉体であることに対する違和感）が強く、性別適合手術を行なった人、あるいは手術を希望している人のことをGID（gender identity disorder：性同一性障害）と呼ぶ。

日本においては、手術などの条件を満たしたGIDは戸籍の性別を変更することができる。

身体違和が強くなく、手術を希望しないトランスジェンダーもいる。

※厳密にはGIDの中で中核群（手術やホルモン治療を希望する身体違和が強い人々）と周辺群（肉体への違和感は強くない人々）が存在する。中核群の中で性器手術にまで至った人を救済する目的で2003年に作られたのが性同一性障害特例法（戸籍の性別を変更できる法律）であった。現在は、WHO（世界保健機構）がICD-11において疾患の分類を変更し、GIDを精神疾患から外すとともにその名称をGender Incongruence（性別不合（仮訳））に変更。日本も将来的にそれに合わせる予定と思われる。

●具体例 1

一般的な異性愛者の男性であれば

①肉体の性：男性

②性自認：男性

③性的指向：女性

④性表現：男性

となり、ヘテロセクシャルのシス男性となる。

●具体例 2

①肉体の性：女性

②性自認：X（無性）

③性的指向：無し

④性表現：中性

この場合は、アセクシャルのXジェンダー(FtX) もしくはノンバイナリーになる。

※ノンバイナリー…自身の性自認・性表現に「男性」「女性」といった枠組みをあてはめようとしないセクシュアリティ

●具体例 3

①肉体の性：男性

②性自認：女性

③性的指向：女性

④性表現：女性

この場合はレズビアンのトランス女性になる。

なお、女性を性的対象とするトランス女性の割合は多く、日本の調査では少なくとも約6割[※1]、アメリカの研究では4割超がレズビアンまたはバイセクシャルであるとの結果[※2]が出ている。

※1 厚生労働省. 職場におけるダイバーシティ推進事業報告書 (2018) p121〜123を参照。
https://www.mhlw.go.jp/content/000673032.pdf

※2 Sari L. Reisner. Sexual orientation in transgender adults in the United States. BMC Public Health. 2023
https://bmcpublichealth.biomedcentral.com/articles/10.1186/s12889-023-16654-z

また、性自認と性表現が同じとは限らないため、性自認が女性であっても外見的に明らかに女性に見えない場合もある。

「ヒゲや胸毛が生えたトランス女性」や「男性にしか見えないトランス女性」は海外において実在し、法的女性として認められている。(次頁上図)

上記の分類法は日本独自な点も多い。

参考までに海外の分類も紹介する。

(1) ストーンウォール系の分類

イギリスの大手LGBT活動家団体であるストーンウォールなどが提唱

ウェールズの著名なトランス女性アレックス・ドラモンド。レズビアンだと公言している

2023年に法的性別を女性に変更したスペインのフランシスコ・ハビエル。妻子あり。性別適合手術や女性ホルモン投与、女性名への変更や女性装をおこなっておらず、今後もやる予定はない。勤務先である軍の女子更衣室の使用制限を巡って、現在裁判を起こしている

する分類。

「トランスジェンダー」という言葉の傘の中に様々な属性を含むことを特徴とする(アンブレラ・ターム)。

常に変化を続ける言葉であり、2014年時点では下図のように、MtFやFtMはもちろん、クロスドレッサー(異性装) やエイジェンダー(ジェンダーがない)、ドラァグクィーン/ドラァグキングなども含んでいた。

ストーンウォールなどが提唱する分類

(2)国連による定義

引用元　*https://note.com/mojamojappa/n/nd0e85be74373*

国連による定義もアンブレラ・タームを採用しており、非常に多彩である。

「社会で求められる性役割と異なるふるまいをする者、あるいは自身をそのように認識する者」は全てトランスジェンダーと分類される。

※2024年2月頃にこの定義は変更され「出生時に割り当てられた性と一致しないジェンダーアイデンティティ（性自認）を持つ人々」に変更された。ただし「身体や性別の表現を自分のアイデンティティと一致させようとする人もいれば、そうでない人もいる」と書かれており、手術やホルモン治療は必須ではなく、またジェンダーアイデンティティと一致する外見を持つ必要はないということから髭の生えたトランス女性などの存在も許容する内容。"アンブレラターム"という表現は削除。クロスドレッサー（異性装者）はクィアの一部へとカテゴリーを移された。

現在の国連によるトランスジェンダーの定義は右頁下のようなものになっている。

【参考】

・LGBTQとは？【当事者監修／2022年度最新版】
https://jobrainbow.jp/magazine/whatislgbtqia
・Xジェンダーとは？【男女の枠に属さないってどういうこと？】
https://jobrainbow.jp/magazine/xgender
・Transgender*: The Rhetorical Landscape of a Term
https://www.presenttensejournal.org/volume-3/transgender-the-rhetorical-landscape-of-a-term/
・上記を日本語に訳した図
https://truncheon.hatenablog.com/entry/2020/03/18/174137
・国連の以前の定義（アーカイブ）
https://archive.is/2023.08.01-070624/https://www.unfe.org/definitions/
・国連の現在の定義
https://www.unfe.org/know-the-facts/definitions/

トランスジェンダー とは

（略してトランス）

外見や特徴が性役割に対して非典型的なアイデンティティを持つ人々を指す

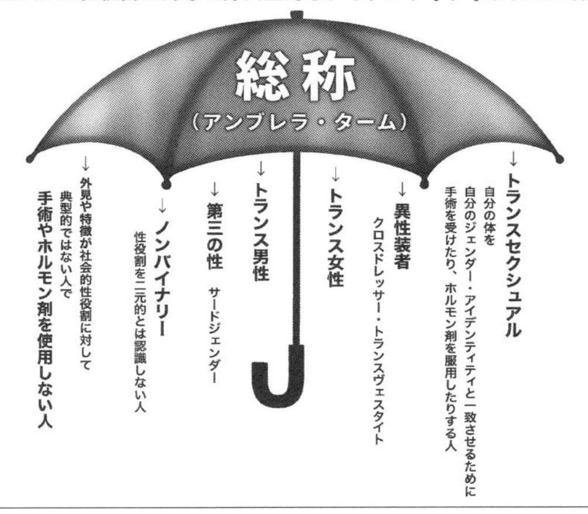

国連の新定義 2024（翻訳） https://www.unfe.org/know-the-facts/definitions

「トランスジェンダー」

出生時に割り当てられた性別と一致しない
ジェンダー・アイデンティティを持つ人々を表す言葉

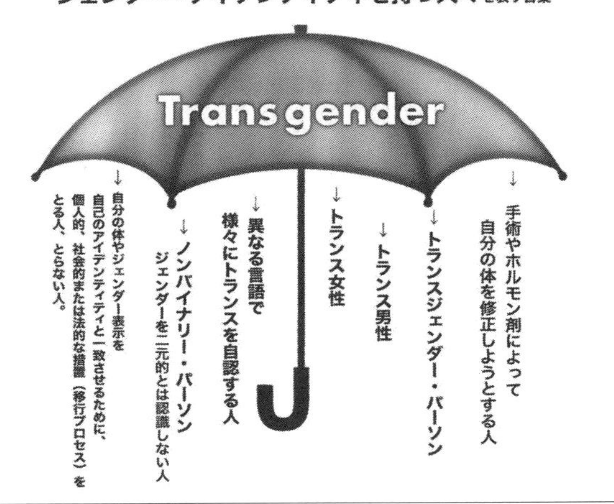

LGBT思想とは

クィア理論に基づいた、新しい社会を目指す思想。性的マイノリティを含む全ての人が自分らしく生きられる世界を目指している。トランスジェンダリズム、ジェンダー・イデオロギー、性自認（至上）主義などの言葉も同様の意味で使われているが、いずれもLGBT思想に批判的な立場の人が用いることが多い。

肉体の性別よりも性自認を重視したシステムへの変更を求めることが多く、トランスジェンダーが性自認に応じたトイレや更衣室を使えるように求めたり、トランス女性が女子スポーツの大会に出られるように求めたり、トランス女性の女子大への入学を支持したりする。

またはトイレのオールジェンダー化など、性別による区分を無くす方策を求めることもある。

日本においては、日本政府に対して欧米並みのLGBT差別禁止法を作るように求めたり、戸籍の性別変更における手術要件の廃止（性別適合手術なしで法的に性別を変更できるようにする）、同性婚の合法化などを求めている。

LGBT思想に基づいて、社会変革運動を行っている人のことをLGBT活動家と呼ぶ。またそれに賛同する人のことをアライ（Ally:支援者）と呼ぶ。

現在もかなりたくさんのLGBT活動家団体が活発に活動しており、自治体と連携して差別禁止条例を作ったり（2024/7/5時点で全国で92の自治体が条例を制定）、学校教育の現場で子供たちにLGBT思想についての教育を行ったり、企業や団体がLGBTフレンドリーかを評価する認定制度を行っていたりする。

このように人々への啓発と教育を行って、社会を変革することが目的。

LGBT思想に批判的な人たちは、この思想をLGBT思想、トランスジェンダリズム、ジェンダー・イデオロギー、性自認（至上）主義などと呼んで批判している。

LGBT思想に批判的な人たちは、活動家たちからはしばしば「反トランス派」「TERF（ターフ）（トランス排除的ラディカルフェミニストの略）」「トランスヘイター」「トランスフォビア」「差別主義者」などと呼ばれることがある。

一方で批判者の中には自分をGC（ジェンダー・クリティカル）であると自称する人たちもいる。ジェンダー（社会的性別）とセックス（生物学的性別）は明確に区別するべきだと主張し、セックスは現実（Real）であり重視すべきだと主張する、トランスジェンダリズムに対して批判的な、ジェンダー批判的フェミニストのことらしい。

★LGBT当事者≠LGBT活動家であることに注意★

日本においては、LGBT思想に賛同しない当事者が多いという話もある。日本の性的少数者の割合は調査によって3〜10%とバラツキがあるが、少なく見積もっても360万人、多ければ1200万人である。そのうち活動家と呼ばれる人々は数百人、その賛同者を含めて多く見積もっても1万人いるかどうかであり、性的少数者の1%に満たないだろうと言われている。そのような中で、LGBT活動家の意見がまるで性的少数者の総意であるかのように思われるのは迷惑だという意見も多々ある。

一部のLGBT活動家は、LGBT思想に賛同しない当事者に向かって「活動に賛同しないならば、LGBTではない」「政治的連帯をしない者はLGBTではなく、ゲイ（G）でもない。ただのホモセクシャルだ」と主張した。そのため、LGBT活動家に反発を感じている男性同性愛者は「ホモ、オカマ」を自称する人も多い。（そもそも、ホモやオカマという言葉を以前から抵抗なく使っていた当事者も少なくない）

北村雄二：ゲイ当事者であり、作家・ジャーナリスト

三橋順子：トランスジェンダー当事者、研究家

トランスジェンダリズムとは

1965年にジョン・F・オリベン博士が医学書の中で使ったのが最初。

トランスセクシャリズム（性別適合手術を行う人々）という言葉に対して、トランスジェンダリズム（性別適合手術の有無に関わらず肉体の性とは異なる性別を自認する人々）が使われた。

その後、当事者のコミュニティや医学界などでも普通に用いられ、本や学術誌などのタイトルでも使用されていた。

日本においても2003年に『トランスジェンダリズム宣言』という本が発売されて、しばしば論文にも引用されていた。

ところが、2010年頃からLGBT思想批判派（活動家からは反トランス派と称される）の人々により「トランスジェンダリズム」という言葉が批判的文脈で使われるようになり、当事者や支持者が使いにくい雰囲気になってしまった。

その結果、この単語を使うのがLGBT思想批判派ばかりになり、いつのまにかトランスジェンダリズム=反トランス派の言葉というイメージになり、今ではまるで差別用語のような扱いをされている。

類義語にジェンダー・イデオロギー、トランス過激主義、ジェンダー・カルト、性自認至上主義などがある。

『トランスジェンダリズム宣言』/
社会評論社

ジェンダー・セルフID制度（性自認法）とは

政府に自身の性自認を申告することによって、法的に性別を変更することができる制度。

精神科医の診断書などは不要で、もちろん性別適合手術も行う必要は無い。

2012年にアルゼンチンが始めたのを皮切りに、数十カ国がこの制度を導入している。

以下の図は、LGBT権利団体のサイトや、国際的なLGBT活動家団体であり国連の関連団体でもあるILGA（国際レズビアン・ゲイ協会）が2019年に発行した『TRANS LEGAL MAPPING REPORT（2019）』を参考に作成したものである。

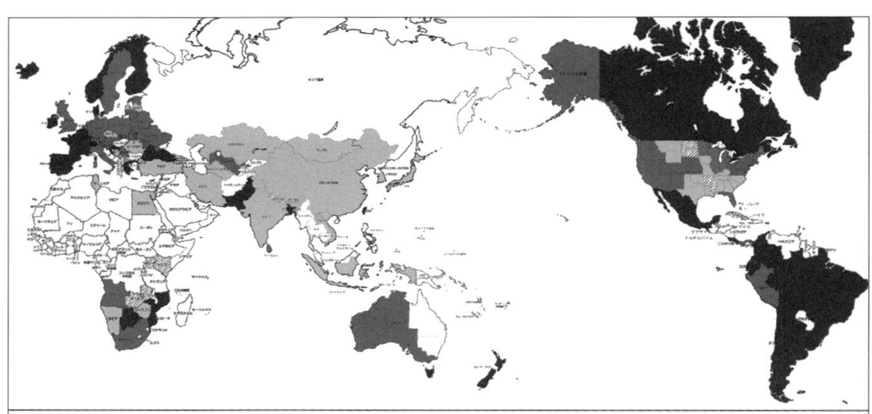

□法的性別変更不可
■性別適合手術が必要
■診断書が必要（性別適合手術は不要）
■性別適合手術も診断書も不要で法的性別を変更可能
▨条件が不明

※アメリカ合衆国については運転免許証の法的性別に関する条件。出生証明書の性別変更はまた条件が異なる。パスポートの性別変更は医師の診断書があれば可能（性別適合手術は不要）。

南米、北米、ヨーロッパを中心に未手術での法的性別変更や、医師の診断書さえ不要とする国が少なくないことがわかる。

最近でも2023年にスペイン、フィンランドがジェンダー・セルフID制度を導入しており、またドイツやスウェーデンにおいても法案が可決された。

凄まじい勢いでその範囲を拡大している状況である。

日本においてもLGBT活動家がGID（性同一性障害）の戸籍性別変更における手術要件の廃止を求めている。

2023年10月に手術要件のうち生殖腺要件が違憲と判断され、要件が無効化された。これによりFtM（女性から男性へ）については手術なしで子宮と卵巣を持ったままでの戸籍性別変更が可能となり、2024年7月時点で数十人が戸籍性別変更を行っている。外観要件（異性と類似した性器の外観を持つこと）については、広島高裁に差し戻されて審議され、2024年7月、外観要件違憲とされなかったものの、性別適合手術を受けていない状態でも女性ホルモンのみで外観要件を満たすという奇妙な決定が出てしまった。事実上、男性器のあるままで戸籍性別を変更できるようになってしまったと言えるだろう。

このような制度のもとで、果たして社会に混乱が起こらないのか疑問に思う方も多いだろう。もちろんトラブルは多発している。女子トイレや女子更衣室などの女性スペースに肉体が男性の人物が入ることによるトラブルはもちろん、女子刑務所や女性用シェルター内ではトランス女性による性暴行事件が複数発生。スポーツにおいては明らかな体格差のあるトランス女性が、女子の大会で優勝したり、女子記録を更新し、女子スポーツが崩壊してしまうと強い批判を浴びた。そのような状況に苦言を呈した人々は激しい攻撃を受け、中には仕事や職を失う者まで出現し、大きな問題となっている。

社会に大きな混乱を招いた結果、近年はアメリカの各州で夥しい数のLGBT思想に反対するような法案が提出され（反トランス法：Anti-Trans Billsと呼ばれる）、またイギリスは行政に深く関係していたLGBT活動家団体との関係を断ち切り、女性専用スペースを確保する方針を示したり、犯罪者の法的性別変更を認めない法案を作成。他の国々でもトランス女性の女子スポーツ参加を禁止する法律が制定されるなど、世界中で大きな揺り戻しが起こりつつある状態である。

ちなみにジェンダー・セルフID制度の学問的根拠はクィア理論で、これはアメリカ人哲学者ジュディス・バトラーの「セックス(肉体の性)は常に既にジェンダーである」という理論を基にしている。これを根拠に肉体の性と性自認（ジェンダーアイデンティティ）を区別する必要はないと判断されている。

意味を理解したい方は、44ページの「ジュディス・バトラーの『セックスは常に既にジェンダーである』の解説」をどうぞ。たぶん、世界一わかりやすいバトラー解説。

【関連項目】

●ジュディス・バトラーの「セックスは常に既にジェンダーである」の解説　→44ページ
●女性スペース問題について　→74ページ
●女子スポーツ問題について　→85ページ
●LGBT思想による歪みの極地：セージの物語　→93ページ

【参考】

・Explore the progress of LGBTQ+rights across the world.
https://www.equaldex.com/?gad_source=1
・TRANS LEGAL MAPPING REPORT (2019)
https://ilga.org/wp-content/uploads/2023/11/ILGA_World_Trans_Legal_Mapping_Report_2019_EN.pdf

LGBT差別禁止法とは

左派系の活動家団体であるLGBT法連合会が制定を目指している法律。

日本にも他の先進国並みのLGBT差別禁止法が必要だとの理念のもとに法案が作成された。

法案の正式名称は「性的指向又は性自認を理由とする差別の解消等の推進に関する法律案」。

国や自治体、企業や学校が差別解消のための研修を受けることを義務づける他、内閣府に性的指向・性自認審議会という差別を解決するための強力な権限を持った組織（当事者団体や学者などがメンバー）を設置することなどが具体的に書かれている。

2016年に第190回国会に提出されたものの廃案となった。

法案の詳細は衆議院のホームページで見られる。

一言でいうと、帰ってきた人権擁護法案という感じ。

【関連項目】
●LGBT差別禁止法の詳細　→221ページ

LGBT理解増進法とは

LGBT差別禁止法を目指すLGBT法連合会の方針に同意できずに離反した当事者が、LGBT理解増進会を結成（代表：繁内幸治）。その団体によりLGBT差別禁止法への対案として2015年に作成され、2016年に国会に提出された。2023年にLGBTに関する法律を求める声が高まった際、自民党&公明党により「性的指向及び性同一性の多様性に関する国民の理解の増進に関する法律案」として2023年5月に再び国会に提出された。

日本に必要なのは差別禁止法ではなく、理解増進であるとの理念のもと作られている。左派のLGBT活動家の暴走を止めることも目的としているらしい。

その後の国会審議を経て、最終的には日本維新の会&国民民主党の案も加えた「性的指向及びジェンダーアイデンティティの多様性に関する国民の理解の増進に関する法律案」として2023年6月に可決された。

この法律について、与党の法案作成者（繁内幸治）の発言をまとめたものなどを「LGBT理解増進法の詳細」に記している。

【関連項目】

●LGBT理解増進法の詳細　→248ページ

第　二　部

さらに深掘り！
詳　論　編

ジェンダー理論の歴史

LGBT理解増進法で話題になったLGBT。

LGBTとはゲイ、レズビアン、バイセクシャル、トランスジェンダーの頭文字で、性的少数者を指す言葉。

その中でも特に話題になるのがトランスジェンダーのことだ。

トランスジェンダーとは肉体の性別と、性自認（ジェンダーアイデンティティ）が一致していない人のこと。一般的には「体の性別と心の性別が違っている人」のように説明されることもある。

海外では本人のジェンダーアイデンティティに従って性別変更が可能な国もたくさんあり、本人が自身のジェンダーアイデンティティを申告して手続きすることで法的に性別を変えることができる。日本の性同一性障害特例法のように性別の変更に医師の診断書や性別適合手術は不要だ。これをジェンダー・セルフID制度という。

デンマーク、ポルトガル、カナダの一部、アメリカの一部、アルゼンチン、ブラジルなど20ヶ国以上がこの制度を導入している。

またそれ以外の国でも、性別の変更のために性別適合手術を必要としない所も多い。

これほどまでに重要視される「ジェンダー」とはいったい何なのだろうか？

そもそも誰が言い出した概念なのだろうか？

その疑問を解消するために、「ジェンダー」の歴史について見ていきたいと思う。

1998年にお茶の水女子大学ジェンダー研究センター教授の舘かおるが書いた論文『ジェンダー概念の検討』を参照しながら、どのように「ジェンダー」という概念が生まれ、そして発展してきたのかを見ていく。

1.「性自認形成要因」を示すジェンダーの系譜

始まりは1950年代のアメリカ。

性科学者ジョン・マネーや精神分析学者ロバート・ストラーが、ジェンダーという言葉を性科学や精神医学の文脈で人の性を表す言葉として「社会的文化的性別」と再定義し使い始めたのが最初だった。

※ジェンダーという言葉は元々、ドイツ語やフランス語など名詞に女性名詞、男性名詞などの性別がある言語における「単語の性別」という意味だった。

(1) ジョン・マネー(John Money：アメリカの性科学者　1921–2006)

半陰陽や、事故で生殖器を失った患者の治療と研究を通じて、彼は患者の中に、身体的特徴で割り当てられた性別とは異なる振る舞い（女性に割り当てたのに男性的な者、男性に割り当てたのに女の装いを好む者、同性を好きになる者など）をする人たちがいることに気づいた。そこで彼は肉体の特徴以外にも、性別を規定する要素があるのではないかと考えた。

彼は「生殖器官による性（sex）」を示す用語ではなく、「性愛から社会的役割などを包括的に扱える性」を表す用語を求め、文法上の用語であるジェンダーを用いることを思いついた。

そして、患者の治療と研究を通じて、マネーは、ジェンダーに合わせてセックスを変えたと報告している。つまり男性性器を持ちながら女性と自認している場合、男性性器を削除して女性の身体になる手術を行った方が良い結果を生む事例が多かったと主張したのである。

彼の主張では、人間は生まれてから18ヶ月まではジェンダーが中性であり、その時点では男にも女にもなれるということだった。

(2) ロバート・ストラー(Robert Stoller：アメリカの精神分析学者　1924–1991)

sex（肉体の性）に対応する性別語彙はmale/female（オス・男、メス・女）であり、genderに対応するものは、masculine/feminine（男らしさ、女らしさ）であるとして、性同一性障害（gender identity disorder）とよばれる患者の研究によって、male（メール）/female（フィメール）とmasculine（マスキュリン）/feminine（フェミニン）は必ずしも一致するものではないことを明らかにした。

そして「（人間の性自認は）身体的規定力以上に社会的規定力が強い」ことを確認した。

> このようにジェンダーは、性自認の形成要因をめぐって、生物学的性別（生殖器官に関わる性別）による形成要因以外の要因として名付けられた。同時にジェンダーは、セックス以上に大きな性自認形成要因となるという認識ももたらした。性科学と精神分析学に系譜づけられるジェンダー概念は、人間の性自認はセックスが決定するものではなく、男女の特性や役割もセックスによって決定されないという、「生物学的決定論を打破する知見」として成立した。
> この系譜におけるジェンダー概念の成立は、「性自認」を軸にしている点に特色がある。性科学者たちが「性自認と性別カテゴリー」について葛藤せざるを得なかったことを重視すべきである。 性自認の有り様の複雑な症例に直面するにつれて、人間を女と男という二つの性別カテゴリーに分類することに戸惑い、マネーは「人の数だけ性自認、性の署名Sexual Signaturesはあるのだ」と述べるに至る。
> しかしながら性科学者たちは、現在も性別再判定手術の際、人間に女と男の二つの「性の分類」を施すことを遂行している。性自認形成要因を示す系譜におけるジェンダーは、人間にとっての「性別カテゴリー」の意味を、「アイデンティティ」との関係において省察する課題を担いつづけている。
>
> 舘　かおる，ジェンダー概念の検討，ジェンダー研究　第1号　1998，p. 86.

ということで、スタートは医学の分野から。

ちなみに一番最初にジェンダーの概念を言い出したジョン・マネーだが、彼は上記の通り、18ヶ月までなら環境によって男にも女にもなれると考えていた。

彼のクライアントの1人であったデイヴィッド・ライマーの逸話は有名である。1965年、カナダ人の少年ライマーは乳児の時に割礼を受け（当時、北米では宗教上の理由ではなく衛生上の理由から割礼を行うのが一般的だった）、その際の医療事故で男性器をひどく損傷してしまった。困った両親はライマーが8ヶ月の時にメディアで有名になっていたマネーの元を訪れ、マネーは幼いライマーに性転換手術（陰茎と陰嚢の外科的切除）を行い、女児として育てさせた。たまたま一卵性双生児の弟がいたため、彼の理論を証明する症例としてたびたび学会でも発表されていたらしい。しかし最終的に本人は男に戻ることを選択。名前を男性名に戻し、女性と結婚した。また自分のような悲劇が繰り返されないことを望んで、自分の経験を公表し、そのインタビューを元に『As Nature Made Him』という本も出版された。日本でも『ブレンダと呼ばれた少年』という邦題で出版されている。本の中では、「幼少期の性的リハーサルプレイ」についても紹介されている。マネーは生殖行動がジェンダーの基礎を形成し、すべての霊長類のジェンダー発達の重要な側面であるという理論を提唱していたため、6歳のライマーに弟とともに性行為を演じることを強制した。具体的にはライマーが女性役、弟が男性役を演じ、マネーはライマーを四つんばいにさせ、弟に「[彼の] 後ろに上がって、彼のお尻に股間を置く」こと、すなわち後背位のポーズを強制した。また、弟を上に乗せた状態で足を開かせて正常位の体位をとることも強制した。今なら間違いなく子供への性虐待として問題になってそうな内容である。この兄弟は共に重度のうつ病を発症し、弟は36歳で薬物の過量摂取で死亡、本人は38歳で拳銃自殺してしまった。

2.「性別の権力関係を分析する」ジェンダーの系譜

「性差別」「性支配」の解明の営為の中から、性別間に生じるミクロ・マクロの権力関係を分析する概念としてジェンダーを成立させたのは、女性学を初めとする社会学、文化人類学、歴史学、経済学などの学問分野であった。

舘　かおる, ジェンダー概念の検討, ジェンダー研究　第1号　1998, p. 86.

(3) **アン・オークレー**(Ann Oakley：イギリスの社会学者、フェミニスト、作家　1944-)

ジェンダーを性役割概念として提起し、ジェンダー概念の理解に多大な影響を与えた。オークレーは､性役割は､生物学的に決定されていて「自然に」具現化するものではなく、社会が意図的に「男と女を非対称に」形成した結果生じるものであることを､詳細に検証することを課題とした。それ故一時期、性役割研究は、ジェンダー研究と同義となった程である。

(4) **ハイジ・ハートマン**（Heidi Hartmann：アメリカのフェミニスト、経済学者　1945-)

「セックスがジェンダーに転化する」メカニズムを経済的基盤との関連を中心に解明することを試みた。

(5) **マリリン・ストラーザーン**(Dame Ann Marilyn Strathern：イギリスの哲学者・人類学者　1941-)

「文化」の観念が構築される際に、ジェンダーは非対称で位階性を持つ象徴的な操作子として作用することを、フィールドワークの分析から提起した。

(6) **クリスティーヌ・デルフィー**(Christine Delphy：フランスのフェミニスト社会学者　1941-)

性別を分割して作った性別集団間の関係性は「階級性」があり「序列化」されていることを重視した。性役割分業の固定化、公私領域の区分化、家事・育児等の再生産労働の無償性、男性優位の表象等の知見は、性別間の関係性のバイアスを具体的に示すものとして確認されたのである。さらには、異性愛を正常とする性的指向の正常認定により婚姻制度が維持され、性支配システムに内在するものとして強制的な異性愛主義があることも指摘された。

(7) ゲイル・ルービン(Gayle S. Rubin：アメリカの文化人類学者　1949-)

セクシュアリティをこのように方向づけ、セックスとジェンダーを同一視させている性支配システムを、セックス/ジェンダーシステムと名付けた。

(8) ジャネット・ジール(Janet Z. Giele：アメリカの社会学者　1934-)

フェミニズムが提起した両性間の平等に関わる構造的障害の問題は、ジェンダーの社会学においては「ジェンダー関係の構造と両性間の平等度」をつなげる「ジェンダー階層理論」となったと位置づけた。

> 性支配の解明の中から成立したジェンダー概念は、性別の生物学的分類が社会的分類に転化させられる「政治性」を問題としたため、社会組織における権力関係を分析する概念としての性格を明示することになった。ジェンダー・バイアスという表現がよく用いられるが、それは、このジェンダー・カテゴリー間に生じているバイアス(偏在/偏向)に敏感になり、そこにある権力関係に気付くことを意図している。
>
> 舘　かおる, ジェンダー概念の検討, ジェンダー研究　第1号　1998, p. 87.

(9) ジョーン・スコット(Joan Wallach Scott：アメリカの歴史学者　1941-)

ジェンダー概念は、「両性関係の社会的構造」を表現するために導入されたと述べ、またジェンダーは「権力関係を表す第一義的な方法」であるとしている。

> このようにして、ジェンダーは、人間が女と男という二つの性に分別（カテゴリー化）され、差異化して意味付けされ、階層に分けられ、序列的に位置づけられたジェンダーの様態を、ジェンダー間の権力関係やマクロ、ミクロレベルの権力作用として顕在化し、分析する概念として認識されたのである。
>
> 舘　かおる，ジェンダー概念の検討，ジェンダー研究　第1号　1998, p. 87.

3.ジェンダー概念の社会構築性の検討

(10) モイラ・ガーテンズ（Moira Gatens：オーストラリアのフェミニスト哲学者　1954–）

1985年というかなり早い時期に、セックスとジェンダーを区別することは、「身体はジェンダーと違って自律的で、かつ無色透明の決定性を持つと認めることであり、私たちが身体について知っていることもまた文化的に産みだされた知であるという事実を無視することだ」と指摘した。

(11) ジョーン・スコット（Joan Wallach Scott：アメリカの歴史学者　1941–）

ガーテンズの議論に賛意を示し、自らも「ジェンダーは、肉体的差異に意味を付与する知」なのだと述べている。

(12) マリア・ミース（Maria Mies：ドイツの社会学者　1931–2023）

女性抑圧の原理が生物学的特性に還元される状況では、こうした区分は有効であると認めつつも、人間の身体は、他の人間や外的環境との相互作用によって影響を受けながら形成されるのであり、セックスが「自然」で、ジェンダーが「文化」であるかのような把握は適切ではなく、セックスも社会的、文化的、歴史的なものであると主張した。

(13) クリスティーヌ・デルフィー(Christine Delphy：フランスのフェミニスト社会学者　1941-)

性支配解明の思考の過程から、実にラディカルにジェンダー概念の転換を求めた。デルフィーは、「ジェンダーがセックスを作った」と1984年の段階から主張している。それによれば、「現在、ジェンダーは、それぞれの社会によって変わるかもしれないが、基盤（性的分割）そのものは変わらない」という「最低限の理解」しかなされていないと言う。デルフィーの定義するジェンダーは、そのようなものではなく、「ジェンダー――女性と男性という各自の社会的位置――は、セックス（雄と雌）という自然なカテゴリーに基づいて構築されているのではなく、むしろ、ジェンダーが存在するがために、セックスがそれに適合した事実となり、かつ認知されたカテゴリーになった」のであるという見解を述べる。1992年の論考では、セックスは「容器」であり、ジェンダーは「内容」と理解するようなジェンダー概念の浸透を嘆き、「性別の序列化が解剖学的差異を二つに分割した」のであり、ジェンダーは「序列化」から生じる「分割」（カテゴリー化）の問題として考えるべきであることを強く主張している。

(14) リンダ・ニコルソン(Linda Nicholson：アメリカのジェンダー学・歴史学者)

1994年に、セックスを与えられた本体とし、セックスに付け加えられてジェンダーがあるという理解の仕方を、「コートラック」の比喩として示し批判した。セックスを「ラック」のような本体と考え、ジェンダーを「コート」のように様々に付け加えられるものと捉えることは、あくまでもセックスを基盤として位置づけることになる。これでは、「生物学的決定論」を打破するものとして成立したジェンダー概念が、「生物学的基盤論」を提示する概念に移行したにすぎないと批判したのである。

> このように、セックスとジェンダーとを区分し、セックスを基盤にしてジェンダーが構築されるというような見解は、ジェンダー概念創出の意義とも言える「性別の社会構築性」を追求する理論の展開を鈍らせるものである。以上のような批判から明らかなように、ジェンダー概念の展開は、一つにはセックスの社会構築性を究明する方向に向かい始めた。
>
> 舘　かおる, ジェンダー概念の検討, ジェンダー研究　第1号　1998, p. 88.

(15) **ミシェル・フーコー**(Michel Foucault：フランスの哲学者　1926–1984)

「セクシュアリティの配備が、セックスという概念を確立した」と述べた。

(16) **モニカ・ウィティング**（Monique Witting：フランスの作家、哲学者　1935–2003)

「セックスカテゴリーとは、社会を異性愛的なものとみなす政治上のカテゴリーである」と主張。

(17) **ジュディス・バトラー**(Judith Butler：アメリカの哲学者　1956–)

「性器の特権化によるセックスという名のジェンダー」と言い切った。

これは、「セックスというカテゴリー」が構築されたものであるということである。また異性愛システムというセクシュアリティの有り様が、性別を判定する際の特権的位置に性器を据え、絶対的規定性を持つセックスというカテゴリーを構築したということである。なかでもJ･バトラーは、こうしたセックスの構築性について最も果敢に取り組み、『Gender Trouble』等の著作において、ジェンダーがセックス及びセクシュアリティを生み出した、という従来の因果関係を逆転する主張を行っている。そして、『Bodies That Matter』において、さらに身体性の構築を考察している。

バトラーは、「言説に先住するものとしてのセックスの産出は、ジェンダーと呼ばれる文化的構築装置の作用として理解されるべきなのである」と言う。そして「この『セックス』と呼ばれる構築物も、ジェンダーと同じように文化的に構築されていることになる。実際のところ、おそらくそれ〔セックス〕は、これまでも常にジェンダーであったのであり、したがってセックスとジェンダーの区別は結局なんら区別ではないことになる」というジェンダーの把握に辿り着く。

(18) **トーマス・ウォルター・ラカー**(Thomas W. Laqueur：アメリカの歴史学者　1945-)

身体認識の変化を歴史的に追い、セックスの構築を鮮やかに描きだした。ラカーによれば、18世紀頃のヨーロッパにおいては、女の身体は男の身体の不完全なヴァージョンと認識されていたが、性器は同一のものであり、外に出たものがペニスであり、内にあるものがヴァギナであるという違いにしかすぎず、何かの拍子にヴァギナが外に出て、女が男になることもあるという認識を多くの人々が持っていたと言う。だが、18世紀以降になると、ペニスとヴァギナは違うものであり、従って男と女は全く異なるものであるという認識が生まれ、また性別が変わることなどはあり得ないという考えが広まっていったと言う。ラカーはこれを「ワンセックスモデルからツーセックスモデル」への転換と分析し、解剖学的性器の認識の変化と性的差異の絶対化との結びつきを示した。

(19) **シンシア・イーグル・ラセット**(Cynthia Eagle Russett：アメリカの歴史学者　1937-2013)

イギリスのヴィクトリア朝期の性差の科学が、「女は脳が小さい分だけ男より知性が劣る」「女は生理があるので慢性的病人である」「女は進化論的には未発達の男性」等々、男女の優劣と生体的特徴とを結び付け、女性の劣性を科学的事実としたことを分析した。

(20) ロンダ・シービンガー(Londa Schiebinger: アメリカの歴史学者　1952-)

リンネに代表される博物学における「分類」という発想、解剖学による人種と性差の複合的な序列化などをスリリングに分析し、啓蒙の世紀の「身体の政治学」を明らかにした。

(21)加藤秀一（日本の社会学者　1963–）

「『性別』は、セックスとジェンダーとからなるに先だって、つねに先ず〈ジェンダー〉と書かれねばならないことになるであろう」と記している。

(22)荻野美穂（日本の歴史学者　1945–）

バトラーの言う「性器の特権化によるセックスという名のジェンダー」を、身体史の視座から究明する提起を行っている。

(23) 竹村和子（日本の英文学者　1954–2011）

セクシュアリティとの関連で、「〔ヘテロ〕セクシズムと資本主義」の視座から、希有な論考を展開。

> 以上のような論述から、セックスの社会構築性についての了解は得られたであろうか。ジェンダー概念を、社会構築的性別概念と捉えれば、セックスもセクシュアリティもジェンダーと言うことになる。重要なのは、「性別は、社会的に構築されている」という思考方式が、ジェンダー概念の根幹ということであろう。
>
> 舘　かおる，ジェンダー概念の検討，ジェンダー研究　第1号　1998，p. 90.

ここまでが、1998年までの、そして現在まで続くジェンダー論の流れである。

やはり最も大きな影響を与えたのは1990年に『Gender Trouble』を発表し、「セックス（肉体の性）もまたジェンダーと同じく社会的に構築されたものである」と主張してそれを論壇に浸透させたジュディス・バトラーの存在だろう。

恐らく、本書を読んでいる人のほとんどは彼女の言説を理解できないと思われる。理解を深めたい方は44ページの「ジュディス・バトラーの『セックスは常に既にジェンダーである』の解説」の記事を参照してほしい。個人的には世界一わかりやすいバトラーの解説だと思う。バトラーの理論を理解するために必要な数百年分の哲学的教養も身に付けられてお得だ。

1990年にテレサ・デ・ラウレティスというアメリカのジェンダー学研究者が、当時バラバラになりかけていた性的少数者を含むエイズ患者たちを団結させる目的で「クィア理論」を提唱。

それに対し、哲学者ジュディス・バトラーが書いた『Gender Trouble』が、クィア理論に現代哲学的肉付けを行い、性別二元論を否定した。

この理論はLGBT活動家やフェミニスト、学術関係者らに広く受け入れられ、世界中に今日まで続く大きなムーブメントを起こし、各国にジェンダー・セルフID制度（医師の診断書や性別適合手術無しで、本人の自己申告のみで法的な性別変更を可能にする制度）を認めさせるなど、社会制度を変革させるほどの影響力を持っている。

以上、1950年代から1998年までのジェンダー論の歴史についてまとめた。

【参考】

・舘　かおる, ジェンダー概念の検討, ジェンダー研究　第1号　1998, pp 81-95.
http://www.igs.ocha.ac.jp/igs/IGS_publication/journal/01/01_07.pdf

【関連項目】

●ジュディス・バトラーの「セックスは常に既にジェンダーである」の解説　→44ページ
●クィア理論（≒LGBT思想）が目指す世界について　→66ページ

ジュディス・バトラーの「セックスは常に既にジェンダーである」の解説

以下は哲学研究者であるErinさんが、知人であるNさんに対して解説した内容をご自身でまとめて記事にされていたものです。非常にわかりやすかったので、お願いして転載させていただきました。

「私が個人的に、カントまでの流れが理解できれば、カント以降の思想は大体理解できると考えているので、カントまでを重点的に説明しました」とのことで、バトラーの部分はそこまで詳しくは説明していないとのことでしたが、考え方の基礎を身に付ける上では、これ以上にない教材だと思います。

[解　説]

まず、一般的に私たちはこの世界には様々な物体が存在していて（林檎とか猫とか建物とか）、それらは人間の精神とは独立して存在してると考えていますよね。例えば猫は人間が存在していようといまいと、猫として独立して存在している。明日突然全人類が消滅しても、猫は存在し続ける。

こういう考え方を、形而上学では Realism（実在論）といいます。そして、そういった人間とは独立した存在である物体を知覚（Perceive）することで、われわれは世界について知ることができるのだ。こういうふうに考えますよね。

絵にするとこんな感じです（右頁上）。人間とは独立して存在する物体を直接知覚するという考えを direct realism（直接的実在論）とか naive realism（素朴実在論）と言います。

でもここで「ちょっと待って。錯視や幻覚についてはどう説明するの？物体を直接知覚するんだったら、錯視はあり得ないことになる。幻覚は、存在しないものを見てるんだから、直接知覚する物体が無い状況では知覚は不可能なんだから、幻覚はあり得ないことになるのでは」と言い出

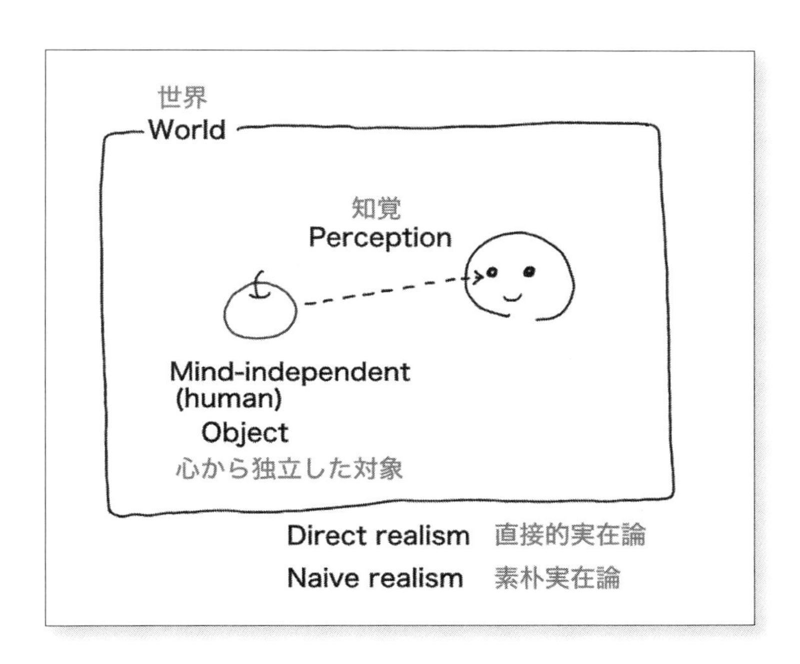

す人が出ました。

錯視や幻覚といった事象の説明をするために、「人間が実際に知覚しているのは、物体そのものじゃなくて、物体によって引き起こされた(Cause)心的イメージなんだ。だから、われわれは直接物体を知覚してるんじゃなくて、自分の頭の中の像を知覚しているんだ」という考えが出てきました。

絵にするとこんな感じです（次頁上）。デカルトとかロックとかは、この mental image（心的イメージ）を idea（イデア）と呼びました。こういう考え方を indirect realism（間接的実在論）と言います。

自分の頭の中に映画のスクリーンがあって、外の世界がそのスクリーンに映し出されているのを見てる、みたいなメタファーでよく表現されます。

この考え方だと、われわれが知覚できるのはあくまで人間の頭（精神）の中にある像だけですよね。人間の精神の外の世界を直接知覚すること

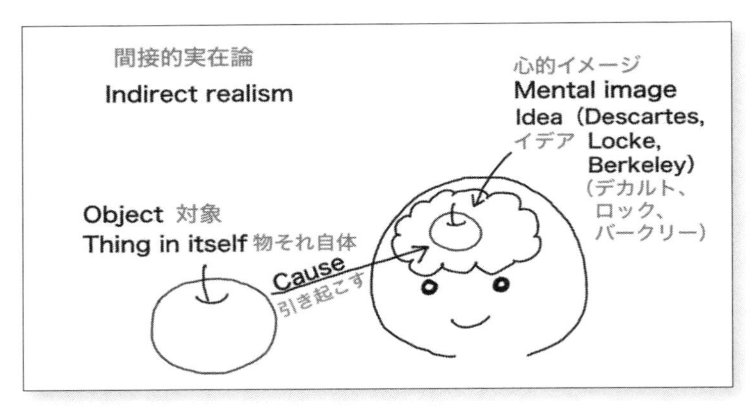

はできない。外の世界の物体が、本当にメンタルイメージと同じ姿をしているのか確かめる方法はない。(下図参照)

自分の頭の外に出て、自分のメンタルイメージと外の世界の物体を比較することできないので。論理的な可能性としては、われわれが知覚してるものは全て、実際の物体そのものとは全く違うものだということもありえる。

『マトリックス』という映画がありますよね。Indirect realism (間接的実在論) という考え方だと、ぶっちゃけわれわれが『マトリックス』の世界の中にいる可能性も論理的には除外できないんですよ。人間とは独立して存在する物体を直接知覚することはできないので。

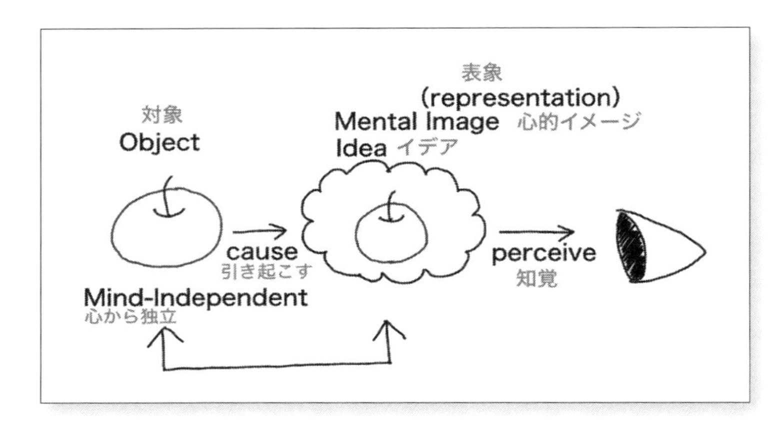

これもありがちな比喩ですが、人間の精神とは、外の世界を正しく映し出す鏡の様なものであるというのがIndirect realism（間接的実在論）の肝なんですけど、鏡像が正確なものかどうかは実際の対象と比較してみないとわからない。

けれど、比較するためには人間の精神と人間の精神とは独立して存在する物体を見渡せる視座が必要になる。けれど、人間は原則的にそんな視座を持つことは不可能です。自分の頭の外に出ることはできないから。

ということは、われわれが普段知覚しているものと、「実際の世界」とは全く別の姿をしていたとしてもわれわれにはわからない。これは哲学者としては非常に重大な問題なんですね。古代ギリシャの昔から、哲学者は「真実」を探求してきたのに、人間が世界の真実の姿を知ることは不可能なのかもしれないから。

これはヤバいと思った哲学者たちがいろいろ解決法を考えました。例えばデカルトは、瞑想録の一章と二章で、われわれが現実だと思っているものは全て、Evil demon（悪鬼）が見せている夢なのかもしれない。実はわれわれは人間の肉体すら持っていないのかもしれない、と考えました。『マトリックス』の元ネタですね。

その後ダニエル・デネット（Deniel Dennett）という人がThe brain in a vat（水槽の脳）という比喩を用いました。悪の科学者がわれわれの脳を直接操作して、われわれには手や足が存在して身体を動かしてると思わせてるだけで、実はわれわれは水槽に浮かんでる脳だけの存在かもしれない。SFでありがちな設定ですね。

まあデカルトはいろいろ御託を並べるんですけど、最終的にはCogito ergo sum（コギト・エルゴ・スム：我思う、故に我有り）という結論に至るわけです。このコギトというのは、精神とか魂（Soul）のことで、要するにデカルトにとっては人間の本質とは人間の精神のことなんですね。

そして、人間の精神とは独立して存在しているものをMatter（物質）と呼びました。そして、人間の身体はMatter（物質）であると主張しまし

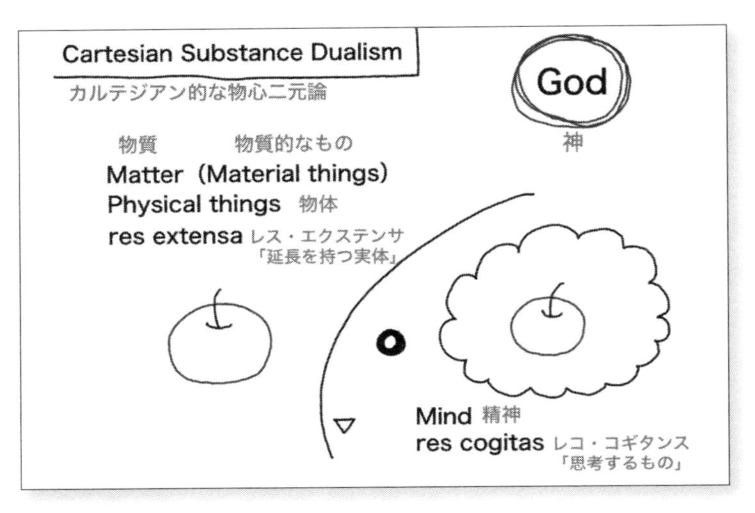

た。人間とは、Mind（精神）と Matter（物質）の合体したものであるというのですね。これがデカルトの物心二元論です。後に、ギルバート・ライル（Gilbert Ryle）が Ghost in the machine（機械の中の幽霊）と表現しました。

デカルトによると、われわれが夢を見ているのではなく、現実に肉体を持っていることを知ることができるのは、善なる神がわれわれを騙すことなどありえないからです。要するに、「神様がちゃんとシステム設計してくれてるから、ちゃんと真実に辿り着けるよ」ということですね。（上図参照）

カルテジアン的な物心二元論を批判云々とよく言われるのは、このデカルトの身体 — 精神観を指してるんですね。カルテジアンというのはデカルトのラテン語読みです。

デカルトの物心二元論はいろいろ問題点があるので、この解決法では満足しない哲学者がたくさんいました。バークリーはその一人で、彼は「どうせ matter（物質）を知覚することができないんだったら、ぶっちゃけ matter（物質）が存在すると考えなくてもよくない？　べつに無くたって変わらないでしょ」と言いました。こんな感じで。（次頁上）

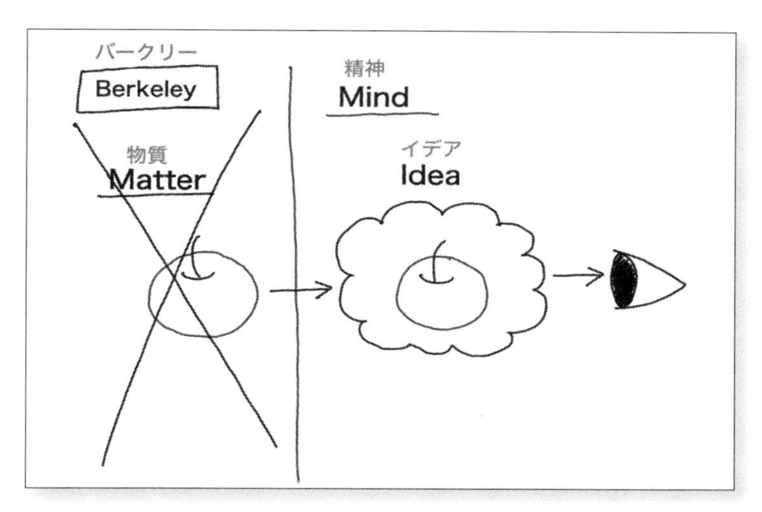

バークリーによると、存在するのは精神と idea（イデア）だけで、matter（物質）は存在しません。われわれが知覚したものが存在するのだ、というわけです。esse est percipi（エッセ・エスト・ペルキピ：あるとは知覚されることである）がスローガンです。この時代の人すぐラテン語使ってくるんですよね。

それじゃあわれわれ人間が知覚してないものは存在しないの？ 知覚する人間がいないのだから、無人島なんてありえないということ？ と思うでしょう。でも大丈夫。われわれ人間が知覚してない時でも、神は常に世界を知覚しているので、神が存在する限り人間に知覚されないものも存在するんです。

これを idealism（観念論）と言います。存在するのは精神（神も人間も精神です）と idea（イデア）だけなのです。（次頁上の図を参照）

この時点でヤバいなと思いますが、これがもっと突き詰められると、神も他の人間（の精神）ですらも自分の idea（イデア）だという考え方に辿り着きます。存在してるのは自分と自分のidea（イデア）だけ。自分が見て感じたものだけが現実なんですよ。これを solipsism（独我論）と言います。

ここで登場したのがカントです。カントは研究者の間でも未だに解釈の違いで血で血を洗う争いが起きているらしいのであんまり確かなことは言えないのですが、大雑把に言うと彼は以下のように考えました。

今までの哲学者（ヒュームは除く。カントはヒュームに強く影響を受けたのです。ヒュームも大変重要な哲学者なのですが、またいつかの機会に）の間違いは、人間の精神（Mind）とは物体（Material object）をただ映し出すだけの、受け身の器官だと考えたことだと。

イメージとしては、物体というスタンプが精神という白紙にぽーんと押される感じです。人間の精神は、ただ外からの刺激を記録するだけの受け身の器官だと考えたことが、それまでの哲学者の間違いだとカントは思ったのですね。ここでカントは発想の逆転をしました。

人間の精神が現実を映す鏡なのではなく、現実が人間の精神を映す鏡なのだ、と。

人間の精神が能動的に現実を形作っているのならば、精神と現実の間の齟齬は生まれない。人間の精神の中身がそのまま現実の物体となって存在するのだから。こう考えれば真実に辿り着けるとカントは考えました。

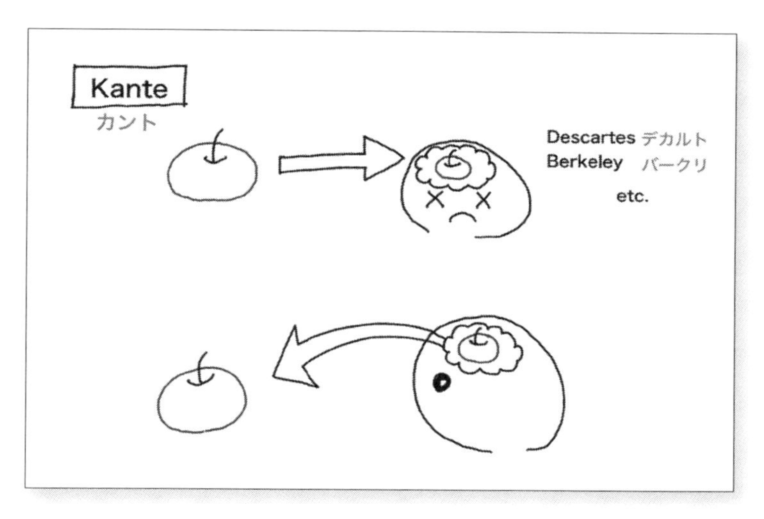

イメージとしてはこんな感じです。(上図)

天動説を否定し地動説を提唱したコペルニクスのように、カントは発想の転換をしたのです。これがかの有名なコペルニクス的転回です。

カントの天才的なところはですね、われわれの経験 (Experience) というものは、われわれ人間とは独立した外部とわれわれ人間の知覚の混合物であると提案したことなんですね。これの何が素晴らしいかって、観念論 (Idealism) や独我論 (Solipsism) は完全に人間の主観 (Subjectivity) しか存在しなかったじゃないですか。バークリの場合は神様が客観性 (Objectivity) を担保してましたけど、実際存在してるのは全部精神的なもの (The mental, Res cogitans) だけで、物理的なもの (Res extensa)、つまり精神とは独立して存在しているものなどないわけです。

その意味では全てが主観の海の中にあり、客観的なもの (つまり、主観の外にあるもの) は存在しないのです。

カントはどうしても知覚において客観性を担保したかったんですね。そこで、われわれは外在世界をありのまま知覚するのではなく、われわれに理解できるように整理整頓してから知覚するのだと言いました。

ありがちな比喩ですと、われわれは人間専用の眼鏡を常にかけてる状態に喩えられます。われわれはその眼鏡を通してしか世界を見ることができないんですね。でも、知覚する対象（外在世界）はあるんです。ただ、眼鏡を取った状態で知覚することはできない。「ありのまま」の世界を知覚することはできないんです。

人間専用のフィルターや色眼鏡があって、それを通してしか人間は世界を知覚できないのだ、みたいな感じです。

カントによると、われわれは決して「ありのままの世界」を知覚することはできません。この世界をカントは Noumena（ヌーメノン：物自体）と呼びました。われわれが知覚できるのは、あくまでわれわれ専用レンズを通した世界です。こちらをカントは Phenomena（フェノメノン：現象）と呼びました。われわれは Phenomena（フェノメノン：現象）の物体（Object）を直接知覚することができます。絵にするとこんな感じです。

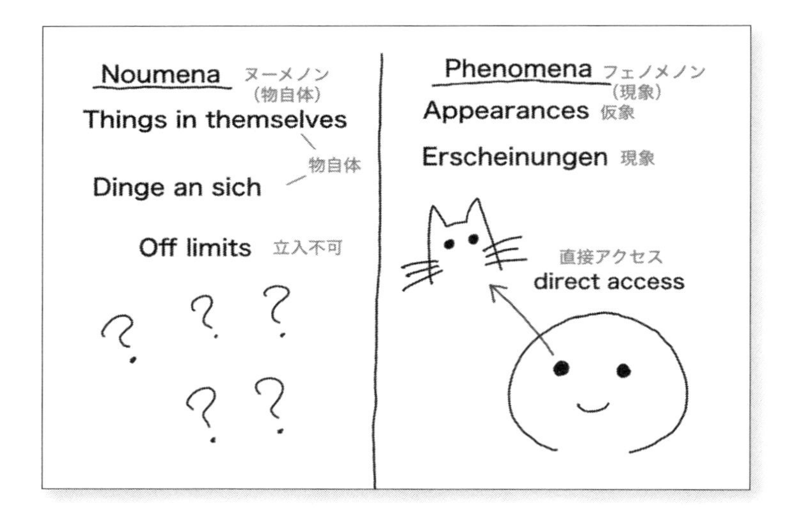

カントによると、われわれが知覚する物体は Intuition（直観）と呼ばれる Empirical given（視覚データみたいなものだと思ってください）が人間の持つ Concept（概念）によって人間にも知覚できるようにフォーマットされたものなのです。これがカントの Transcendental idealism（超

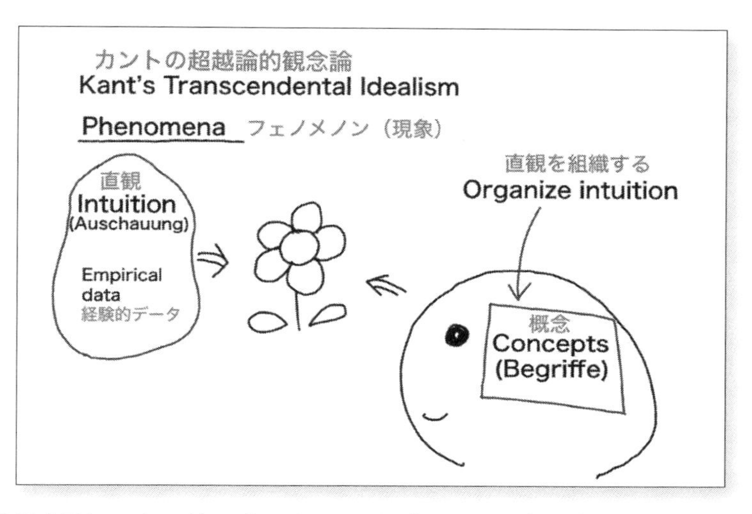

越論的観念論）です。絵にするとこんな感じです。（上図）

〔ここで「Noumena（ヌーメノン：物自体）を視覚データ化したものを、さらに人間のレンズ付きの見え方によって知覚されるって感じですか？」という質問をいただきました。以下が質問へ答えたツイートのまとめです〕

人間は Noumena（ヌーメノン：物自体）自体を知覚することはできないのですね。でも、Noumena（ヌーメノン：物自体）を Intuition（直観）という状態で経験（知覚）し、その Intuition（直観）に Concept（概念）が形を与える。Concept（概念）が鯛焼きの型なら、Intuition（直観）は鯛焼きの生地みたいなものです。でも、その生地ですら、あくまで人間の鯛焼きの型のための生地なんです。

だから、実は Intuition（直観）自体も人間専用にある程度フォーマットされてるのですね。Noumena（ヌーメノン：物自体）も Pure form of intuition（直観の純粋形式）によって人間用に変えられているのです。カントはこの Pure form of intuition（直観の純粋形式）とは時間と空間であると言いました。人間が知覚できるものは全て時間と空間に存在しています。

つまり、時間と空間に存在している物しか知覚できない。人間が知覚するには、時間と空間という舞台が必要である。それ故に、Intuition（直観）は常に時間と空間というフィルターを通して経験されるのです。だから、もしかしたら Noumena（ヌーメノン：物自体）には時間も空間も存在しないかもしれません。存在するかもしれませんが、われわれ人間は Noumena（ヌーメノン：物自体）に到達することができないので、実際の所、時間と空間というものが人間特有の概念なのか、それとも人間とは独立した存在であるのかを知ることは永遠にできないのです。

人間の Concept（概念）はあくまで人間の Concept（概念）なので、宇宙人などの知的生命体が存在するのなら、宇宙人特有の Concept（概念）があります（カントは宇宙人の存在を信じていたらしいです）だから、同じ Noumena（ヌーメノン：物自体）を見ていても、人間と宇宙人では全く違ったものを知覚しているのかもしれません。

Noumena（ヌーメノン：物自体）を Noumena（ヌーメノン：物自体）として知覚できるのは神様くらいです。絵にするとこんな感じになります。

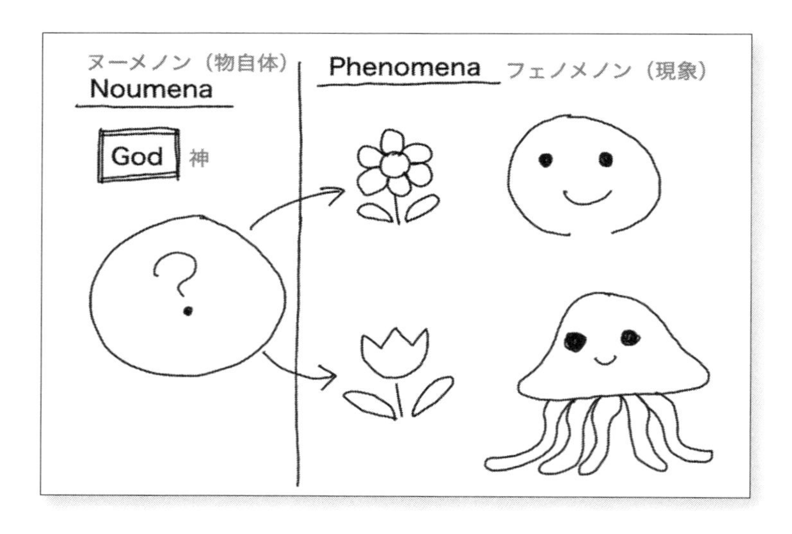

この、「現実が人間の精神を反映するから、ある意味では人間が現実を形作っている」というカントの考えがカント以降の思想において重要に

なります。カントのスローガンは Gedanken ohne Inhalte sind leer, Anschauungen ohne Begriffe sind blind.（内容なき思考は空虚であり、概念なき直観は盲目である）です。このスローガンは確かその後カルナップがパロってました。

カントの後にはポストカンティアンの哲学者がいて、ドイツ観念論の人たちとかショーペンハウアーやニーチェがいるんですね。この辺からアングロ・アメリカ圏（英語）と（ヨーロッパ）大陸圏とで哲学の伝統が分かれてきました。

ここから100年くらい飛ばします。

20世紀の初頭に（主にアングロ・アメリカ圏で）Linguistic turn（言語論的転回）と呼ばれるものがあったのですね。「これからは言語の時代だ！」と思った哲学者がいっぱい出てきたのです。

これまで話してきた哲学者って、「知覚」(Perception) の話をしていたじゃないですか。外在世界の知識を得る上で、感覚器官（視覚や聴覚）を重要視していました。だから精神と身体の話に焦点が当たっていた。でも、知識の獲得においていかに「言語」が重要な役割を果たすのかに注目すべきだと考える哲学者が出てきたんですね。いわゆる言語哲学の始まりです。

フレーゲ、ラッセル、前期ヴィトゲンシュタインといった、初期の言語哲学者にとって、言語とは現実を映す鏡のようなものだと考えました。

精神が現実を映す鏡であると考えていたのが、今度は言語が現実を反映していると考えたのですね。例えば、「地球は丸い」という文章があります。地球が丸いのは事実なので、「地球は丸い」という文章（命題）は真ですよね。これは、「地球」という名詞が地球を、「丸い」という述語が実際の地球の特徴（球形であること）を指示しているから、つまり、「地球は丸い」という文章が、地球は丸いという事実を正確に反映しているからだと考えたのです。

ここまではデカルトとかバークリと同じ発想ですよね。精神が言語になっただけで、基本的に人間とは独立して存在してる世界があり、その世界にはいろいろな物体があって、時にはそれらが集まって大きな構造を形成している。太陽系なんかは一つの構造ですよね。恒星や惑星といった構成要素があって、それらが軌道に沿って公転している。人間の言語はそういった現実を正確に反映しているのだ、という考え方です。勿論、言語の違いがありますが、この辺の人たちは、文化ごとに異なった言語の他に、人類全体に共通した言語があるのだと考える人が多かったです。チョムスキーの Universal grammar（普遍文法）みたいな。

でもここで後期ヴィトゲンシュタインが出てきて言いました。「言葉の意味とは使用である」と。単語の意味とは「猫」が実際の猫を指示するような関係ではなくて、ある言語体系においてその言葉がどう使われるかによって決まるのであると言ったのです。チェスのゲームのルール内においては「ビショップ」というのは特定の意味（特定の動きができる駒）を持つじゃないですか。でも、これが別のゲームだったら「ビショップ」はまた別の意味を持つ（他にビショップを使ったゲームがあるのかは知りませんが）。言葉を話すというのは、その言語のルールに従ってゲームをするようなものです。

違う言語を喋るということは、違うゲームをしているようなものである、と後期ヴィトゲンシュタインは考えたのです。これをヴィトゲンシュタインは「言語ゲーム」と言い表しました。私とNさんは日本語という言語ゲームのルールに従って会話していますが、私が英語で話す時はまた別の言語ゲームのルールに従って会話しているのです。

後期ヴィトゲンシュタインの影響を受けて、言葉の意味だけでなく、現実も言語によって決定されると考えた人たちがいました。カントの Concept（概念）と同じ発想なんですけど、彼らの場合は喋る言語によって違う現実が出来上がると考えたのです。クワインは Conceptual scheme（概念図式）、カルナップは Linguistic framework（言語的枠組）

という概念を用いました。大雑把に言うと、天動説に関する語彙がある言語と、地動説に関する語彙がある言語では、それぞれの話者は異なった世界に生きてるみたいなイメージです。

ここからが肝なんですけどね。カントやカルナップ、クワインの研究者たちが血で血を洗う解釈戦争を繰り広げるのが次のポイントなんですよ。言語によって現実が形作られるなら、現実ってそんなにふわふわしたものなの？　現実というのは、実はスライムみたいに名状しがたいもので、人間の言語によって初めて形が与えられるものなの？　と。

これが Realism-Antirealism論争（実在論-反実在論論争）です。私たちは今まで現実（人間とは独立して存在するもの）には形というか構造があると仮定して喋って来たじゃないですか。でも、もしかしたら現実というのは本当は形がない鯛焼きの生地みたいなもので、人間によってはじめて形が与えられているのではないか。だとしたら、人間の言語（思考）が変化すれば、現実（の形）もそれに伴って変化するのではないか。そういう疑問が出てくるわけです。

カントの時にNさん、色眼鏡のイメージと仰ってたじゃないですか。これも同じようなもので、言語が色眼鏡みたいなものだから、違う言語を話すということは色の違う色眼鏡をかけて世界を見ているようなものだということなんですね。私が青いレンズの眼鏡、Nさんが赤いレンズの眼鏡をかけていたとして、それで２人が目の前の花壇を見たとするじゃないですか。同じものを見てるのですが、私は青い花が見えにくくなるし、Nさんは赤い花が見えにくくなる（多分）。花壇そのものは私たちとは独立して存在してるけど、２人の見てるものは微妙に違うわけです。

でも、ここから「いや、実は花壇なんてないんだよ」と言い出す人が出てきたのですね。色付きレンズどころの話じゃなくて、かけている眼鏡次第で実際に見える物体が違うのだというのです。だから私の眼鏡では花壇が見えてるかもしれないけど、Nさんの眼鏡では洗濯機が見えてるかもしれないのです。

絵にするとフレーゲ、ラッセル、前期ヴィトゲンシュタインがこんな感じで

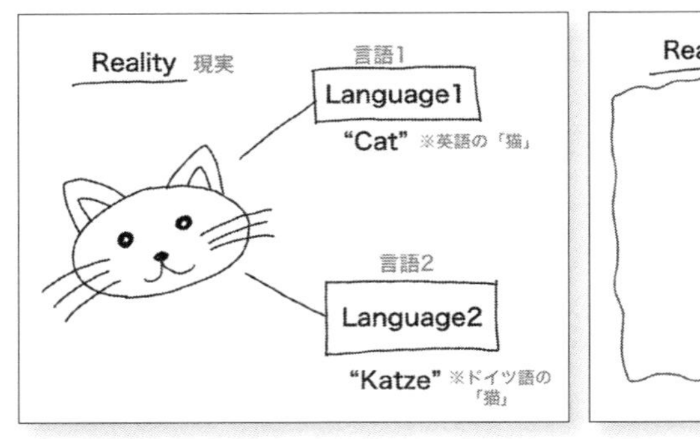

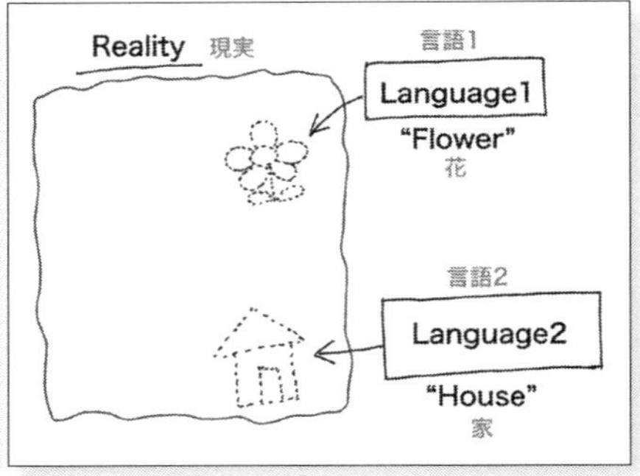

カルナップやクワインがこんな感じです。彼らが実際にどちらのスタンスだったのかは解釈が分かれるところです。

今まで話してきたのはアングロ・アメリカ（英語）圏の流れでしたが、同じような発想の思想がヨーロッパ（フランス）にもありました。

ここで構造主義の登場です（やっと!!）

フーコーやデリダ、ソシュールやアルチュセールといった人たちはここで出てきます。

構造主義は物理的、自然科学的な現実ではなく、人間社会という現実に焦点を当てました。構造主義者は、人間社会は物質的な関係（人間関係、社会関係、経済関係）等が一つのシステム（構造）を作っていると考えました。人間社会という現実は存在すると考えた点で、Realist（実在論者）と言えるかもしれません。

構造主義者にとって、人間の活動（文化や言語、思考など）は普遍的な構造に裏付けされています。人間の活動は多種多様に見えるけど、その裏には普遍的な真実（Universal truth）があると考えたのです。

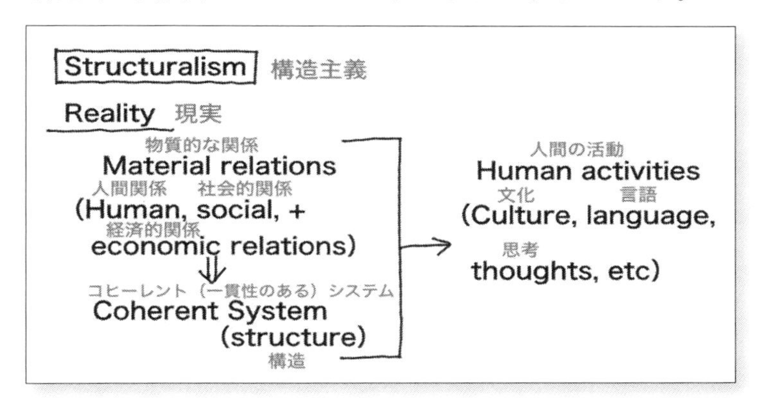

図にするとこんな感じかな？　そろそろイラストのネタが尽きてきました。

ポスト構造主義は簡単に言うと構造主義の否定です。ポスト構造主義者にとって人間の活動というのは discourse（ディスクール・言説）によって構築されていて、普遍的な真実というものは存在しない（あるいは存在しても人間には不可知である）のです。だから、言説の数だけ真実があることになります。

ポスト構造主義者にとって具体的な現実というのは存在せず、異なる言説が異なる現実を形作るのですね。でも、言説というのは当然人工的なものだから、言説の性質を変えることは可能です。つまり、言説を変えることができれば現実も変えられるのです。

とりあえずこれで400年分くらいの思想史の一端をさらってみたので

すが、ここまでどうでしょうか。こういう大きな思想の流れを踏まえて、次はいよいよセックスとジェンダーの話になります。

とりあえずここまでで Realism（実在論）と Anti-realism（反実在論）、そして Idealism（観念論）の違いは分かっていただけたでしょうか。

基本的に私たちは普段 Realism（実在論）を前提として物事を考えてるんですね。自然科学なんて基本的に「人間とは独立して存在している自然界」を研究対象にしてる学問ですから。

だからセックスとジェンダーの話も、基本的には Realism（実在論）を前提としてるんですね。セックスというのは生物学的性のことなのだから、生物学的性は人間とは独立して存在している、と。

では、生物学的性が人間とは独立して存在しているとはどういうことなのでしょうか。

Realism（実在論）の時に object（対象）の話をしたじゃないですか。この object（対象）というのを形而上学の専門用語では particular（個別者）と言うんですね。

個体みたいなものだと思ってください。その辺の物体は大体全部この Particular（個別者）です。私の持ってるパソコンもそうだし携帯もそうだし机もそうです。

で、この Particular（個別者）はそれぞれ Property（性質）を持ってるのですね。例えば机だったら、木製だとか茶色いとか長方形だ、などといった特徴があります。

この絵（右頁上）で言うと、それぞれの机は particular（個別者）で、白い机は the property of being white（白いという性質）を持ってるし、丸い机は the property of being circular（丸いという性質）を持っています。

Particular（個別者）は Property（性質）を持っていますが、色んな個別者が共通の性質を持つことが出来ますよね。例えば、地球、野球のボール、ビー玉は、全て異なる個別者ですが、「丸い」という共通の性質を持っ

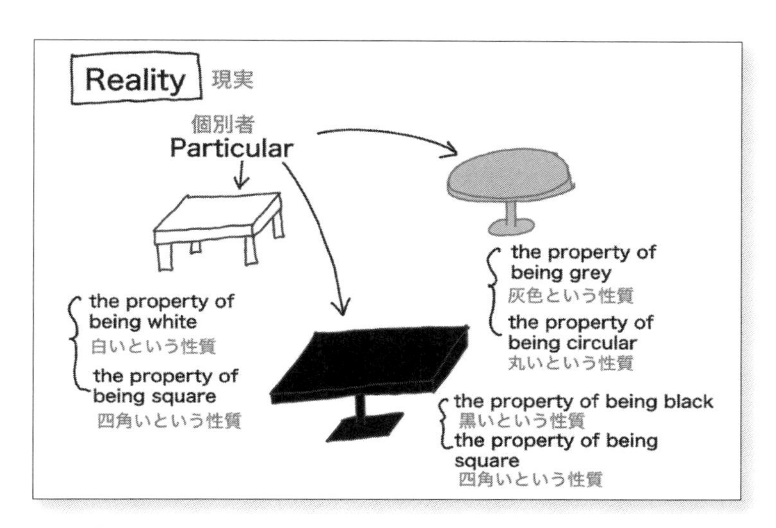

ています。「丸い」という性質はシンプルなものですが、もっと複雑な性質もあります。こんな感じで。生物分類に関する性質は「自然種」と呼ばれます。

世界中の猫は、この「猫」という性質を共有しているために猫なのです。全ての猫に共通した特徴と言い換えてもいいですね。

さて、この「猫」という性質は、人間とは独立した存在であると考えるのが一般的です。明日突然人間が絶滅しても、猫は存在し続けるし、猫が存在し続ける限り、全ての猫に共有されている「猫」という性質は存在

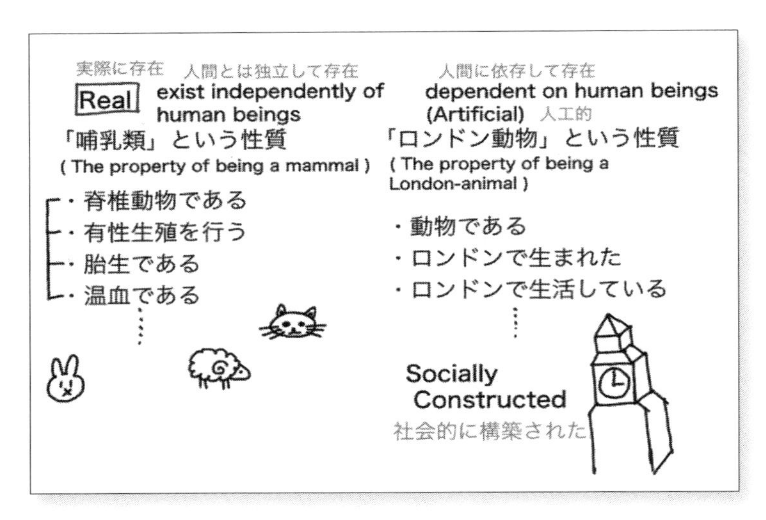

し続けるはずです。「猫」という性質は Real（実在的）なのです。

しかし、性質にはこういった Real（実在的）なものだけでなく、人間が作り出したものもあるのです。例えば、「ペット」というカテゴリーがありますよね。「ペット」というカテゴリーは人間が作り出したものなので、明日人類が絶滅したら、「ペット」というカテゴリーも存在しなくなります。ペットを愛玩する人間が存在しないんだから、愛玩動物という概念も存在しなくなるわけです。

性質には複雑なものもあって、例えば「哺乳類」であるという性質は、さらにいろいろな性質（脊椎動物である等）から構成されて「哺乳類」であるという性質になっています。（上図参照）

この「哺乳類」であるという性質は人間とは独立して存在しているので、明日人類が絶滅してもこの性質は存在し続けます。でも、人間が適当に性質を組み合わせて、新しい性質を作ることもできるわけです。私が今適当に「ロンドン動物」という性質を作りましたが、この性質も全部でたらめというわけでもなく、実際に存在する（Real）な性質（動物である等）を私が今作ったルールに基づいて選択して作り出した性質です。でも、私が作った性質なので、人工的（Artificial）だし、明日私が死んだらこの性質は存在しなくなります。でも、こういった人工的な性質でも、社会全体に共有される場合もあります。

そうなると、その性質は Socially constructed（社会的に構築された）になります。これだと社会全体に共有されてるので明日私が死んでも残り続けますが、明日人類が滅亡したらなくなってしまいます。

さて、ここでやっとセックスとジェンダーの話になります。長い道のりでした。セックスとジェンダーも性質です。セックスは「生物学的メス」であるという性質、ジェンダーは「女らしい」という性質とでも言いましょうか。（下図参照）

以前はセックスもジェンダーも人間とは独立して存在する Real（実在的）な性質だと思われてきました。「生物学的メス」であるという性質だけでなく、「女性性（女らしさ）」もReal（実在的）な性質であり、明日人類が絶滅しても存在し続けると。さらには、ジェンダー（女らしさ）の原因はセックスであると考えられていたために、「生物学的メス」であるという性質を持っているということは即「女らしい」という性質を持つことに繋

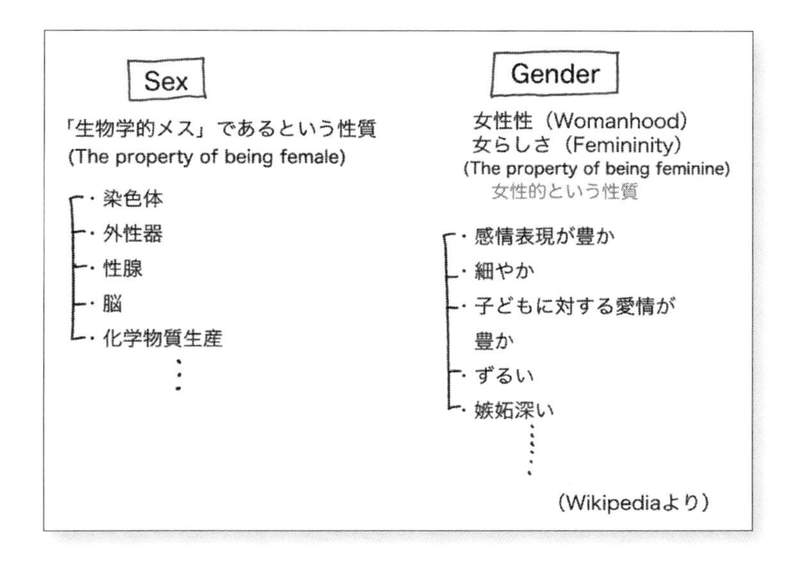

がると考えられていたのです。セックスがジェンダーを決定するのですね。これがBiological essentialism（生物学的本質主義）です。
　でも、これはおかしい、Anatomy is not destiny（解剖学は運命ではない）だとフェミニストが言い出しました。セックスがFemale（メス）なのと女らしさには何の繋がりもない。だって、ジェンダーは私の「ロンドン動物」という性質みたいに、人間が勝手に作った性質なんだから、と。
「女らしさ」というのは、「感情表現が豊か」とか「細やか」という性質を、人間が「女らしさ」というラベルの下に勝手に分類して作った人工的な性質なのだと主張したのですね。ジェンダーは社会的に構築されているのだーというわけです。
　ついにバトラーです。ここまで付き合っていただいてありがとうございました。もっと簡潔に説明できた気もするのですが、私の修行不足でここまで長い話になってしまい申し訳ないです。
　さて、バトラーの有名な「セックスは常に既にジェンダーである」という主張です。
　ここまでで多分予想がついたと思いますが、まずバトラーはセックスも社会的に構築されたものであると主張したのですね。これまでは、セックス（生物学的性別）としての雌雄／男女の区別はReal（実在的）なものである、つまり明日人間が絶滅してもその区別は存在し続けると思われてきました。
　セックスとしての女が存在するから、その「女」にジェンダーとしての「女らしさ」が課せられ、セックスとしての男が存在するから、その「男」にジェンダーとしての「男らしさ」が課せられると考えられてきました。二つの異なる形をしたキャンバスの上に、それぞれ異なった種類の絵の具で絵が描かれるみたいなイメージですね。それぞれのキャンバスの形は違っているし、その違いは人間が作ったものではなく、元々存在するものだと考えられてきました。それがセックスがReal（実在的）だということですよね。でも、バトラーはそれに異を唱えたのです。

バトラーによると、セックスというキャンバスの上にジェンダーという絵の具が塗られるのではなくて、ジェンダーという絵の具が塗られるキャンバスがセックス（というか生物学的な身体）なんです。ジェンダーという絵の具を受け止められるから、セックスはセックスとしてわれわれに認識されるのです。

四角いキャンバスがあるから、その上に絵の具を乗せても四角いキャンバスになるんじゃなくて、絵の具で四角を描いたから四角いキャンバスになる、みたいな。

バトラーでは Performativity（パフォーマティヴィティ）という概念が重要なんですね。私たちは普段の生活や行動でジェンダーをPerform（実行）してるんです。例えば、男性との会話で女性がつい聞き役に回ってしまうというのも、ジェンダーを Perform（実行）してることになります。

そして、そうやってジェンダーを Perform（実行）することで初めて「女の身体」（あるいは男の身体）が生まれる。ジェンダーを Perform（実行）することがセックスを生み出すんですね。だからこそ、セックスは常に既にジェンダーなんです。

これが、私なりの「セックスは常に既にジェンダーである」という主張の説明になります。

【参考】

・「セックスは常に既にジェンダーである」を私なりに説明したツイートのまとめ。
https://note.com/erinadinfinitum/n/n40bb75d40514

クィア理論（≒LGBT思想）が目指す世界について

LGBT思想を支持する活動家たちは、世界各国でジェンダー・セルフID制度（医師の診断書や性別適合手術無しで、本人の自己申告のみで法的な性別変更を可能にする制度）を認めさせたり、肉体が男性の人物が女性用スペース（女子トイレ、女子更衣室、女湯、女子刑務所、女性用シェルターなど）を使用できることを求めたり、「髭の生えた女性」「妊娠する男性」の存在を認めるべきだと主張したり、性別の境界を無くすことに必死なように見える。

一体、彼らはどのような世界を目指しているのだろうか？

そのヒントが書いてある非常に興味深い論文があったので紹介したい。

2018年に京都大学の研究者が書いた『クィア理論とトランスジェンダー ―性的差異について―』という論文である。

以下、適宜引用しながら紹介する。

なお、この論文によると、クィア理論はトランスジェンダー（特にトランスセクシュアルや性同一性障害の人）に寄り添えるものではないらしい。むしろ彼らの存在を否定してしまうタイプの理論なんだとか。

クィア理論では言説分析という現代哲学の手法が用いられているが、それについて論文ではこのように書かれている。

> こうした系譜学的手法は、個人の存在が歴史的状況のなかで拘束されている様相を検討することができるという意味で包括的だが、ハウスマンのように身体と主観（アイデンティティ）の存在そのものを言説による構築物としてしまうと、生物学的身体（しかもその身体は生理反応といった否定しえない事実をもたらすものだ）の存在自体が否定されてしまう。また「トランスセクシュアル」とされた人の主観（アイデンティティ）も言説によって構築されたものとみなされてしまっている。こうした言説によって身体、アイデンティティを構築

物としてみなす考えは、構築主義の流れの中でも極端なものである。ハウスマンはホルモン投与のみ行い、かつ「男性らしい」「女らしい」振る舞い（ハウスマンはこれを「パッシング」と呼んでいる）を取らない「トランスジェンダー」を、構築された性別二元制度を破壊してゆく存在としている（Hausman 1995：195）が、ここでハウスマンは「トランスジェンダー」というカテゴリーを、男―女という差異を破壊するという政治的プリンシプルを内面化した英雄主義的な個人として実体化してしまっている。

京都社会学年報　第26号（2018）53ページより

なんと言説分析（クィア理論の代表的哲学者ジュディス・バトラーも使用している哲学の手法）をそのまま適応してしまうと、生物学的身体の存在自体が否定されてしまうらしい。

しかもその中では、ホルモン投与のみを受けつつ「男らしい／女らしい」振る舞いをしないトランスジェンダーを男女二元論を破壊する英雄として扱っているらしい。つまり欧米でしばしば見かける、女性を自認しつつ、髭や胸毛とかを生やした状態で「自分らしく生きることが大事！」などと主張している“トランス女性”は、この理論的には英雄ということになるだろう。

また論文内では、クィア理論の論者として、K.ボーンスタインとR.ウィルキンスの2人の研究者が紹介されている。

まず、ボーンスタインは、われわれが性差というものをいかに認識しているかについて、以下のように述べている。

ジェンダーのとりわけ狡猾な側面といえるものに、それが全く自然に作られた物事の状態だと信じさせられることによって、危険にも作り出された、抑圧的な階級制度になっている点がある。(Bornstein 1994=2007: 125)

以上のように、ジェンダーとはそれが自然な事物であるという装いを持つ抑圧的な制度だとされる。では、ボーンスタインは、いかにして性差という差異を定義し、この差異にひそむ権力関係の解消方法を提示しているのだろうか。以下で見てみよう。

> 男性か女性かという、一方か他方かによりできているジェンダーの階級制度の中で、一方を上位に置き、他方を下位に置く構造は、力の不均衡を必要としている。二元的なジェンダーの制度が存在し続け、活発に執拗に保持されているのは、二元的なパワー・ゲームが行われる場所だからである。それは、世界のおおよそ半分の人が、残りの半分に対して権力を持つ競技場なのである。
>
> 二元的なジェンダーの制度がなければ、男性と女性の権力の力学は終わるだろう。(Bornstein 1994=2007: 128)

ボーンスタインにとって男女という性差は、もはや消去してしまうもの、跡形もなく消滅させるべきものと考えられている。「性差そのものがなければ、男女の間の不平等は終わりを告げる」とボーンスタインは考えているのだ。そのため、ボーンスタインにとって、性差とは権力関係が具現化したものであり、性差そのものが権力関係として認識されているといえる。性差イコール権力関係というあまりに単純な図式は、以下の叙述からも見て取ることができる。

京都社会学年報　第26号 (2018) 55ページより

K.ボーンスタインの「男と女という区別によって階級制度が作られてしまっている→よし、男女の区別を消滅させよう」という発想が過激すぎて笑ってしまう。

ボーンスタインによれば、男女の区別を維持したまま男女平等を実現しようとすることは、根本的解決にならないらしい。ジェンダーそのものをなくしてしまうことによって、初めてジェンダーという差異に組み込まれた階級制度がなくなると主張している。

ここではじめて、男女という性差そのもの自体は権力関係に対して中立的だと考えるか、ボーンスタインのように男女という性差そのものを権力が具現化したものと見るかという対立軸が成立する。

どうしてこうした対立軸が出てくるのかといえば、それは男女という差異があり、なおかつそれが先天的であるという説に理論家が同意するか否か、という点に原因がある。もし、男女という差異が生物学的・生理的なレベルで存在するという認識を受け入れれば、社会的なレベルで存在する男女という差異を解消するという考えになる。他方で生物学的・生理的な差異そのものが、社会的に構築されたものと見れば男女という差異そのものを権力と見る考えになる。実際に、ボーンスタインは生物学的・生理的な男女差について以下のように述べている。

> 文化により強制される差異というものが存在しているから、差異について考えてみる必要がある。しかし、その差異は性別固有のものではないのである。男性と女性のいわゆる「生来的な差異」に焦点をあてることは、ジェンダー制度そのものの存在を看過または否定することになり、それゆえジェンダーの制度を存続させてしまう。しかし、なくしてしまうべきなのはジェンダー制度そのものであり、ジェンダーという観念そのものである。それらが同時になくなるなら、差異は崩れ落ちるのである。(Bornstein 1994=2007: 136)

以上の記述に見るように、ここで生物学的性差の言及が出てくる。上記の記述では生物学的性差の存在を認めることは、その行為自体が性差という権力関係を延命させることだという主張がなされている。

京都社会学年報　第26号（2018）55ページより

男性と女性のいわゆる「生来的な差異」に焦点を当てることは、ジェンダー制度そのものの存在を看過または否定することになり、それゆえジェンダーの制度を存続させてしまう。

この記述を見ると、クィア理論において男女の生物学的違いが軽視される理由がよくわかる。意図的に無視しているわけだ。

ボーンスタインは、性差を「権力が具現化したもの」として考えている。そして、性差自体を、つまり男女の間の差異を無くすことが、ジェンダーの問題への抜本的解決であると考えている。本当に過激派。

しかし論文の筆者には、トランスジェンダーはむしろ男女に拘る人だから理論破綻している、と突っ込まれている。

R.ウィルキンスについてはこのような記述がある。

> ウィルキンスは別の著書の中でジェンダーとは意味を産出するシステムなのだと定義する。ウィルキンスによれば、そこでは二つのセックスが「自然なもの」として意味づけられ、母なる自然、生物学的な男と生物学的な女、ジェンダーの二元体が再生産される。そして、「性同一性障害」もまた、二元的なジェンダーがセックスをコントロールするために作ったものとされる(Wilchins 2002)。
>
> そしてこの意味を産出するシステムにおいては、二つのセックスは対等ではなく、男が普遍的で、所与のものとされる。他方で女は男性の定義にあてはまらない残り物 ―出産、謎― とされ、男に依存した存在であり、常に男にとって他者であるものとして定義される。この女という言葉は男をサポートするだけの存在にされてしまう(Wilchins 2002)。
>
> 京都社会学年報　第26号（2018）57-58ページより

「ジェンダーとは意味を産出するシステムである。このシステムにおいては、男が普遍的で所与のものとされ、女は男の定義に当てはまらない残り物とされる」

この一節を読むだけでも、いかにこのジェンダーという概念やクィア理論というものが、キリスト教などの一神教の影響下にある概念なのかがわかる。正直、日本の価値観とはかけ離れたものに思える。

ウィルキンスは、男と女という二元的(バイナリー)(binary)なジェンダーへの批判を行っており、これを解体することが重要であると主張する。

ウィルキンスとボーンスタインは２人とも「性差自体を消滅させる」ことが性差別や性支配を無くす解決策だと考えている点で一致している。

そして差異というものが解体されるところにマイノリティの解放というユートピアを描いている。彼らは二元的とされる性差という差異そのものをあらゆる性差別や偏見の根源と見ているからだ。

だが、ジェンダーという差異を解体した後に残るユートピアとはどういう状態の世界なのか、どういった秩序づけのもとで異なる性のあり方をしている人々が共存するのかについては、具体的なヴィジョンは無い。

そして、トランスジェンダーの多くはジェンダーの解体など望んでいないという大きな矛盾。

クィア理論には生物学的性差にこだわることは権力関係に巻き込まれることだという認識がある。そのため「性別適合手術」によって生物学的性差を変えるというトランスセクシュアルの人々の意志は、クィア理論からすれば医療という権力装置に回収されてしまい、結果的に男女という差異を再生産することだという見解に繋がりやすい。一部の研究者は手術を志すトランスセクシュアルを「ジェンダーのカモ」とまで呼んでいる。実にひどい言い様だ。

しかし、日本でも一部の活動家が「くたばれGID」という謎のスローガンを掲げていたことがあった。その意味がわかったように思われる。

以上、論文の中で特に面白いと思ったところを取り上げてみた。非常に読みやすくて興味深い内容だったので、関心のある人は読んでみて欲しい。その際、44ページの「ジュディス・バトラーの『セックスは常に既にジェンダーである』の解説」を前もって読んでおくとさらに理解しやすいかもしれない。

なお、余談ではあるが、論文内で紹介されていた２人のクィア理論学者であるK.ボーンスタイン（Kate Bornstein）とR.ウィルキンス（Riki Wilchins）は２人とも男性から女性に性別を変えたMtF、いわゆるトランス女性の当事者である。特にR.ウィルキンスはアメリカの非常に著名なトランス活動家であり、その著書『TRANS/gressive』の中において、女性だけの音楽祭をトランス排除的であるとして抗議し中止に追い込み、アメリカのフェミニストを籠絡し、BDSMコミュニティ、フリーセックス擁護団体、DSDの団体などを次々と仲間にしていったという話を書いている。現在では超大物の活動家としてホワイトハウスやアメリカの政府機関に出入りしている。そのような人物が「性差を無くすべきだ」と主張し、それが現実の政策に反映されていると思うと、考えさせられるものがある。

結局のところ、従来のフェミニズムが男女で肉体の違いがあることは認めつつ、ジェンダー・ロール（性別による社会的役割）を解体することによって男女平等な社会を目指してきたのに対して、クィア理論は性別という概念自体を解体することにより全人類の平等を目指しているということなのだと思われる。「性別を男と女の２つに分けるから女性差別が生まれるのだ。性別という概念が無くなれば、男女の区別も無くなり、結果として女性差別も無くなる」という感じで。

クィア理論においては、性別は個人のジェンダーアイデンティティに応じて無数に存在し得るし、また変更も可能なのだという。無数に存在するカテゴリーは区別を不可能にし、実質的な区分の消滅を意味する。

私からすればまさに机上の空論としか思えない。例えるなら、空気抵抗を無視して弾道計算を行うようなものだ。現実世界における複雑なパラメーターを全て無視し、高校物理みたいな理想の真空状態の想定で行った計算式を現実世界にそのまま適用すれば、うまくいかないに決まっている。それが多くの国でLGBT思想に起因するトラブルが起こっている原因であろうと私は考える。

【参考】

・田多井俊喜 , 2018, クィア理論とトランスジェンダー ―性的差異について―, 京都社会学年報 第26号.
https://repository.kulib.kyoto-u.ac.jp/dspace/bitstream/2433/237335/1/kjs_026_051.pdf

【関連項目】

●ジュディス・バトラーの「セックスは常に既にジェンダーである」の解説　→44ページ

女性スペース問題について

LGBT思想により、海外では男性の肉体を持った“女性”が数多く出現した。

その結果起こった混乱として、まずは女性スペースの問題について、具体例を挙げながら述べていきたい。

まず1つ目の事例は、カナダの事例である。

2022年8月、性犯罪歴がある身長187センチ、体重100キロ超えの巨漢 シェーン・ジェイコブ・グリーン（Shane Jacob Green）が、自分の性自認は女性だと主張し、女性専用シェルターに滞在した。対応した職員の証言では、当初より女性スタッフや他の利用者に対して性的な言葉を投げかけるなど、不穏な様子だったとのこと。滞在3日目に他の女性利用者に性的暴行を行い、逮捕された(1)。

シェーン・ジェイコブ・グリーン
(Shane Jacob Green)

カナダでは、翌年の2023年4月にも同様の事件が発生している。

トランス女性を自認するデザレー・アンダーソン（Desiree Anderson）という32歳の生物学的男性が女性専用シェルターに滞在し、他の利用者のベッドに入り込んで性的暴行を行い、逮捕された(2)。

デザレー・アンダーソン
(Desiree Anderson)

カナダには差別禁止法という法律があり、性自認による差別は禁止されている。

グリーンの事件の3年前である2019年、カナダの歴史ある、強姦被害女性のためのシェルターが、他の女性利用者の心理を考慮してトランス女性の利用を断った結果、自治体からの補助金を打ち切られた上に、窓に「TERFを殺せ」などと落書きされたり、ドア

A follow up to the dead rat that was nailed to our door recently... this morning we found this writing scrawled across the windows of our storefront space that we use for support and training groups #Misogyny

Googleによる英語からの翻訳

最近ドアに釘付けにされた死んだネズミの続報です…今朝、サポートとトレーニンググループに使用している店頭スペースの窓にこの文字が走り書きされているのを見つけました#Misogyny

4:05 · 2019/08/28 場所: Earth

999件のリポスト 556件の引用 1971件のいいね 133件のブックマーク

にネズミの死骸を釘で打ち付けられるなどの嫌がらせを受ける事件が起こった(3)。

ここでTERF（ターフ）という言葉について説明する。元々は、Trans（トランス） Exclusive（エクスクルーシヴ） Radical（ラディカル） Feminist（フェミニスト）（トランス排除的ラディカルフェミニスト）の略語であり、トランス女性を女性として認めないと主張するフェミニストを指していた。しかし、現在では、性別適合手術を受けていないトランス女性が女性専用空間を利用することに反対する人全体を指す言葉として使われることが多い。

実は、2022年の東京トランスマーチでも、「FUCK THE TERF（ファック ザ ターフ）」と書かれたプラカードを掲げている人がいたり、参加者の中に「ターフや反性売買フェミを踏みしだいて、これからもわれわれは生きていく」とSNSに投稿する人がいるなど、日本にも既にこの概念が導入されている。

そして、未手術のトランス女性、すなわち男性器のある人物が、女子トイレや女子更衣室、女湯などを利用することに反対する人たちに対して、TERF（ターフ）という言葉が使われ、罵られ、攻撃を受けるような状況がこの数年間、主にSNS上で発生しているような状況である。

なお、東京都にある「東京強姦救援センター」というアジアで最も古い強姦被害者支援団体も、2021年に発行物の中で経産省トイレ裁判のことを取り扱った際に、トランス女性を「トランス女性」と表現し、「女性」と書かなかったことが差別的であるなどとして行政の担当者から詰問された上に、港区からの補助金を打ち切られてしまうという事件が起こっている(4)。

2つ目の事例はアメリカ・ペンシルバニア州の事例である。

女子競泳チームの大学生たちが、未手術のトランス女性とプールの女子更衣室を共用することを大学側から強いられた。

2022年に女子競泳の大会で優勝した未手術のトランス女性、リア・トーマス(Lia Thomas)選手のチームメイトだったポーラ・スキャンラン (Paula Scanlan)が、そのことを2023年7月27日の下院司法委員会で証言した(5)(6)。

リア・トーマス(Lia Thomas)

大学からプールの女子更衣室を一緒に使用することを指示され、男性器のある大柄な人物の前で水着を脱いで裸になることを余儀なくされた。大学に苦情を申し立てると、トランスジェンダーへの理解が足りないとカウンセリングを勧められた。このような内容を、スキャンランは時に涙ぐみながらも証言した。またスキャンランは16歳の時に性暴力被害にも遭っており、男性の肉体を持つ者との更衣室の共用は、そのトラウマを非常に

ポーラ・スキャンラン(Paula Scanlan)

刺激するものであったと語っている。

その後、2024年3月にスキャンランを含む複数の元女子水泳選手たちが、全米大学体育協会（NCAA）や大学システムなどに対して、トランス女性であるリア・トーマス選手の女子種目への参加や女子更衣室使用を認めたことが、女性差別でありプライバシー侵害であると集団訴訟を起こしている(7)。

アメリカでは同様のトラブルが多発しており、カンザス州では2023年2月に女性の権利章典が可決され、男女別スペースの利用は生物学的性別に基づくように定められた(8)。同様の法律が、その後、複数の州で成立している。

3つ目の事例はアメリカ・ワシントン州の事例である。

2023年6月にアメリカ・ワシントン州の地方裁判所が、未手術のトランス女性の女湯利用を認めてしまった事件(9)(10)。

トランス女性の利用を性別適合手術後に限定している施設の方針をトランス差別的だと人権委員会に訴えたヘイヴン・ウィルビッチ

女性専用韓国風スパという、日本の女湯と同じシステムを採用している施設が、施設の利用者を生物学的女性と性別適合手術を受けたトランス女性だけに限定していたことが、差別だと認定されてしまった。施設側は最高裁まで争う方針としている。

ワシントン州には差別禁止法があって性自認による差別を禁止しており、そのことがこの判決の根拠とされた。法律には、男女別スペースについては性自認に準じて使用させること、とまで書いてある。また、州の人権委員会が設置してあり、差別行為について通報するようなシステムになっている。

性自認（ジェンダーアイデンティティ）はあくまで主観的なものであり、他人が確認することは不可能である。そのように不安定なものを基準に社会システムを構築することの危うさを教えてくれる事例を紹介する。

2023年のイギリスの事例で、刑務所服役中に女性を自認し始め、名前を全くの別人に変更した例である(11)(12)。

実の娘に8歳から17歳まで9年間、性的虐待を加え、またその画像などをネット上で他の小児性愛者たちと共有していた罪で2016年に逮捕され、15年の懲役を受けた男クライブ・バンディ(Clive Bundy)が服役中にトランス女性になった。男は服役7年で早期釈放となったが、その際には名前を女性名に変更すると同時に名字も変更し、完全に別人の名前になっていた。被害者である娘はこれを不服として抗議している。

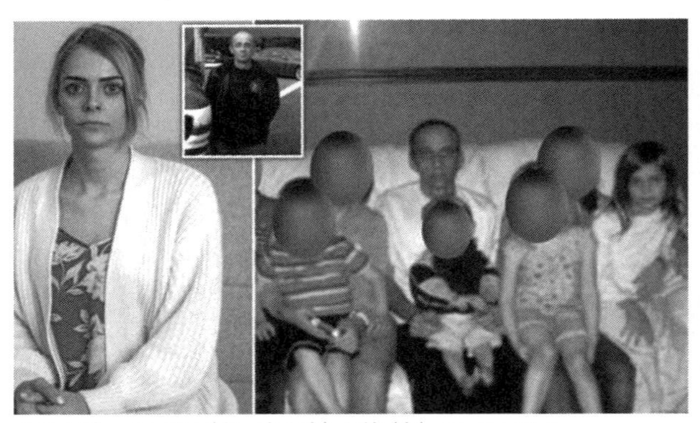

クライブ・バンディ(右・真ん中)と娘(左)/Daily Mail

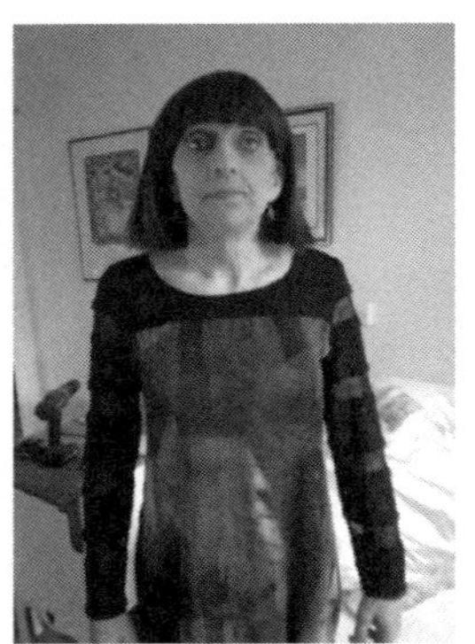

法的性別変更後のクライブ・バンディ/Daily Mail

娘によれば、この男は小児性愛に関して更生を促すようなプログラムを何も受けておらず、再犯の恐れが極めて高いのではないかとのことである。しかしそれでもこの男の法的な性別は「女性」となっており、名前も装いも変えて、女性として新しい生活を始め、そして女性用スペースにアクセスする権利を手に入れてしまったのである。

未手術で法的性別を変更できるイギリスの統計では、トランス女性における性犯罪者の人口に対する割合は男性の3.5倍、女性の389倍となっている(13)。

逮捕された男性犯罪者、特に性犯罪者や小児性愛者が逮捕後や服役中に、自分はトランスジェンダーだと主張するケースが多発している。刑務所内での他の男性囚人からの虐待を避けるために、女性刑務所への移送や他の囚人からの隔離を目的としている可能性も考えられる。

このように、性自認の悪用としか言いようがない事例が多発している状況である。

無批判に「トランス女性は女性です」という概念を社会が受け入れてしまえば、このように乱用・悪用され得る可能性があることをご理解いただけるだろう。

どうして海外ではこのようなとんでもないことが起こってしまっているのか。

それには二つの要因が考えられる。

1つ目は、未手術のトランスジェンダー女性を女性として認めているということ。

2つ目は、差別禁止法が存在しており、性別や性自認による差別を禁止しているということ。

日本は、2023年10月に最高裁で性同一性障害特例法の生殖腺要件に違憲判決が出され、さらに2024年7月に未手術のトランス女性の戸籍性別を女性に変更することが認められたことによって、1つ目の条件を満たしつつある。

早急な対策として、アメリカのように、女性スペース・女子スポーツを守る法律の制定が望まれる。

ここからは、いくつか日本の事例を紹介しようと思う。

まずは愛媛県の事例[14]。

2022年、医療従事者向けのサイトにこのような質問が載せられていた。

とある事業所の産業医からの質問である。

「自分の担当している職場で性同一性障害（性自認は女性、肉体は男性）で性別適合手術はしていない方がカミングアウトしました。女子更衣室と女子トイレの使用を希望したので、職場が他の女子社員に聞き取りしたところ、スペースの共用への抵抗が強かったため、専用のトイレを用意しました。しかし、本人はそれを性差別だと主張し、職場の指示を無視して女子トイレを使用しました。それにより、他の女子社員がメンタルヘルスの障害を起こしてしまいました。産業医としてどう対応するべきかを教えてください」

これに対して、GID学会（性同一性障害学会）の理事であり、日本精神科産業医協会理事でもある山本和儀は以下のように回答している。

「トイレの使用を制限されたこと自体が差別だと、当該社員が訴えたのは当然だと考えます。職場全体の理解を得つつ、本人の性自認に沿ったトイレを使用できるように配慮が必要です。職場で研修会を開いてください」

これは完全に事例2で示した、アメリカで女子大生たちが未手術のトランス女性と女子更衣室を一緒に使うことを強制されたのと同様な事例のように思われる。

また、インバウンドの増加により、海外の未手術トランス女性が多数来日することが考えられる。

実はもうすでに日本においても、未手術トランス女性が女湯に侵入してしまうという事件は起こっている。1件は2023年4月に共同通信の英語版で紹介(15)、もう1件は2024年2月に水着着用可能だと勘違いしてしまったと主張する内容を未手術のトランス女性自身がSNSに投稿していた。少なくとも2件、発生しているのである。

性自認偏重の風潮の下では、レズビアンの方々は大きな被害を被っている。

2019年、アメリカ人の未手術トランス女性、しかも妻がいて子供も３人いる人物が、日本のレズビアンバーの女性限定イベントに参加しようとして断られた(16)。

それについて、本人がこのような差別を受けたと英語で世界中に発信し、その結果、そのレズビアンバーには世界中から批判の声が寄せられた。最終的にレズビアンバーは謝罪をし、今後はそのイベントにトランス女性の参加を認めることを表明するに至った。

このように、生物学的女性だけで集まることを潰されてしまうということが世界中で起こっている。

オーストラリアではレズビアンの団体が、生物学的女性だけで集会を開くことを申請したところ、人権委員会からそれを差別であると判断され、イベントの開催を禁じられた(17)。

オーストラリアではさらに、女性専用アプリへの登録を断られたトランス女性ロクサーヌ・ティックル(Roxanne Tickle)が、それを差別であり違法であるとアプリの運営会社Giggle for Girlsを相手に裁判を起こす事態にまで至っている(18)。

女性専用アプリを訴えたトランス女性のロクサーヌ・ティックル(Roxanne Tickle) /The Gurdian

なお、補足的な情報ではあるが、今後、もしも日本もイギリスのように、完全に手術無しで、医師の診断書だけで戸籍上の性別を変更できるようになった場合、その診断がどのくらい信頼できるかが問題になってくると思われる。しかしながら実際には、15分や30分の診察を1回やっただけで性同一性障害の診断書を出してしまう即日診断を行うクリニックが、いくつもあるのが現実である。また、診断書をもらいやすくなるためのテクニックを、当事者の間で共有し、テンプレートまで作られているという現実もある。

最近では、2023年10月の生殖腺要件への違憲判決後の約半年間で、30人のFtMの子宮と卵巣を残したままでの戸籍性別変更に成功したと公表しているクリニックまで存在する(一部は乳房切除もなし)。なお、このクリニックはオンライン診療も行っているが、そこには「トランスジェンダーの戸籍変更」のメニューがあり「時間は30分程度」と書かれている。

「MtFの戸籍性別変更についてはチャレンジ中である」とも。

上記を踏まえると、女性スペースに関して速やかな対策が必要なのは明白だろう。

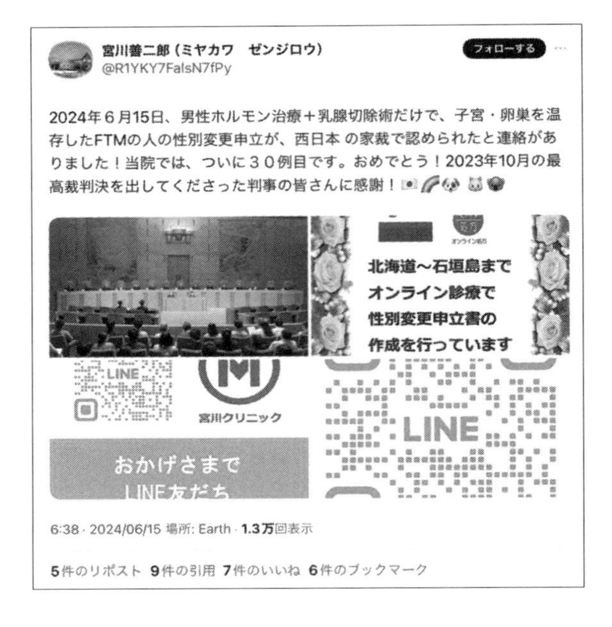

【参考】

(1) HUNTER EXCLUSIVE: Sex offender who IDs as woman busted for shelter attack
https://torontosun.com/news/provincial/hunter-exclusive-sex-offender-who-ids-as-woman-busted-for-shelter-attack

(2) HUNTER: Trans woman sexually assaulted shelter resident: Cops
https://torontosun.com/news/provincial/hunter-trans-woman-sexually-assaulted-shelter-resident-cops

(3) “KILL TERFS”: Vancouver’s women-only rape shelter vandalized with death threats, rat nailed to door
https://thepostmillennial.com/kill-terfs-vancouvers-women-only-rape-shelter-vandalized-with-death-threats-rat-nailed-to-door

(4) JAPAN: Rape Crisis Center Denied Funding After Founder Denounced as ‘Transphobic’
https://reduxx.info/japan-rape-crisis-center-denied-funding-after-founder-denounced-as-transphobic/

(5) BREAKING: Former UPenn female swimmer testifies that teammates of Lia Thomas were forced to undergo 're-education' to make them 'comfortable with the idea of undressing in front of a male'

https://thepostmillennial.com/breaking-former-upenn-female-swimmer-testifies-that-teammates-of-lia-thomas-were-forced-to-undergo-re-education-to-make-them-comfortable-with-the-idea-of-undressing-in-front-of-a-male
(6) The Dangers and Due Process Violations of 'Gender-Affirming Care'
https://judiciary.house.gov/committee-activity/hearings/dangers-and-due-process-violations-gender-affirming-care
(7) 米大学選手ら、トランス女性の女子種目出場や女子更衣室使用めぐり提訴
https://forbesjapan.com/articles/detail/69763?read_more=1
(8) Establishing the women's bill of rights to provide a meaning of biological sex for purposes of statutory construction
https://kslegislature.org/li/b2023_24/measures/SB180/
(9) Judge rules female-only Lynnwood spa must allow pre-op transwomen
https://lynnwoodtimes.com/2023/06/12/lynnwood-spa-230612b/
(10) UNITED STATES DISTRICT COURT WESTERN DISTRICT OF WASHINGTON AT SEATTLE
https://storage.courtlistener.com/recap/gov.uscourts.wawd.308441/gov.uscourts.wawd.308441.21.0.pdf
(11) EXCLUSIVE: Woman sexually abused by her father discovers they will be released from jail identifying as a woman - using transgender 'legal loophole' that could see child sex attackers cover up their past by adopting new gender identity
https://www.dailymail.co.uk/news/article-12012541/Woman-sexually-abused-father-discovers-released-jail-identifying-woman.html
(12) Daughter's fury as paedophile father who abused and shared images of her with other sick perverts online before changing gender in prison is quietly released
https://www.dailymail.co.uk/news/article-12295543/Daughters-fury-transgender-paedophile-father-quietly-released-prison.html
(13) What actually is the risk posed by men who want to be women?
https://www.womensrights.network/post/what-actually-is-the-risk-posed-by-transwomen
(14) 性同一性障害の社員，職場でのトイレ対応は？
https://www.jmedj.co.jp/journal/paper/detail.php?id=19683
(15) FOCUS: Japan LGBT law watered down amid culture war on transgender issues
https://english.kyodonews.net/news/2023/06/ce70e8136f49-focus-japan-

lgbt-law-watered-down-amid-culture-war-on-transgender-issues.html

(16) レズビアンバーがトランス女性の入場拒否→謝罪　LGBT当事者間の差別めぐる議論広がる
https://www.buzzfeed.com/jp/sumirekotomita/gold-finger-1

(17) Australian Human Rights Commission Decision Prohibits Female-Only Events For Lesbians
https://reduxx.info/australian-human-rights-commission-decision-prohibits-female-only-events-for-lesbians/

(18) Tickle v Giggle: transgender woman sues female-only ‘online refuge’ for alleged discrimination in landmark case
https://www.theguardian.com/australia-news/2024/apr/09/roxanne-tickle-giggle-for-girls-app-blocked-trans-woman-alleged-discrimination

女子スポーツ問題について

LGBT問題において、女性スペースの問題と同じくらいに取り沙汰されるのが女子スポーツの問題だ。

昔は女子スポーツの公平性を保つためにオリンピック参加選手に対して性別確認検査まで行っていたのが、それが行き過ぎてしまった面もあったことから2000年に廃止。ちょうどその頃、欧米においてはトランスジェンダーの権利が主張され始めており、2003年にIOC（国際オリンピック委員会）は「性別を変更した選手に関するストックホルム合意声明」を公表し、性別適合手術を行っているなどの条件を満たした当事者の参加が認められるようになった(1)。2014年にIOCはLGBTQ＋の人々の人権の尊重を含むジェンダー平等の促進を強化する方針を中長期戦略に盛り込み、同年にオリンピック憲章に「いかなる性別（sex）、いかなる性的指向（sexual orientation）の人も差別を受けない」としてLGBTQ＋の人々に対する差別を容認しないことを明示する文言が盛り込まれた。さらに2016年には「性別変更と高アンドロゲン血症に関するIOC合意形成会議」というガイドラインが発表され、一定の条件（血中テストステロン値、性ホルモンの投与を受けていること）を満たせば、性別適合手術を受けていないトランスジェンダー女性が女子スポーツに参加できるようになった。なお、この決定には、トランス男性のアスリートであり、トランスジェンダーのアスリートを支援するトランス権利団体 transathlete.com の設立者でもあるクリス・モジエ（Chris Mosier）の働きかけがあったと言われる(2)。

トランス男性のクリス・モジエ（Chris Mosier）

このクリス・モジエであるが、調べてみても29歳で女子選手としてトライアスロンを開始し、30歳で男性へトランス。2013年にトランスジェンダーアスリートを支援する団体 transathlete.com を設立し、2016年にスプリント・デュアスロンの全米選手権でトランス男性として初めてアメリカ代表チーム入りを果たし、以後何度も男性選手として大会で入賞を果たしたことしかわからない。元女性でありながら、男子の一流選手と肩を並べる程の実力者であれば、女子選手だった頃から一流アスリートであったのは間違いないと考えられるのだが、女性だった頃の名前も経歴も不明である。本人が女性だった頃の名前を「デッドネーム」として、過去の経歴を報道されることを極度に嫌がっていることが関係していると思われるが、性別移行により過去を抹消できてしまう実例と考えるとやや恐ろしいものを感じる。

IOCの決定を受け、世界中のスポーツ大会もトランスジェンダーを包括する方向へと変化した。

2017年にニュージーランドのトランス女性、ローレル・ハバード(Laurel Hubbard) が重量挙げの国際大会の女子部門に出場して優勝。この人物は多くの批判を受けながらも、いくつもの国際大会で優勝を重ね、ついには2021年に初めてのトランスジェンダーのオリンピック選手として43歳で東京オリンピックに出場した[(3)]。メダルを獲ることは叶わなかったが、これをトランスジェンダーの可能性を切り拓く歴史的快挙と評価する声が多数見られた。

トランス女性のローレル・ハバード (Laurel Hubbard) /BBC NEWS JAPAN

トランス女性のジェイシー・クーパー (JayCee Cooper) /MPR news

このローレル・ハバード選手の活躍を受けてか、アメリカでもトランス女性のジェイシー・クーパー(JayCee Cooper) が米国パワーリフティング連盟 (USAPL) が主催する大会の女子部門へ出場しようとしたが、連盟側は参加を認めず。それをクーパーは差別であるとしてミネソタ州人権局に告発した。USAPLは改めてトランス女性の女子部門への参加を禁止するポリシーを発表し、代わりに性別に関係なく参加可能な「mx」カテゴリーを新設した。しかしクーパーはこの対応に納得せず、2021年1月にミネソタ州の地方裁判所で方針の撤回を求めて裁判を起こした。2021年11月にUSAPLはトランス差別的な方針を掲げているという理由で国際パワーリフティング連盟（IPF）から追放[4]。2023年2月にミネソタ州地方裁判所はクーパーの訴えを認め、USAPLに対して直ちに差別的な方針を撤回するよう求めたが、USAPLは裁判所の命令に従う代わりにミネソタ州での事業をやめ、拠点をウィスコンシン州に移転することで対応した。その後、2024年3月に控訴裁判所は裁判の差し戻しを判断。裁判は地方裁判所での審議継続となり、USAPLは再びミネソタ州で事業を再開することが可能となった[5]。

2019年、アメリカ・ニューハンプシャー州のトランス女性の大学生、セセ・テルファー(Cece Telfer）が、陸上競技の全国大会で優勝[6]。2016年と2017年には男子選手として大会に出場して200位以下の成績だったが、2018年に性別移行してトランス女性となり、女性ホルモンや性別適合手術まで済ませた状態になってからNCAA（全米体育協会）の女子陸上競技選手権へ参加。400メートルハードルにおいて、2位に大きな差をつけて優勝した。

トランス女性のセセ・テルファー(Cece Telfer）/AFPBB News

また2022年には、アメリカ・ペンシルバニア大学に所属する未手術のトランス女性リア・トーマス（Lia Thomas）がNCAAの競泳大会で優勝[7]。2020年まで男子学生として男子チームに所属していたトーマスは他の大会でも女子選手として好成績を収め、それに対する批判の声が高まった。

この他にもトランス女性が女子スポーツに参加して問題視されるケースが多々見受けられている。

トランス女性のリア・トーマス（Lia Thomas）/AFPBB News

カナダのトランス女性ラグビー選手 /TORONTO SUN

11人中5人がトランス女性で構成されたオーストラリアの女子サッカーチーム /New York Post

右から1番目と2番目がトランス女性のサイクリスト /Daily mail

左　競技中は女性であると主張して女子部門で優勝したトランス女性（？）選手 /20minutos

カナダでは女子ラグビーにノンバイナリー自認の生物学的男性が参加し[8]、アメリカでは自転車競技でトランス女性の選手が表彰台の1位と2位を獲得し[9]、オーストラリアでは女子サッカーにおいてメンバー11人中5人がトランス女性のチームが圧倒的強さでリーグを勝ち抜き[10]、学校では女子バレーボールに参加するトランス女性の生徒によって怪我や脳震盪を起こす女子生徒が増えて子供が危険に曝されていると怒りを露わにする保護者も出現[11]。

さらには、2023年にジェンダー・セルフID制度（性別適合手術も医師の診断書なども不要で本人の申告のみで法的性別が変更できる制度）を導入したスペインでは、「競技中は女性であるように感じる」と主張する、肉体的に男性で普段の生活も男性として過ごし妻子もいる人物が、自分を女子選手としてカウントするように大会運営に要求し、その結果、自転車レースの女子部門で1位を獲得するという事態まで発生[12]。

完全に女子スポーツが崩壊している状態だ。

このような事態を受け、国際的な競技団体の中にはトランスジェンダーの競技参加を制限する団体も増えている。

2022年6月に世界水泳連盟は「男性としての思春期を経験したトランスジェンダー女性は女子競技に参加できない」という方針を発表し、代わりに性別に関係なく参加できるオープン・カテゴリーを新たに設置した[13]。2023年3月には世界陸連が[14]、2023年7月には国際自転車連合（UCI）が同様の方針を発表している[15]。

この方針に対して、前述のリア・トーマス選手はオープン・カテゴリーへの参加を拒否。2024年1月に世界水連に対して方針の撤回を求める裁判を起こしたが、この訴えは2024年6月にスポーツ仲裁裁判所（CAS）によって棄却された[16]。世界水連はこの判断を「女子スポーツを守るための取り組みにおいて、大きな前進」と称賛している。

LGBT活動家の中にはトランスジェンダー女性の女子スポーツへの参加制限について、合理的な理由が無いと抗議する人もいるが、2024年3

月にスウェーデンのカロリンスカ大学の医師らにより発表された論文では、男性と女性の間の身体能力の差異が数値として明確に示されており（図1）、論文の筆者はIOCのトランス包摂的な方針では、女子スポーツの公平性が守られないとはっきりと述べている(17)。

今後は日本においても、女子スポーツを保護するための取り組みが求められるだろう。

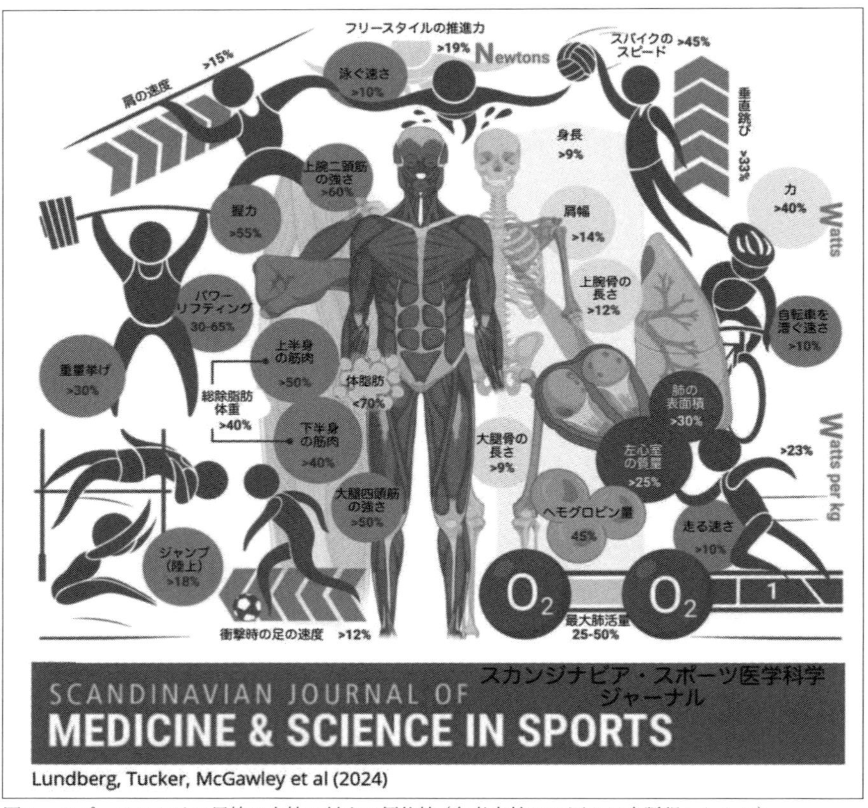

図1　スポーツにおける男性の女性に対する優位性（参考文献16の図を日本語訳したもの）

【参考】

(1) トランスジェンダーの参加をめぐるスポーツの歴史 —排除から包摂へ— 來田享子
https://wan.or.jp/article/show/10696

(2) The Trans Athlete Behind the Olympic Committee's New Gender Policy
https://www.thecut.com/2016/01/chris-mosier-transgender-athletes-olympics.html

(3) 【東京五輪】初のトランスジェンダー選手、重量挙げで記録なし　英選手が銀
https://www.bbc.com/japanese/58059610

(4) International Powerlifting Federation ejects USA Powerlifting over testing policies
https://www.outsports.com/2021/11/10/22772819/powerlifting-ipf-usapl-jaycee-cooper-transgender-ban-ioc-wada/

(5) Minnesota appeals court overturns USA Powerlifting transgender athlete ruling
https://www.mprnews.org/story/2024/03/18/minnesota-appeals-court-overturns-usa-powerlifting-transgender-athlete-ruling

(6) Transgender woman who previously competed in the men's division wins women's national title in the 400-meter hurdles at NCAA championship
https://www.dailymail.co.uk/news/article-7097015/amp/Transgender-woman-Cece-Telfer-wins-womens-national-title-NCAA-track-championship.html

(7) トランスジェンダー競泳女子選手、全米大学選手権でも優勝
https://www.afpbb.com/articles/-/3395646

(8) WARMINGTON: Female rugby players complain trans opponent hits too hard
https://torontosun.com/news/local-news/warmington-female-rugby-players-complain-trans-opponent-hits-too-hard

(9) Transgender cyclists take gold AND silver medals at Chicago women's race, as critics insist pair had considerable biological advantage over female rivals
https://www.dailymail.co.uk/news/article-12626083/Transgender-cyclists-gold-silver-Chicago-races.html

(10) Australian soccer team with 5 transgender players goes undefeated in women's tournament: 'Huge difference in ability'
https://nypost.com/2024/03/27/us-news/outrage-after-flying-bats-soccer-team-goes-undefeated-with-5-transgender-players/amp/

(11) EXCLUSIVE: Transgender Athlete Makes Verbal Commitment To Seize

One Of Just Twelve Women's Volleyball D1 Scholarships At The University of Washington
https://reduxx.info/exclusive-transgender-athlete-receives-u-washington-offer-to-seize-one-of-just-twelve-womens-volleyball-d1-scholarships/

(12) Quim, el atleta de 'género fluido' que ganó una carrera femenina: "Me siento hombre, pero en la montaña me siento mujer"
https://www.20minutos.es/deportes/noticia/5214139/0/quim-atleta-trans-gano-carrera-femenina-me-siento-hombre-pero-en-la-montana-me-siento-mujer/

(13) 国際水連、トランスジェンダー選手の女子競技への出場を禁止
https://www.bbc.com/japanese/61862354.amp

(14) 世界陸連、トランスジェンダー女性の女子種目出場を禁止
https://www.bbc.com/japanese/65060990.amp

(15) The UCI adapts its rules on the participation of transgender athletes in international competitions
https://www.uci.org/pressrelease/the-uci-adapts-its-rules-on-the-participation-of-transgender-athletes-in/6FnXDIzvzxtWFOvbOEnKbC

(16) The International Olympic Committee framework on fairness, inclusion and nondiscrimination on the basis of gender identity and sex variations does not protect fairness for female athletes
https://onlinelibrary.wiley.com/doi/full/10.1111/sms.14581

(17) The International Olympic Committee framework on fairness, inclusion and nondiscrimination on the basis of gender identity and sex variations does not protect fairness for female athletes
https://onlinelibrary.wiley.com/doi/full/10.1111/sms.14581

LGBT思想による歪みの極地：セージの物語

LGBT思想が浸透しているアメリカでは、それが原因で多数の悲劇が起こっている。

その極地とも言える事例を紹介する。

2021年にアメリカのバージニア州で起きたもので、保護者が知らぬうちに学校でトランス男性として生活し始めた少女を襲った、あまりにも悲惨な事件である。

これによりバージニア州では2023年に、子供のトランスについて、学校に対して保護者への通知義務を課す法案 (Sage's Law) が作られた。

事件の被害者は14歳の少女、セージ・リリー。彼女は幼い頃に親を亡くし、祖父母と一緒に暮らしていた。セージは元々精神的に不安定な所があり、不安障害やうつ病を抱えていた。中学の時までは、セージの様子に変化があった時は学校が祖母のミケーレに教えてくれ、学校と連絡を取り合ってセージをケアしていた。しかし、それは高校に入ってから変わってしまった。

セージのクラスの女子は皆が自分をバイ、トランス、レズビアン、エモ(※)などのLGBTQを自認していた。セージは男の子の服を着てエモになりたいのだとミケーレに話していた。ミケーレはそれを思春期にはよくあることと考え、特に問題視してなかった。

※エモ (emo)

1980年代のパンクロックをルーツとする人々。クィアの一種とされることも。あまりに感情的だったり敏感すぎる人々に侮蔑的に使用されることもあるが、本人たちはそれを名誉の称号と考えている。失恋、精神疾患、孤独などのトピックを扱うエモ音楽というジャンルがある。過度に敏感で、情緒面に問題を抱え、エモ音楽やファッションに完全に夢中になっている人、髪を黒く染め、タイトなTシャツを着て、スキニージーンズを履くことに夢中になっている人、またはエモ音楽に完全に夢中になっている人、がエモに分類される。病み系？

しかし実際は、セージは学校でトランス男性を自認して過ごしており、ドラコという男性名を使用し、学校のスタッフは彼女を男性の代名詞（He/Him）で呼んでいた。学校のカウンセラーは学期が始まった最初の週に彼女の性自認が男性であると判断し、男子トイレの使用許可を出した。本人が保護者への連絡を希望しなかったため、学校はその事実をミケーレに伝えなかった。

エモの一例 /Wikipedia

セージは同級生からのイジメに遭い、学校の男子トイレで男子のグループから性的・身体的暴行を受けた。

しかし8月25日、トイレでのひどいイジメが起こった後、取り乱すセージに、ついに学校はミケーレに連絡し、ミケーレは初めて孫娘の性別移行と悪質なイジメについて知った。ミケーレはセージを慰め家に連れて帰ったが、その夜にセージはネットで知り合った“友人”に会うために家出してしまった。

セージは後に「あのままだと何が起こるか怖かった」と述べている。ミケーレはセージの捜索願いを出し、発見を祈った。

セージが会いに行った“友人”は、性別移行中の少年・少女をターゲットにする性犯罪者たちだった。彼らはセージを監禁して売春を強要した。セージは9日後に隣のメリーランド州でFBIにより発見された。「ドラッグを使われ、数え切れないほどの男性によって輪姦、虐待されていた」とミケーレは語る。

ミケーレはセージを迎えにメリーランド州に行ったが、司法当局がセージに直接会うことを許さなかった。裁判所ではセージがリモートで参加。

セージとミケーレは再会を喜んだが、裁判所が任命した弁護士はミケーレとその夫を「感情的および身体的虐待」で告発し、彼らがセージを「ミスジェンダリング」している（男性名のドラコではなく女性名のセージと呼んだり、誤った代名詞（She/Her）を使用）と主張。セージは家に帰ることを望んでいないのだと弁護士は言った。

セージの親権は祖父母から剥奪され、セージは彼女を男性として肯定するメリーランド州の里親に預けられることが検討された。そのためミケーレは孫娘を家に連れて帰ることができなかった。セージは弁護士から「祖父母は自分を殴る、彼らは自分を望んでいない」と判事に対して嘘をつくよう言われていた。

セージは数日間拘置所の独房で過ごした後、児童養護施設の男性用宿舎に収容された。その宿舎に女子は彼女1人だけであり、他の入所者の少年から何度も性的暴行を受けた。

セージが児童養護施設にいる間、ミケーレは頻繁に手紙やカードを送り、特にセージの15歳の誕生日には電話で連絡を取ろうと何度も試みたが叶わなかった。この時に送った物はセージには1つも届けられておらず、それがセージの孤独を深めた。

のちにセージはミケーレに対して「あなたのことがとても恋しかったが、もう私みたいな子には戻ってきてほしくないのだと思ったので帰らなかった」と語った。それによりミケーレは自分の書いた手紙が1通も届けられてなかったことを知った。

セージは児童養護施設にいる間、学校をサボりドラッグを使うようになった。弁護士はその事実を知っていたが、特に介入せず。裁判に勝つことだけを考えていた。弁護士がセージの学校の友人に接触したことで、セージの事件が学校中に拡散されてしまった。

弁護士による「祖父母がセージを虐待していた」という主張は誤りだとすぐに証明された。しかし孫娘に会うことは禁止されたままだった。

ミケーレは若年性犯罪被害者のための回復プログラムを早急にセージに受けさせてほしいと裁判所に懇願したが、裁判官はそれをセージを女性扱いする行為だとして拒否した。

児童養護施設の環境に耐えきれず、祖父母がもう自分の帰還を望んでいないと思い込んでしまったセージは、11月12日、GPSモニターを切断し、ネットで知り合った自称16歳でテキサス在住の“友人”の元へと逃げ出し、行方不明になった。

生死不明になった孫娘をミケーレは必死に探した。

SNSを駆使した捜索でセージの居場所を突き止めたミケーレはそれを当局に連絡し、2022年1月24日にセージは発見された。彼女はドラッグ漬けにされ、レイプされ、殴られ、再び売春を強要されていた。

セージは救出され、ミケーレは8月25日以来、5ヶ月ぶりに孫に再会することができた。

セージは裁判所から指定されたバージニア州の治療施設（恐らく精神科病院と思われる）に入所し、ミケーレは毎週決められた日に車で片道4時間かけて面会に行った。セージは大量の薬剤を投与され、絶え間ない悪夢に苦しみ、医者も他の入所者も恐れていた。カウンセラーはセージに性別肯定治療としての乳房切除術を勧め、それをセージが望んでいるとミケーレに伝えるよう圧力をかけてきた。

しかしセージは既に男になりたい気持ちを失っており、女性物の服を買いに行きたいと祖母に言った。しかしそれを医者に伝えるのが怖いのだとセージは言った。施設からセージの性別移行治療を進めるように圧力をかけられたミケーレは、弁護士に連絡を取り、セージを施設から退所させた。約1年ぶりにセージは家に帰ることができた。

現在、セージは専門家からトラウマケアを受けており、悪夢、パニック発作、医療問題に苦しんでいる。セージを最初に誘拐した人身売買業者は懲役刑を宣告された。

今のセージは自分を男性とは自認していない。

「私は自分が何だったかわかりません。私は今、全く違う人間です。私は決して男の子ではありませんでした。誰もがそれ（LGBTQの自認）をやっていた、私はただ友達が欲しかっただけです」とセージは言っている。

バージニア州の議員に対してミケーレは言った。「イデオロギーがこれ以上、子供たちを傷つけないようにしてください。親に自分の仕事をさせてください。私たちは自分の子供のことを最もよく知っていて、(学校のカウンセラーなどよりも)何百万倍も愛しています」

この事件をきっかけに、2023年1月にバージニア州でSage's Lawという法案が作られた。※1

この法案は性別の不一致がある未成年の学生について、学校が親に通知することを義務付けている。また、「被虐待児または放置児」という用語の定義において、子供の生物学的性別に合致した方法で子供に言及し養育することは、虐待または放置と見なされないことを明確にしている。バージニア州の下院は僅差で賛成多数となり通過したが、上院で廃案になってしまった。(バージニア州の上院は民主党が強いらしい)

同時に廃案になった法律に、学生スポーツ選手に性自認ではなく肉体の性に従ってスポーツチームに参加するよう求める法律もあった。

あまりにとんでもない話であるが、時系列で並べるとさらにそのとんでもなさがわかる。のちに、セージの祖母ミケーレが原告となって、教育委員会やスクールカウンセラー、セージの担当弁護士を訴えた裁判で判明した事実も踏まえたものを以下に示す。※2

2021年8月10日　セージが高校に入学。

8月11日　スクールカウンセラーによりセージの性自認が男性であると認定され、男子トイレの使用許可が出る。

同級生の男子からのイジメが始まる。

8月12日　学校がミケーレにイジメのことを伝えるが、性別移行についてはセージが希望しなかったため伝えず。

数日後　スクールカウンセラーがセージに対して、一部の女子がセージが女子トイレを使用することを快く思っていないため男子トイレを使用するように告げる。

8月25日　セージがスクールカウンセラーに必死に強い身の危険について訴える。彼女が取り乱したため学校がミケーレに迎えに来るよう連絡し、ミケーレはセージの学校での性別移行とイジメの悪質さについて初めて知る。同夜、セージは家出し性犯罪者に誘拐される。ミケーレが捜索願を提出。

9月2日　隣のメリーランド州で性犯罪被害者としてセージが発見され、FBIからミケーレに連絡が入る。

9月3日 ミケーレと夫が現地に到着。しかしセージは拘置所に隔離され、面会不可。ミケーレと夫は、セージの性自認を尊重しないという虐待の容疑で親権を剥奪された。

弁護士から要請を受けたスクールカウンセラーが少年裁判所に出向き「虚偽」と「不完全な証言」を提供。

セージは性自認に従って児童養護施設の男性収容施設に入所させられ、他の入所者の少年から何度も性的暴行を受ける。

ミケーレからの手紙などは一切届けられず。

11月10日　裁判所によりミケーレたちの親権が再び認められる。

11月12日　セージが児童養護施設から逃げ出す。逃げ出した先で、また性犯罪者に捕まり搾取される。

2022年1月24日　セージがテキサス州で発見される。ドラッグ漬けにされ暴力と性的搾取を受けた状態。

裁判所が指定した治療施設に入所。男性への性別移行を強く勧められる。本人は既に性別違和無し。

ミケーレが弁護士を介して退所手続き。

約1年ぶりにセージが自宅に帰る。

まず、入学した翌日にスクールカウンセラーがセージのことをトランスジェンダーだと判断しているのがおかしいし、その判断と同時にセージに男子トイレの使用を認めて社会的性別移行を勧めている（=カミングアウト）のもおかしい。

あるスイスの事例で、親が知らないうちに娘が学校でトランスしていて、カウンセラーの勧めであと少しで学校でのカミングアウト&社会的移行をしそうになっていた例があったが※3、その記事の中では母親が、たった2回の面談でカミングアウトを勧めるのはあり得ないし、それを受け入れる環境が整っていなければ本人が危険な目に遭うかもしれないと心配していた。

まさにこのケースがそうだろう。

無責任にカミングアウトを勧めて男子トイレを使わせたものの、全然そのための意識が育ってないから酷いイジメ（というか暴行）を受けることになった。理念が先走りすぎて、全然現実とマッチしてないというか、スイスと比べてすら非常に雑な対応に唖然としてしまう。児童養護施設で何の配慮もなく男子の方に割り当てたのも馬鹿としか言いようがない。“人権派”弁護士と“人権派”判事が、ミスジェンダリングを理由に親権剥奪するのも悪夢のようだ。

なんだか性自認主義の悪い所を煮詰めたような事件で非常に胸糞が悪くて印象的だったし、私が「LGBT活動家の人たちが目指している世界って、もしかしてヤバいのでは？」と疑念を抱くきっかけになった事件でもあった。

なお、この事件に対するLGBT思想（クィア理論）支持派の人の意見。

・犯罪に巻き込まれたのは気の毒だが、事件の詳細を報道しているのが右寄りのメディアばかりなのでこの内容がどこまで本当か分からない。
・仮に事実だとしても学校から保護者への通知があれば事件を避けられたかも分からない。
・子供の性別移行を学校が親に知らせるというのは非常に悪い考え。ニューヨークタイムズの有名記者もそう言ってる。

・学校が親に伝えるようになると、保守的な親を持つトランスの子供がますます困難な状況に置かれるので、このような法案は支持しない。
・トランスジェンダーの若者が精神的に脆いのは事実であり、大切なのは理解のある親を持つこと。
・バージニア州の上院は民主党が強いので、法案が可決される可能性はない。

以上が実際に確認できた意見である。

恐らくこれが米国における“冷静で中立的な意見”なのだろう。

あまりに無責任なコメントのように感じるのは私だけだろうか？

さらにSNS上では、このセージの事件を紹介する投稿に対して「負け犬がどうなろうが知ったこっちゃない」という内容の心ない英語のコメントも寄せられており、唖然とした。

確かに、セージの判断能力やネットリテラシーに問題があるのは間違いないだろう。しかしだからといって、ここまで酷い目にあってしまったことは本当に気の毒だし、学校や弁護士や司法が被害の拡大に加担してしまった形になっているのは大いに問題だ。

実際のところ、トランスジェンダーを自認する若者は、家庭環境や精神状態などに問題を抱えている割合も多く（もちろん全員ではないが）、そのような弱みを持つ若者を狙って、性犯罪者があえてトランスジェンダーを標的にしているという話もあるという。LGBT思想に染まった社会のもとでひたすら酷い目に遭って搾取されるのは、セージのような脆弱性を抱えた子供なのだろうと思うと非常に胸が痛い。

本人の自己決定権をどこまでも尊重する社会は、自己責任論が支配する社会と表裏一体だ。

破滅を避けるためには、個々人に高度な判断力が求められるだろう。

性別すら本人が決定するというLGBT思想。その行き着く先がどのような世界なのか、改めて考えてほしい。

【脚注】

※1 HB 2432 Minor students experiencing gender incongruence; parental notification.
https://lis.virginia.gov/cgi-bin/legp604.exe?231+sum+HB2432

※2 Blair v. Appomattox Cnty. Sch. Bd.
https://casetext.com/case/blair-v-appomattox-cnty-sch-bd-1

※3 TANIA : MÈRE D'UNE ADOLESCENTE ANCIENNEMENT TRANS.
https://en.femelliste.com/articles-femellisme-feminisme/tania-mere-adolescente-enfant-trans

【参考文献】

・Sage's Law: VA School Transitions Girl Without Telling Guardians, She Ends up a Sex Trafficking Victim in Texas
https://www2.cbn.com/news/us/sages-law-va-school-transitions-girl-without-telling-guardians-she-ends-sex-trafficking

・Virginia Teen Sex-Trafficked Twice After School Hides Gender Identity From Her Parents
https://thefederalist.com/2023/01/19/virginia-teen-sex-trafficked-twice-after-school-hides-gender-identity-from-her-parents/

・Mother Tells How Daughter Fell Victim to Trafficking After School Hid Her Gender Identity. New Bill Aims to Prevent Such Tragedy.
https://www.dailysignal.com/2023/01/31/sages-law-advances-virginia-gop-bill-requires-schools-notify-parents-gender-transition-girl-reportedly-trafficked/
（記事の中に祖母のミケーレがバージニア州の議会で証言している動画がある）

・VA: The Difficult Story of Sage's Law
https://www.assignedmedia.org/breaking-news/the-story-behind-sages-law

異論者に対するキャンセル行動

LGBT思想を特徴づけるものとして、異常なまでの異論者に対する不寛容がある。

一時期、日本のTwitter（現X）でも「＃トランス女性は女性です」というハッシュタグが流行っていたことがあったが、その主張に異議を唱える者は徹底的に攻撃され、中にはアカウントを削除するまで追い込まれる者もいた。ひどい例では、「未手術の（男性器のある）トランス女性と一緒に女湯に入ることは無理だ」と主張する性暴力被害者が苛烈に攻撃されたこともあった。マイノリティの人権を尊重することを主張する一方で、異論者の人権や発言権については頓着しないアンバランスさが目立つ。

またもうひとつのLGBT思想を支持する人々の特徴は「ノーディベート主義」である。これは清水晶子東京大学教養学部教授も推奨しているLGBT思想支持派の多くが採用している手法だが、ひとことで言えば「相手に差別者のレッテルを貼ることによってノーディベート（議論しないこと）を貫き、論戦なしで自身の正当性を主張する方法」である。学者としていかがなものかと首を傾げざるを得ないが、ノーディベートを主張する人たちの理屈としては「差別者と議論することにより、それを目にした多くのマイノリティ当事者が傷ついてしまうので議論はするべきではない。差別者の意見は無視し、あるいは一方的に批判し、その発言の場を奪うべきである」というものであるらしい。似たような意見として「差別的な本は実際に読まなくても（それを批判するレビューや感想を読むことで）トンデモだとわかる」と主張していた大阪大学の某講師もいた。いずれにしろ、表現の自由や学問の自由に甚大な影響を与えそうな主張である。

このような傾向は海外でも同様である。というよりは、海外で行われていたキャンセル・カルチャー（“不適切な”言動をした相手を糾弾し、仕事や職を奪うなどして社会から排除しようとする運動）が10年遅れて輸入されてきているのが日本の現状といった方がいいだろう。

海外において、「差別者」または「TERF（トランス排除的ラディカルフェミニスト）」または「トランスフォビア（トランス恐怖症）」などとレッテルを貼られた人物は、SNS上などで激しく攻撃され、職場へのメールや電話、時には直接訪問による苦情が殺到し、結果としてそのターゲットとなった人物は仕事を失ったり、職場をクビになったりした。

そのような被害はイギリスでは2014年頃から見られていた。イギリスのフェミニスト哲学者であり作家であるジェーン・クレア・ジョーンズの著作『The Annals of the TERF-Wars and Other Writing（ターフ・ウォーズの記録と他の著作）』より、キャンセル・カルチャーに関する部分を抜粋して翻訳する。

なお、『The Annals of the TERF-Wars』自体は作者のブログで無料公開されており、ご本人から許可を得て全文を日本語訳したものを本書の巻末に付録として付けさせてもらったので、ぜひ読んでみて欲しい。2010年頃から2018年までのイギリスの状況が、いかに現在の日本の状況と類似しているかに気付かされるはずだ。

（原文）
THE ANNALS OF THE TERF-WARS
https://janeclarejones.com/2018/11/13/the-annals-of-the-terf-wars/

エピソード1：第一次大戦の終結。

シーン3：サイバースペースと公共圏、2014-5年

フェミニストたち：(*ジェンダー・イデオロギーについて自己学習*)（*ますます恐怖を感じる*）（*誰も読まない記事を書き始める*）

やあ、みんな！　この戯言はどうかしている。女性（female）であることと女性（woman）であることは何の関係もないと言っているこれらの人たちがいて、魔法的なジェンダーの本質（magic gender essence）を持っているから彼らが女性なんだと言っている。これはかなり性差別的に聞こえるし、sex（肉体の性別）は存在しないとも言っていて、それこそが抑圧されている理由だと常

に考えてきた私たちは、これが女性やフェミニズムにとって悪い考えなのではないかとかなり心配している。そして今、フェミニストだという他の人たち（インターセクショナル・フェミニストたち）が、女性（female）でない人たちを私たちのフェミニズムの中心に置かなければならない、さもなければ私たちが抑圧者だと言っている。そして彼らはいかに私たちが売春婦恐怖症の差別主義者（bigot）だから何も発言すべきではないかについて延々と言い続けていて、ちょっとおかしい。人々はレズビアンにペニスがある人とセックスしろと虐めているし、彼らは若者にどんな効果があるかわからないようなホルモンの摂取を勧めていて、正直言ってこの件は全て腑に落ちないものだと考えている。いったい何が起こっているんだ？

トランス活動家とインターセクショナル・フェミニストたち：あそこで話している女性は、人々を危険にさらしている。なぜなら、彼女は邪悪な差別主義者であり、トランスの人々は世界で最も弱い立場にある人々であり、彼女は抑圧者であり、彼女が話すことによって私たちを抑圧しているのだ。そしてもし彼女が話せば、それは文字通りの暴力であり、人々に私たちを傷つけさせ、私たちもまた自らを傷つけてしまう。だからあなたは彼女の話を止めなければならない。もし彼女の話を止めなければ、あなたも邪悪な差別主義者であり、私たちはあなたがどんな邪悪なクソ差別主義者であるかを皆に伝えるつもりだ。それが嫌なら今すぐさっさと彼女を止めたほうがいい。

市民団体：ええと、今度は何ですか？

トランス活動家たち：(*デモ隊*)（*手紙とEメールと電話で殺到する*）(*Twitterで大量の人々を集めて団体に攻撃する*)

市民団体の広報：こんなことをされたら私たちの印象が悪くなってしまう。

市民団体：わかりました、差別主義者には話させません。つまり、彼女はただのフェミニストですよね？

トランス活動家たち：万歳、私たちは安全です！ クソッタレな魔女は死んだ！

フェミニストたち：いったい何なの？ 皆さん！ 私はただ、ここにいくつかの疑問があり、私たちはそれについて本当に話し合うべきだと思うので、発言しようとしただけです。ただ魔法的な女性の本質を持っているという理由で人々が女性であるとは思えないし、そう考えることで良くない結果もあり得ると思う。

トランス活動家と市民団体：差別主義者は黙れ！

左翼系の大手新聞にコラムを寄稿しているミソジニストの子供：差別主義者は黙れ！ あなたたちは、ゲイの人たちをみんな子供にいたずらをする変質者だと考えていたような類の人たちなのだから！

※訳者注　ミソジニスト：女性嫌悪者、女性蔑視者

フェミニストたち：あの、私たちの多くは実際にレズビアンだし、残りの人たちは同性愛者の権利を完全に支持していた。私たちは常に同盟を結んできていたのに、何を言ってるの？

左翼系の大手新聞にコラムを寄稿しているミソジニストの子供：(*異論を唱える女性たちを全てブロックする*) 歴史の間違った側にいるビッチどもめ！

目覚めた (woke) 兄弟と左翼のミソジニストたち：(*興奮で飛び跳ねながら*)歴史の間違った側にいる高慢なビッチども！

トランス活動家たちと市民団体と左翼系新聞：私たちの後に続けて繰り返して！ ──トランス女性は女性です。トランス女性は女性なのだから、トランス女性は他の女性に与えられている社会的資源をすべて与えられるべきであり、もしこれを受け入れないのであれば、あなたたちは排他的な差別主義者であり、あなたたちが

いかにひどい恐ろしい人間であるか、そしていかにあなたたちが公の場で生活したり、働いたり、話したり、執筆したりすることを許されるべきではないかを、私たちは皆に知らしめることになる。わかったな？？？
フェミニストたち：あなたたちは私たちを脅迫し、沈黙させている。
トランス活動家たちと左翼系新聞：ちがう、そんなことはしてない。あなたたちは存在し、質問し、間違った意見を持つことで、人々を煽動している。みんなを安全にするために、あなたたちは黙る必要がある。今すぐに！

これは実に典型的なLGBT活動家とのやりとりであるが、彼らはこのようなロジックで異論者を黙らせようと攻撃してくる。

当初、このような被害を受けるのはフェミニストの学者たちが多く、学者界隈の外の一般人の目に触れることはほとんど無かった。

しかし2017年、LGBT活動家の働きかけによって、イギリス政府がジェンダー認識法（GRA）という法律の改正を検討し始めたことにより状況は一変した[(1)]。ジェンダー認識法（GRA）とは2004年にイギリスで制定された法律で、世界で初めて性別適合手術無しで法的性別を変更することを可能とした法律だった。その法律を、医師の診断書無しでも法的性別変更できるように改正しようと――すなわち本人の自己申告だけで法的性別を変更できてしまうジェンダー・セルフID制度を導入しようとしたわけである。

2018年にこの改正案がメディアに取り上げられて話題になると（そもそもこの問題をメディアに大きく取り上げさせるまでにもフェミニストや市井の女性らによる必死の活動があったわけだが。詳細は『The Annals of the TERF-Wars』を参照）、これに対して多くの女性たちが反対の声を挙げた。

しかし、それに対してトランス活動家やその賛同者（アライ）たちは激しい攻撃を行い、次々と彼女たちの仕事や職を奪っていったのである。

また医療や福祉の分野にも活動家の影響は及んでおり、トランス活動家の方針に従わない者には不当な圧力がかけられた。

人々の反対により、最終的にジェンダー認識法（GRA）の改正は阻止され、2020年に政府が法改正を断念する声明を出したが(2)、その背景には実に大勢の人々の必死の闘いが存在していたことは覚えておきたい。

以下に被害を受けた代表的な例を紹介していく。もちろん、ここに挙げた有名人たち以外にも多くの人々（主に女性）が、攻撃を受けてSNSアカウントの削除に追い込まれたり、仕事を失ったり、不当な圧力をかけられて口を噤まされるなどの被害を受けているだろうことは想像に難くないし、そのほとんどは裁判に訴えることもできずに泣き寝入りしているとも考えられる。

①キャスリーン・ストック（Kathleen Stock）

キャスリーン・ストック（Kathleen Stock）/The Times

元サセックス大学の哲学教授であり、大英帝国勲章（OBE）も受賞した著名な哲学者。また自身もレズビアンであり、性的少数者でもある。

2018年7月にジェンダー認識法（GRA）の改正に反対し、また「多くのトランス女性はまだ男性器を持つ男性であり、多くは女性に性的に惹かれている。女性が完全に無防備になって服を脱いだり、眠ったりする場所に、彼らが入るべきではない」と主張して、女性スペースの保護を訴えた(3)。これによって、LGBT活動家たちからの激しい攻撃が始まり、彼女が講演に招待された際には、それに反対する活動家団体から反対声明が出されるなどした(4)。ストックは2020年に議会で、ジェンダー認識法（GRA）改正に関して有識者として証言し(5)、最終的に法律の改正はなされないことになった。

しかし2021年10月、自らを性的少数者であると称するアンチ・ターフ・

サセックスという学生グループが、ストックを「トランスフォビア（トランス恐怖症）」であり「トランスジェンダーの人々にとって危険である」として解雇を求めるキャンペーンを行った(6)。大学内の壁には彼女の解雇を求めるポスターが貼り付けられ、学生グループは解雇要求のビラを配ったり、ストックを攻撃する演説を行うなど異様な雰囲気に包まれた。殺害予告まで含む激しい攻撃は続けられ、大学からボディガードを雇うことを勧められるレベルで身の危険を感じる状況となった(7)。多くの学者や政治家がストックを支持する声明などを出したが、ストックは10月下旬にサセックス大学を退職することとなった。退職後の取材で、ストックは学生たちの抗議運動には、同僚の大学教員たちが自分たちの授業の中で彼女を「トランスフォビア」だと非難していたことが影響していると述べ、中世の思想弾圧を経験するようであったと述べた(8)。

オックスフォード大学におけるキャスリーン・ストックの講演に抗議する人々 /The Gurdian

サセックス大学退職後も彼女への攻撃は続いており、2023年5月30日にオックスフォード大学での講演に招かれた際には、LGBT活動家団体から抗議声明が発表された。これに対して進化生物学者のリチャード・ドーキンスを含む40人以上の学者がストックを支持する公開書簡（オープンレター）に署名(9)。これに対してLGBT活動家側もストックの招待に反対する学者など100人による公開書簡（オープンレター）を作成した(10)。結局、講演会は予定通りに開催されたが、開始後すぐに数人の抗議者が会場内で騒ぎ、1人は会場の床に自分自身を接着したため、警察によって排除されるまで講演は中断された。また会場の外には数百人のLGBT活動家が集まって抗議行動を行った(11)。

②マヤ・フォーステイター(Maya Forstater)

マヤ・フォーステイター(Maya Forstater)
/The Times

元シンクタンクの研究員。ビジネス・国際開発の研究が専門。

2018年9月に、ジェンダー認識法(GRA)の改正をめぐり、「性別を変えることは不可能であり、女性(woman)とは成人した人間の女性(female)を意味し、男性は女性にはなれない」とSNSで主張した。これに対してSNS上で激しいバッシングを受け、「トランスジェンダー差別である」と強く批判された[(12)]。

その翌年の2019年、マヤ・フォーステイターは雇用契約を打ち切られ、これを個人の思想・信念を理由に差別を行った不当解雇であるとして雇用裁判所に訴えた。同年12月、雇用裁判所はフォーステイターの信念は「人間の尊厳や他者の基本的権利と相容れない」として、法的な保護を受けることはできないと判断した。これを不服としてフォーステイターは控訴した。またこの判決が出た際に、作家のJ.K.ローリングはマヤ・フォーステイターを支持する内容をSNSに投稿して激しいバッシングを受けることとなり、これをきっかけにしてトランスジェンダーをめぐる問題について積極的に発信するようになった。

2021年4月の雇用控訴裁判所において、裁判所は彼女の信念について「民主主義社会で尊重されるに値するものである」と判断し、一審の判決を覆した。その後、不当解雇に対する補償についても争われ、2023年6月に元職場は補償金として10万ポンド(2000万円)の支払いを命じられた[(13)]。

なお、マヤ・フォーステイターは2020年に権利団体 Sex Matters を創設。生物学的性別を重視する方針のもと、政治活動を行っている。

③アリソン・ベイリー(Allison Bailey)

元法廷弁護士。

アリソン・ベイリー(Allison Bailey)
/The Times

レズビアン当事者であり、2019年10月に大手LGBT活動家団体ストーンウォールの方針に反対する性的少数者の仲間たちとともに権利団体LGBアライアンスを設立した。ベイリーがSNSでこの団体を称賛し、「ジェンダー過激主義は、まさにその対抗勢力に遭遇しようとしている」と投稿したところ、殺害予告を含む激しい攻撃にさらされた。また、外部からの多数の苦情や、ストーンウォール元局長のルース・ハントからの解雇要請を受け、ベイリーの職場であったガーデンコートは、ベイリーについて内部調査を行うと発表した(14)。

2020年3月、ベイリーはこれらの動きを言論の自由を妨げる差別であるとして、職場とストーンウォールを相手取り裁判を起こした(15)。その結果、2022年7月には「感情を傷つけた」としてガーデンコートに対して22,000ポンド（448万円）、2023年7月には仕事中の「不合理な行為」としてさらにガーデンコートに対して2万ポンド（400万円）を支払うように判決が下った(16)。

この裁判はマヤ・フォーステイターの裁判と同様、表現の自由を争う裁判として大きな注目を集めた。

④ソニア・アップルビー(Sonia Appleby)

未成年者にジェンダー肯定医療を提供していたNHSジェンダーアイデンティティ発達クリニック（GIDS）で働いていたベテラン精神分析心理療法士。

ジェンダークリニックに紹介される患者が急増し、また一部の医師が、患者に適切な心理学的評価が行われる前に思春期ブロッカーなどの薬剤を投与していることなどが子供に害を与えるのではないかと懸念し、それを職場で訴えたところ、準懲戒処分にあたる不当な対応を受けた。これについてアップルビーは、NHSに対して2019年11月に訴訟を起こした。裁判では同じ職場で働いていた精神科医デイビッド・ベル（David Bell）も、児童の安全に関する懸念を表明した際に、懲戒処分の脅迫を受けたことを証言している。彼はNHSについて「ジェンダーアイデンティティの政治に巻き込まれ、子供たちを守る義務を見失ってしまった」と話した。

ソニア・アップルビー(Sonia Appleby)/The Gurdian

2021年9月、雇用裁判所は、職場の彼女に対する扱いが「彼女の職業上の評判を傷つけ、安全保護に関する適切な仕事を妨げた」として2万ポンド（408万円）の補償金を支払うようにNHSに対して命じた[17]。

⑤J.K.ローリング（J.K. Rowling）

作家。世界的ベストセラー『ハリー・ポッター』シリーズの作者。

SNSに「男性は女性にはなれない」などと投稿したことを理由に職場での雇用契約を打ち切られたマヤ・フォーステイターが雇用主を訴えた裁判の一審で敗訴したことを受け、2019年12月にJ.K.ローリングがフォーステイターを支持するコメントをSNSに投稿。それにより、LGBT活動家を始め、芸能人などの著名人も含む大勢から激しいバッシングを受ける[18]。このことを機に、トランスジェンダーをめぐる問題に関する発信を行い、女性の権利を守る活動を積極的に支援するようになった。

J.K.ローリング（J.K. Rowling）/ BuzzFeed

それ以降、J.K.ローリングは原作者であるにも関わらず、映画のイベントに呼ばれなくなる、映画のクレジットから名前を消されるなど、あからさまな思想・信念による差別を受けることになる。

殺害予告なども受け、また自宅の場所をSNSに投稿されるなどの被害にも遭っている[19][20]。

それでも怯むことなく、活発な活動を行い、現在ではLGBT思想反対派の経済的、精神的支柱となっている。

2024年4月1日にスコットランドでヘイトクライム法が施行され、ジェンダーアイデンティティ(性自認)を含む包括的な差別禁止法となり、違反者は逮捕されることとなった。施行前から、LGBT思想(ジェンダー・イデオロギー)に反対する人たちが差別とみなされて逮捕されるようになるのではないかという心配がされていた中、J.K.ローリングは施行されたその日に、何人ものトランス女性の犯罪者や公人について投稿し、それらは全員男性であると指摘。これに対して警察側は、J.K.ローリングの投稿は犯罪として取り扱わないと発表[21]。J.K.ローリングは「すべての人に同じ基準が適用されるはずだ」と主張し、これにより相手の肉体の性別を指摘することは法律による逮捕対象とはならないことを自ら証明した形となった。

⑥ジョー・フェニックス(Jo Phoenix)

元オープン大学の犯罪学教授。

2021年6月、当時所属していたオープン大学で、ジェンダークリティカル研究ネットワーク(Gender Critical Research Network)を設立した。「性別のある身体がそれぞれの研究分野においてどのように重要になるのかを探究することに共通の関心を持ち、学術界の中にそのような探究のた

ジョー・フェニックス(Jo Phoenix)/ Daily Mail

めのスペースを確保し続けるという共通のコミットメントを持つ、さまざまな学者や研究者を結集する」という目的で作られた組織。アカデミアにおいて、肉体の性別を重視する研究が「トランスフォビア」であるとして、自由に研究できない状況であったことから、学問の自由を守るために設立された。このネットワークのメンバーには哲学者のキャスリーン・ストックや歴史学者のセリーナ・トッドなども含まれる。

しかしこのことによってフェニックスは学生や同僚らによって激しい攻撃にさらされ、ネットワークの設立に反対して368人が署名した公開（オープン）書簡（レター）が送られた。大学は彼女を守らず、その結果2021年の終わりにフェニックスはオープン大学を辞めざるを得なかった[(22)]。

フェニックスはこの職場の対応について、環境改善の義務を怠って辞めざるを得ない状況にした（推定解雇）として、訴訟を起こし2024年1月に勝訴。オープン大学から謝罪を受けた[(23)]。

⑦ロズ・アダムス（Roz Adams）

エジンバラ・レイプ・クライシス・センター（強姦被害者のための一時避難施設）の元スタッフ。

ロズ・アダムス（Roz Adams）/BBC

サービスを利用する人々（強姦被害者）が、自分を担当するスタッフの性別を知ることができるべきだ（例えば利用者が生物学的女性に担当してほしいと望む場合など）と主張したところ、「潜在的トランスフォビア」に関する調査会議に呼び付けられ、その後、懲戒手続きが開始された。アダムスは仕事を辞め、J.K.ローリングなどが資金を拠出して設立した、生物学的女性専用の性暴力被害者支援センター（Beira's Place）で働き始めた。

2021年にアダムスはエジンバラ・レイプ・クライシス・センターを推定解雇で告訴。2024年5月に勝訴。裁判の中では経営陣による「異端狩り」

とも言える状況が明らかとなった(24)。

なお、エジンバラ・レイプ・クライシス・センターは性別関係なく利用でき、また最高経営責任者はトランス女性のMridul Wadhwaである。

上記の人々の中には、単にLGBT思想（ジェンダー・イデオロギー）に賛同しなかった、ただそれだけの理由で職場を辞めるまで追い詰められてしまった人もいる。はっきり言って異常である。

これらのキャンセル・カルチャーのターゲットとされた人々の中で、日本でも有名な人物といえば、ハリーポッターの作者、J.K.ローリングであろう。彼女をめぐって果たして一体どのような言説が起こっていたのか、いくつか具体的に見ていこうと思う。

●マヤ・フォーステイターを擁護

2018年9月に「男性は女性にはなれない」などと主張して批判を浴びたマヤ・フォーステイターが、2019年に雇用契約を打ち切られたことを不当解雇として職場を訴えた裁判。その一審判決ではフォーステイターの主張が裁判官により却下され、その信念は「人間の尊厳や他者の基本的権利と相容れない」とされた。その事件について、J.K.ローリングは左のように投稿した(25)。

J.K. Rowling
@jk_rowling

Dress however you please.
Call yourself whatever you like.
Sleep with any consenting adult who'll have you.
Live your best life in peace and security.
But force women out of their jobs for stating that sex is real?
#IStandWithMaya #ThisIsNotADrill

ポストを翻訳

21:57 · 2019/12/19 場所: Earth

8.9万件のリポスト　3.2万件の引用

31万件のいいね　1万件のブックマーク

好きな服を着て下さい。
自分を好きなように呼んでください。
あなたを受け入れてくれる同意した大人なら誰とでも寝てください。
平和で安全で最高の人生を送りましょう。
でも、性別（sex）は現実であると主張したからといって、女性たちから職を奪うのですか？

#マヤに連帯します
#これは訓練ではありません

Human Rights Campaign @HRC　フォローする

Trans women are women.
Trans men are men.
Non-binary people are non-binary.

CC: JK Rowling.

Googleによる英語からの翻訳

トランス女性は女性です。
トランス男性は男性です。
ノンバイナリーの人はノンバイナリーです。
CC: JKローリング。

23:53 · 2019/12/19 場所: Earth

1.8万件のリポスト　**1794**件の引用

9.5万件のいいね　**303**件のブックマーク

GLAAD @glaad　フォローする

.@jk_rowling has aligned herself with an anti-science ideology that denies the basic humanity of people who are transgender. Trans and non-binary people are not a threat to women, and to imply otherwise puts trans people at risk.

Googleによる英語からの翻訳

. @jk_rowlingトランスジェンダーの人々の基本的な人間性を否定する反科学的なイデオロギーに同調しています。トランスジェンダーやノンバイナリーの人々は女性にとって脅威ではなく、そうではないと示唆することはトランスジェンダーの人々を危険にさらします。

4:09 · 2019/12/20 場所: Earth

821件のリポスト　**116**件の引用

3408件のいいね　**26**件のブックマーク

GLAAD @glaad　フォローする

Now is the time for feminists who know and support trans people to speak up and support trans people's right to be treated equally and fairly.

Googleによる英語からの翻訳

今こそ、トランスジェンダーの人々を知り、支援するフェミニストが声を上げ、トランスジェンダーの人々が平等かつ公平に扱われる権利を支持する時です。

4:09 · 2019/12/20 場所: Earth

254件のリポスト　**33**件の引用

1046件のいいね　**2**件のブックマーク

この主張は大バッシングを受け、J.K.ローリングをTERF（トランス排除的ラディカルフェミニスト）として攻撃する人が数多くいた。

ヒューマン・ライツ・キャンペーン（HRC）、GLAADといったアメリカの大手LGBT活動家団体は上や右のようなコメントを出している。

また、実写映画『ハリー・ポッター』でハーマイオニー役を演じていたエマ・ワトソンは、「トランスジェンダーの権利は人権である」と書かれたTシャツを着て力こぶを作っている写真をアップして、トランスジェンダーの人々との連帯を表明した。

この後、『ハリー・ポッター』で主人公のハリーを演じたダニエル・ラドクリフも含め、かつてのキャストたちはトランスジェンダーに関する見解をめぐって、J.K.ローリングとの溝を深めていくことになる（一部にはJ.K.ローリングを支持する人もいたが)。

しかし果たして、上記のJ.K.ローリングの主張はそのように非難されるべきものであっただろうか？

2024年1月、この発言についてアメリカの大学や専門学校で教師をしている男性が、J.K.ローリングに対して批判的な生徒と数分間対話した結果、この発言自体には何ら問題が無いという結論に辿り着いた、という内容の動画を投稿した(26)(27)。生徒は、彼の友人たちが「J.K.ローリングは差別的な人物である」と言っているのを聞いてそう思い込んでしまったのだと話していた。

この4分弱の動画は、SNSで紹介されるや大反響を呼び、非常に論理的かつ教育的であるとして、多くの人を納得させるものであった(28)。参考資料(27)に有志が日本語字幕を付けたものを紹介しているので、気になる方はぜひ見てほしい。

ところがこの動画を発表した4ヶ月後、男性は新しく投稿した動画の中で、勤めていた職場の一つを突然クビになったと告げた(29)。

何らかの圧力の存在を感じさせる恐ろしいエピソードである。

This is utterly brilliant. A student accuses @jk_rowling of being transphobic. This teacher skilfully dissects the claim and challenges it by asking questions.

He teaches not what to think, but how to think critically.

Watch until the end.
You see the epiphany in real-time.

ポストを翻訳

17:50 · 2024/02/03 場所: Earth · 4582万回表示

3.6万件のリポスト　6614件の引用　14万件のいいね　4.6万件のブックマーク

これは実に素晴らしい。生徒がJ.K.ローリングをトランスフォビアだと非難している。この教師は巧みにその主張を分析し、質問することで反論している。

彼は何を考えるかではなく、どのように批判的に考えるかを教えます。

最後までご覧ください。
あなたはそのひらめきをリアルタイムで見ることができます。

●「月経のある人」という表現に異論を唱える

『月経のある人のためCOVID-19後にこれまでより平等な世界を作る』というタイトルの記事[30]について、J.K.ローリングは以下のように投稿した[31]。

「月経のある人」
そのような人々のための単語が、かつてあったはずです。
誰か思い出すのを助けてください。
ウンベンだっけ？ ウインプン？
ウーマド？

このツイートに対して、「トランス男性やノンバイナリーなど女性以外の人にも月経はありえるし、そのような人々を包括するのが『月経のある人』という言葉であるのに、それを揶揄するのは差別的だ」とか、「女性（woman）という言葉にはトランスジェンダーの女性が含まれる。J.K.ローリングの発言はそれを否定しており、トランス差別だ」という批判が湧き起こり、非常に激しいバッシングが発生した。

映画『ハリー・ポッター』シリーズや『ファンタスティック・ビースト』にキャストとして出演した俳優のダニエル・ラドクリフやエディ・レッドメインなども、J.K.ローリングの考えに異を唱えた。

これに対して、J.K.ローリングは以下のように反論した。

「性別（sex）が現実でなければ同性愛はありえない。性別が現実でなければ、世界中の女性が生きている現実が消されてしまう。私はトランスの人たちを知っているし愛しているけど、性別という概念を消すことは、人生に関わる有意義な議論の機会を多くの人から奪ってしまう。真実を話すことはヘイトではない」

「もう何十年もトランスの人たちに共感してきた私のような女性が、女性と同じように男性の暴力に対して弱い立場のトランスの人たちを仲間だと思ってきた私のような女性が、性別は現実のものだと考え、性別の影響を受けてきたからといって、私たちがトランスの人たちを『憎んでいる』と受け止めるなど、ナンセンスだ」

「あなたがトランスだからと差別されれば、私は一緒に行進して抗議する。同時に私の人生は、自分が女性であることで形作られてきた。そう発言することはヘイトではないと思う」

さて、これらの発言に差別的な要素は果たしてあるのだろうか？

そもそも性別に関する言葉を“包括的な”表現に置き換えることは本当に正しいのだろうか？

トランス女性やノンバイナリーの人々を排除してはいけない、不快にさせてはいけないからという理由で、これまでのように肉体に基づいて男性/女性と呼ぶのではなく、「月経のある人」「子宮頚を持つ人[(32)]」「ボーナスホール（膣の言い換え）[(33)]」「人乳（母乳の言い換え）[(34)]」などと臓器で人間を呼んだり、言葉から女性性や母の存在を抹消してしまうことが、本当に“先進的”で“人道的”なのだろうか？

私にはどちらかというと、人間の非人間化、モノ化、部品化に思えてしまってならない。海外においては商業を含む代理出産などの生殖医療の技術が普及した結果、自らの“子供を持つ権利”の行使のために、妊娠可能な女性の体をまるで子供を生産するための道具であるかのように用いている事例が多数発生している[(35)]ことを考えると、非常に危ういものを感じさせられる。

しかし、異論者をキャンセルする風潮の元では、このような議論さえも許されない。

イギリスでは数多の女性たちの必死の抵抗により、また少しずつ学問の自由、言論の自由が取り戻されようとしているところだ。

一方の日本は、遅れて入ってきたキャンセルの嵐によって、2018年頃からはSNS上でLGBT思想に異論を唱える一般の女性たちが次々とアカウント削除に追い込まれ、そして2019年に東京大学の三浦俊彦教授、2022年には武蔵大学の千田有紀教授などの哲学や社会学の学者たちがアカデミアの世界で激しい攻撃を受ける状況を経て、ついに2023年に発生した『あの子もトランスジェンダーになった』――のちの『トランスジェンダーになりたい少女たち』に対する出版妨害事件によって、この異常なキャンセルカルチャーの問題が日本社会に広く知れ渡ることとなった（この事件については次項で詳しく説明する）。まさにイギリスで起こった出来事を5年遅れで追いかけていっているのが日本の現状なのである。

イギリスは2018年のジェンダー認識法（GRA）改正にまつわる議論を境に、世間にLGBT思想（ジェンダー・イデオロギー）の問題点が広く知られることとなって盛んに議論されるようになり、同時に異論者に対する異常なキャンセルカルチャーの実態も明るみに出たことで世間に大きな反発が生まれ、それが現在のイギリスの正常化、すなわち肉体の性別を重視する方向へと立ち返っていることへと繋がっている。

日本でも、性同一性障害特例法の改正にまつわる議論を境に、様々な人がこのLGBT問題に関心を持ち、また『トランスジェンダーになりたい少女たち』への出版妨害事件によって多くの人がキャンセルカルチャーの存在を目の当たりにした。今後、日本がどのような方向へと進むのか。それはまさに今の私たちにかかっていると言えるだろう。

【関連項目】

●『トランスジェンダーになりたい少女たち』への出版妨害 →123ページ

【参考】

(1) 2018: Gender Recognition Act consultation begins reform journey toward

full trans equality
https://www.stonewall.org.uk/our-work/campaigns/2018-gender-recognition-act-consultation-begins-reform-journey-toward-full-trans

(2) EHRC statement on Gender Recognition Act
https://www.politicshome.com/members/article/ehrc-statement-on-gender-recognition-act

(3) 'Trans women are still males with male genitalia' - university lecturer airs controversial views
https://www.theargus.co.uk/news/16334391.trans-women-still-males-male-genitalia---university-lecturer-airs-controversial-views/

(4) The rise of anti-trans "radical" feminists, explained
https://www.vox.com/identities/2019/9/5/20840101/terfs-radical-feminists-gender-critical

(5) Women and Equalities Committee　Oral evidence: Reform of the Gender Recognition Act, HC 884
https://committees.parliament.uk/oralevidence/1393/html/

(6) Professor hits back in 'toxic' transgender row
https://www.thetimes.com/uk/society/article/professor-hits-back-in-toxic-transgender-row-ddcg952k7

(7) Kathleen Stock, the Sussex University professor in trans row, urged to get bodyguards
https://www.thetimes.com/uk/education/article/kathleen-stock-the-sussex-university-professor-in-trans-row-urged-to-get-bodyguards-2khmgzk98

(8) Free speech row prof Kathleen Stock: Protests like anxiety dream
https://www.bbc.com/news/education-59148324

(9) Kathleen Stock: Oxford academics sign free speech letter in gender row
https://www.bbc.com/news/uk-65620586

(10) Oxford split over Kathleen Stock's invite to Union debate
https://www.bbc.com/news/education-65722845

(11) Trans activists disrupt Kathleen Stock speech at Oxford Union
https://www.theguardian.com/society/2023/may/30/trans-activists-disrupt-kathleen-stock-speech-at-oxford-union

(12) Maya Forstater: Who is woman in employment tribunal over transgender comments?
https://www.independent.co.uk/news/uk/home-news/maya-forstater-transgender-twitter-jk-rowling-b1838151.html

(13) Maya Forstater: gender-critical campaigner wins £100,000
https://www.thetimes.com/uk/law/article/maya-forstater-trans-views-gender-critical-compensation-nhsk8x0xm

(14) Lesbian barrister: my bosses bowed to transgender 'hate mob'
https://www.thetimes.com/uk/society/article/lesbian-barrister-my-bosses-bowed-to-transgender-hate-mob-shm6x09v8

(15) Barrister wins gender critical belief discrimination claim
https://www.personneltoday.com/hr/allison-bailey-gender-critical/

(16) Gender-critical barrister Allison Bailey wins £20,000 payout from her chambers after tribunal ruled she had been victimised for her beliefs when she opposed Stonewall 'trans extremism'

(17) NHS gender identity clinic whistleblower wins damages
https://www.theguardian.com/society/2021/sep/04/gender-identity-clinic-whistleblower-wins-damages

(18) J. K. ローリングが、トランスジェンダーへの反対意見を支持　ファンからは悲しみの声
https://www.buzzfeed.com/jp/ellievhall/jk-rowling-transgender-women-maya-forstater-1

(19) *https://x.com/dataracer117/status/1272737061703790592?s=61&t=RClZ7PtQhdiy29HSdbQpzA*

(20) J.K. Rowling slams transgender activists for posting her home address on Twitter
https://www.nbcnews.com/nbc-out/out-news/jk-rowling-slams-transgender-activists-posting-home-address-twitter-rcna6375

(21) JK Rowling hate law posts not criminal, police say
https://www.bbc.com/news/uk-scotland-68712471

(22) A fellow academic compared me to the racist uncle at Christmas dinner — I was even told that my views were like Holocaust denial: An Open University professor's harrowing account of what it feels like to be targeted by a trans hate mob
https://www.dailymail.co.uk/femail/article-10239639/Professors-harrowing-account-feels-like-targeted-trans-hate-mob.html

(23) Open University academic wins tribunal case over gender-critical views
https://www.theguardian.com/world/2024/jan/22/open-university-academic-wins-tribunal-case-over-gender-critical-views

(24) Rape centre worker wins tribunal over gender-critical beliefs
https://www.bbc.com/news/articles/c1ee39wn30xo.amp

(25) J. K. ローリングが、トランスジェンダーへの反対意見を支持　ファンからは悲しみの声
https://www.buzzfeed.com/jp/ellievhall/jk-rowling-transgender-women-maya-forstater-1
(26) When a STUDENT asks about JK ROWLING this happens
https://youtu.be/zIPPpsJY39c?si=GJbdc9uOgAQoUxMT
(27) JKローリングは差別者？　先生と生徒の問答
https://rumble.com/v552ts9-310860873.html
※ (26) の動画に有志が日本語字幕を付けたもの。
(28) *https://x.com/addicted2newz/status/1753702517765021907?s=46&t=XzBzbtinVLM4jA1xySkUEw*
(29) School fires teacher who made viral video cross-examining ‘transphobia’ narrative
https://www.lifesitenews.com/news/school-fires-teacher-who-made-viral-video-cross-examining-transphobia-narrative/
(30) Opinion: Creating a more equal post-COVID-19 world for people who menstruate
https://www.devex.com/news/sponsored/opinion-creating-a-more-equal-post-covid-19-world-for-people-who-menstruate-97312
(31) JK Rowling criticised over ‘transphobic’ tweet about menstruation
https://www.independent.co.uk/life-style/jk-rowling-tweet-women-menstruate-people-transphobia-twitter-a9552866.html
(32) Calling women ‘cervix-havers’ damages health and erases identity – we mustn’t let woke elite erase words
https://www.thesun.co.uk/news/22255158/women-cervix-havers-health-identity-lottie-moore/amp/
(33) Why 'Bonus Hole' Is Going Viral On Twitter And What The Term Means
https://www.pride.com/gay-news/bonus-hole#rebelltitem1
(34) Row as hospitals say hormone-filled milk from trans women who were born male is just as good for a baby as the real thing
https://www.dailymail.co.uk/news/article-13095965/Row-hospitals-say-hormone-filled-milk-trans-women-born-male-just-good-baby-real-thing.html
(35) 代理出産を問い直す会 ニュース
http://nosurrogacy.lib.i.dendai.ac.jp/jp/2017/08/28/ニュース/

『トランスジェンダーになりたい少女たち』出版妨害事件

1.『トランスジェンダーになりたい少女たち』とは

『トランスジェンダーになりたい少女たち』/産経新聞出版

『トランスジェンダーになりたい少女たち』とは、2024年4月3日に産経新聞出版から発売された翻訳本で、正式名称は『トランスジェンダーになりたい少女たち　SNS・学校・医療が煽る流行の悲劇』である[1]。原書は2020年6月にアメリカで発売された『Irreversible Damage: The Transgender Craze Seducing Our Daughters（取り返しのつかないダメージ：娘たちを誘惑するトランスジェンダーブーム）』という社会派ノンフィクションである[2]。著者はジャーナリストのアビゲイル・シュライアー(Abigail Shrier)。彼女は複数の母親から、子供たちの間でトランスジェンダーが急増して奇妙な流行を起こしているという異変を知らされ、実態調査を行った。その調査内容をまとめたのがこの本である。

その中では、何人もの若い女性たちが、思春期になって突然自分のことを男性だと自認し始め、男性ホルモンを摂取したり、乳房切除を行ったり、子宮卵巣摘出術を行ったりと、もう後戻りできない"治療"へと進んでいってしまう様子が描かれている。このような"治療"はジェンダー肯定医療と呼ばれる。本人のジェンダーアイデンティティ(性自認)を肯定し、それに合わせて肉体を変化させる医療である。手術はもちろんだが、男性ホルモンの投与だけであっても、女性が男性ホルモン投与を受けて低くなった声は、たとえホルモンを中止しても元に戻ることはなく、不可逆的である。

そしてジェンダー肯定医療を受けた少女たちの中には、そのように取り返しがつかない状態になってから“治療”を後悔し、元の体に戻りたいと嘆く者もいるという、かなりショッキングな内容となっている。

また、そのような“治療”をアメリカの少女たちに後押ししている要因についても分析されており、SNSや学校教育の影響が挙げられている。

トランスジェンダーという現象が、SNSのインフルエンサーなどを通して大勢の少女たちに「社会的感染」を起こし、取り返しのつかない医療へと駆り立てている。また思春期にそのような「社会的感染」を起こすような例について、ROGD（急性発症性性別違和）仮説というものが紹介されており、そのような患者の性別違和のほとんどは一過性のもので、時間が経てばまた元の性別に戻ることになるという内容の医学仮説である。

この本はアメリカでも発売直後から非常に大きな議論を巻き起こした。LGBT活動家や、その支援者であるアライからの攻撃は凄まじく、発売後、あまりの抗議の多さに、一時的にAmazonが販売を停止したほどである。

特にLGBT活動家やジェンダー医療の専門家団体は、本書の中で紹介されていたROGD仮説について徹底的に否定し、それは完全にデマだと強く主張していた。

一方で、実際に子供たちに接している親や、トランスジェンダーをめぐる社会情勢に違和感を抱いていた人々からは多くの賞賛を集め、エコノミスト誌、タイムズ紙（ロンドン）、サンデー・タイムズ紙においては「今年最高の1冊」に選ばれてもいる。

また、世界9カ国で翻訳され、ベストセラーとなった。

この本が発売された2020年6月から、世界の状況は目まぐるしく変化した。

次の「ジェンダー肯定医療をめぐる医療スキャンダル」の項目でも詳しく解説しているが、実は『トランスジェンダーになりたい少女たち』の中で述べられていたような、思春期の少女が突然トランスジェンダーを自認し始めるという現象はアメリカだけではなく全世界規模で起こっており、その少女たちをめぐる問題もまた世界共通のものだったのである。

ヨーロッパでは2019年にスウェーデンの公共放送 SVT（スウェーデン・テレビ）で放送されたドキュメンタリー番組『トランス列車』で急増するトランスジェンダーの若者と脱トランス者（性別移行したことを後悔して元の性別に戻る人々）の問題が取り上げられて大反響を呼び[3]、これをきっかけに大規模な調査が行われた。その結果、2021年にスウェーデン最大の病院カロリンスカ大学は有害事象の多発を理由に未成年者への薬剤投与と手術を全面中止、そして2022年にはスウェーデン政府は未成年者へのジェンダー医療を大幅に制限するガイドラインを発表した[4]。

同じ頃、イギリスでは未成年者の性別違和患者が急増した結果、医療制度が機能不全を起こしてしまい、杜撰な診断や治療が行われるようになってしまった。2019年、元トランス男性のキーラ・ベルはそのような医療によって被害を受けたとして、医療を提供していたタヴィストック・ジェンダーアイデンティティ発達サービス（GIDS）を訴えた[5][6]。この医療訴訟をきっかけに、医療機関の実態調査が行われた結果、そのあまりに不十分な医療体制などからGIDSは閉鎖が決定[7]。さらには未成年者に対するジェンダー肯定医療についての大規模調査（The Cass（キャス） Review（レビュー））の実施が決定し、2022年に出された中間報告では思春期ブロッカーなどの未成年者に提供されていた医療の安全性や有効性について疑義が呈された[8]。また2023年2月には、閉鎖が決定したGIDSの実態を告発する『Time to Think: The Inside Story of the Collapse of the Tavistock's Gender Service for Children（考える時間：タヴィストック小児ジェンダーサービス崩壊の内幕）』が発売され、紹介患者における思春期少女の圧倒的増加や、その多くが発達障害や精神疾患、複雑な家庭背景などの問題を抱えていた

『Time to Think』/Swift Press

こと、それにも関わらず安易に薬剤や手術などの医療が提供されてしまっていたことが示され、人々はこの医療スキャンダルに衝撃を受けた[9]。

アメリカでは2023年から脱トランス者による医療訴訟が相次ぎ、初めての診察ですぐに男性ホルモンを投与されてしまった例[10]、13歳で両側乳房を切除してしまった例[11]など、信じられないほど杜撰な診断と治療が行われていたことが明るみになり、アメリカでは脱トランス者の医療訴訟を支援するための団体まで設立された[12]。現在は10件以上の医療訴訟が同時並行で行われている状態である[13]。これらの問題を受け、アメリカの多くの州では未成年者へのジェンダー肯定医療を禁止する法律が次々と制定された[14]。

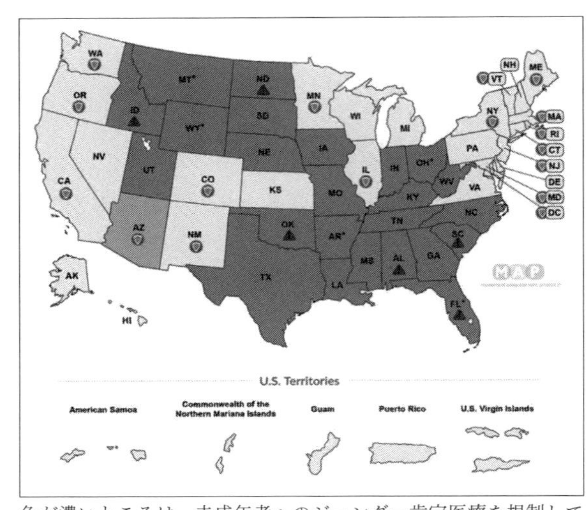

色が濃いところは、未成年者へのジェンダー肯定医療を規制している州。(2024年7月4日時点)

このように、2020年にアメリカで『Irreversible Damage: The Transgender Craze Seducing Our Daughters』が発売されてから3年の間に、世界中でその本の内容を裏付けるような事実が次々と判明していったのである。

2. KADOKAWA『あの子もトランスジェンダーになった』が刊行中止に追い込まれる

さて、非常に長くなってしまったが、ここまでが前置きである。

2023年12月3日、KADOKAWA翻訳チームが『Irreversible Damage: The Transgender Craze Seducing Our Daughters』の翻訳本である『あの子もトランスジェンダーになった　SNSで伝染する性転換ブームの悲劇』という本の発売をSNS（X）で告知した。その全文は以下の通りである。

<table>
<tr><td>『＃あの子もトランスジェンダーになった
＃SNSで伝染する性転換ブームの悲劇』
(原題 ＃IrreversibleDamage)
＃アビゲイル・シュライアー
1/24発売
予約販売開始しました
米国12万部 10カ国語に翻訳
タイムズ紙、サンデー・タイムズ紙 年間ベストブック
タブーに挑む大問題作</td></tr>
<tr><td>差別には反対。でも、この残酷な事実（ファクト）を無視できる？

ジェンダー医療を望む英国少女が10年で4400％増！
米国大学生の40％がLGBTQ ！
幼少期に性別違和がなかった少女たちが、思春期に突然“性転換”する奇妙なブーム。
学校、インフルエンサー、セラピスト、医療、政府までもが推進し、→

今、欧米で何が起きているのか。</td></tr>
</table>

> ウォール・ストリート・ジャーナル紙記者が二百人・五十家族に取材。
> 「娘の乳房切除手術後のSNS動画を見ました。病院のベッドに横たわってうれし涙を流しながら、人生で最高の日だと話していました。あの子の四百人の応援団が『やったー』とか『すばらしい』→
>
> とかコメントしているんです。それも── 普通の人たちが」
> これは、ジェンダー思想（イデオロギー）に身も心も奪われた少女に送る母たちからの愛の手紙（ラブレター）。

この投稿に対して、一般のLGBT活動家やアライの人たちはもちろん、多数の作家や出版関係者、学者までもが出版反対を表明し、中にはこの本のことを「ヘイト本」だと批判する者までいた(15)(16)。

「#1206トランス差別KADOKAWA抗議」「#KADOKAWAはヘイト本を出すな」などのハッシュタグまで作られ、大勢が抗議の声を挙げていたので、気になる方はこれらのタグを検索してみれば当時の空気感が多少なりともわかるかもしれない(17)。

それらの投稿の中でも特に目立ったのは、出版社・よはく舎の代表であり編集者でもある小林えみの以下の投稿であろう。

> 『あの子もトランスジェンダーになった』刊行に関して、KADOKAWAへ「トランスジェンダー差別助長につながる書籍刊行に関しての意見書」を国内外の出版関係者24名による賛同コメントをつけて提出しました。

この投稿にはKADOKAWAに提出したという意見書の画像が貼り付けてある。その内容は以下の通りである。

> トランスジェンダー差別助長につながる書籍刊行に関しての意見書
> 新刊の刊行情報にて『あの子もトランスジェンダーになった　SNS

で伝染する性転換ブームの悲劇』がKADOKAWAより刊行されるということを知りました。
昨今の差別の激化状況を鑑みると、本書の著者であるアビゲイル・シュライアーが扇動的なヘイターであり、本書の内容も刊行国のアメリカですでに問題視されており、トランスジェンダー当事者の安全・人権を脅かしかねない本書の刊行を、同じ出版界の者として事態を憂慮しています。
現実的に踏み込むと、すでに版権取得をし、投資をした企画を撤回することは、相当難しいことであることを承知しておりますが、貴社が何らかの対策をとられることを望んでおります。
もし、それにあたって、専門家の助言や、業界としての取り組みとして何らかの対応をとることのお手伝いが必要であれば、私たちは協力を惜しみません。

出版関係者（出版社勤務・書店勤務・著者等）有志一同
代表　小林えみ（よはく舎代表）

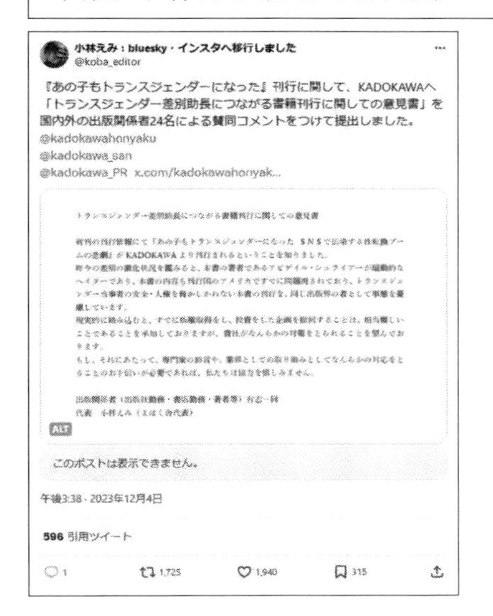

出版社の代表が、率先してキャンセルカルチャーを行うことで、言論の自由を妨げようとしているのは非常に驚きであるが、このように署名や公開書簡（オープンレター）によって個人や団体に圧力をかけるやり方は、キャンセルカルチャーにおける常套手段である。

また、次頁のように抗議活動への参加を呼びかける投稿も見られた。さらには、公党である日本共産党の世田谷青年支部の公式アカウント

が、「至急企画を潰すべきです！」というあからさまな検閲を指示するかのような投稿まで行ってしまった。

改めて確認するが、この時点で本はまだ日本で出版されていない。まだ発売日が告知されただけの段階である。このように激しく出版に反対していた人の中で、一体どれだけの人が英語で原著を読んでいたのだろうか？ そして私が前置きとして述べたような、ジェンダー肯定医療をめぐる状況の変化をどれだけの人が把握していたのだろうか？

私はほとんどいなかっただろうと考えている。

このようなSNSなどでの動きがどのくらい影響したのかはわからないが、発売の告知からわずか2日後の12月5日にKADOKAWA学芸ノンフィクション編集部より刊行中止が発表された。

以下は、発表の全文である。

> 学芸ノンフィクション編集部よりお詫びとお知らせ
> 来年1月24日の発売を予定しておりました書籍『あの子もトランスジェンダーになった　SNSで伝染する性転換ブームの悲劇』の刊行を中止いたします。
> 刊行の告知直後から、多くの方々より本書の内容および刊行の是非について様々なご意見を賜りました。
> 本書は、ジェンダーに関する欧米での事象等を通じて国内読者で議論を深めていくきっかけになればと刊行を予定しておりましたが、タイトルやキャッチコピーの内容により結果的に当事者の方を傷つけることとなり、誠に申し訳ございません。
> 皆様よりいただいたご意見のひとつひとつを真摯に受け止め、編集部としてこのテーマについて知見を積み重ねてまいります。この度の件につきまして、重ねてお詫び申し上げます。
>
> 2023年12月5日
> 株式会社KADOKAWA
> 学芸ノンフィクション編集部

この本は、冒頭で述べたように世界9カ国で翻訳され発売されているベストセラーである。この時点でも、Amazonなどで英語版を普通に入手することができたし、その評価は5点満点中4.8点と極めて高い。

海外で何ら問題なく販売されている本、日本においても何の障害もなく原著を手に入れられる本の翻訳本が刊行中止に追い込まれる。これは明らかな異常事態であり、明確な言論の自由の侵害である。

この事態を受け、原著者であるアビゲイル・シュライアーは次のようにコメントしている(18)。

Abigail Shrier
@AbigailShrier

Kadokawa, my Japanese publisher, are very nice people. But by caving to an activist-led campaign against IRREVERSIBLE DAMAGE, they embolden the forces of censorship.

America has much to learn from Japan, but we can teach them how to deal with censorious cry-bullies.

Googleによる英語からの翻訳

私の日本の出版社である角川はとてもいい人たちです。しかし、活動家が主導する「IRREVERSIBLE DAMAGE」反対運動に屈することで、彼らは検閲の力を強めています。

アメリカは日本から学ぶべきことがたくさんあるが、非難を浴びせ、泣き言ばかり言ういじめっ子たちへの対処法を教えることもできる。

この事件は大きく報道され、世間の耳目を集めた(19)(20)(21)。

武蔵大学の社会学者、千田有紀教授はこの事件について以下のように述べている(22)。

「原作を読んだ上で批判している人はどれだけいるだろうか。原作の中身についての言及は目立たない。ほとんどの人が読んでいないのだろう。

この状況に驚きを禁じ得ない。みんなが読める状態にして、その後で反論すべきは反論すればいい。言説には言説で反論するのが成熟した社会だろう。出版社に抗議して萎縮させるのは極めて卑怯な行為だ。

論争的な本だからこそ、両極の意見がある。議論が不要となれば、学問の存在意義すらなくなる。賛否両論の『否』だけをとらえて、左翼系の市民団体が街宣活動を行うような事態を許せば、今後出版社は萎縮して論争的な書籍を扱いにくくもなる」

私はこの意見に強く賛同する。ノーディベートを主張する学者など、有害無益でしかないとすら感じる。

第二次世界大戦中、日本では英語を「敵性語」と呼んで排斥する動きがあったが、その主な担い手は政府よりもむしろ、一般民間人や民間団体、マスメディアであったと言われている。トランスジェンダーをめぐるキャンセルカルチャーの流れはまさに、戦時中に行われていた民間による検閲を連想させる。当時「お国のために」という名目で行われていた検閲が、今回は「マイノリティを守るために」という名目に変わっただけのように思えてならない。実行している人々が、自分がやっていることを完全に善行だと思い込んでいる部分も含めてそっくりである。

ところで皆さんは、「どうして読んでもないのに、ヘイト本だとわかるのだろう？」と疑問に思わないだろうか。

それはもちろん、「何が（誰が）ヘイトで、何が（誰が）ヘイトではないか」を教えてくれる人たちがいるからである。それは大学でジェンダー学を専門に研究している学者先生だったり、すべての差別への反対を表明している翻訳者だったり、ニュースサイトに頻繁にコラムを書いているLGBT活動家だったり、SNSのインフルエンサーだったりする。

例えばこの『あの子もトランスジェンダーになった』に関して言えば、フォロワー数1万人超えの某翻訳者が「アビゲイル・シュライアーは悪名高いトランスヘイター」と断言し、「角川書店はヘイト本を出さない方針ではなかったのか」と強く批判したのが今回のキャンセルのきっかけの一つのように思われる。

このように“有識者”から攻撃ターゲットを教えてもらえるからこそ、LGBT活動家やアライの人たちは、よく知りもしない相手や、読んでもいない本のことを躊躇なく攻撃できるのである。

3. 産経新聞出版からの出版発表と放火予告

さて、KADOKAWAからは刊行中止になってしまった本書だが、2024年3月4日、産経新聞出版がその権利を引き継いで出版することが発表された[23]。

これに関して産経新聞出版は「多くの人に読んでもらいたい内容であることはもちろん、米国のベストセラーが日本で発行できない状態であることに疑問を感じている。不当な圧力に屈せず、発行を決めた」と表明[24]。

同社の瀬尾友子編集長は本書を「ヘイト本ではない」と断言。「本書でも、異論を排斥する『キャンセルカルチャー』に言及しているが、冷静な議論の機会は、今後の日本のためにも必要だ。いま出版しなければ、真摯（しんし）に発行しようとしていた監訳者、翻訳者、KADOKAWAの編集者までもが『ヘイト本をつくろうとしていた』という誤ったレッテルを貼られたままになる。本書はヘイトではない」と述べた[25]。

出版継続の反響は大きく、Amazonでも予約段階で「社会一般関連書籍」の売れ筋ランキング1位（3月9日時点）となるなど、この問題がいかに注目を集めていたかが窺われる。

出版の発表直後の時点で、すでにSNSなどを通じて抗議文や脅迫めいた書き込みが産経新聞出版に対して届いていたのだが、発売日である4月3日の直前、3月30日、なんと放火を予告する脅迫メールが届いていたことが報道された[26][27]。「原著の内容はトランスジェンダー当事者に対する差別を扇動する」として「出版の中止」などを求めた上で、発売した場合には抗議活動として同書を扱った書店に火を放つという内容が、ドイツのドメインのメールで産経新聞出版や複数の書店に送られてきたというのだ。産経新聞出版は威力業務妨害で警察に被害届を提出した。

この事件に対して、原著者のアビゲイル・シュライアーは次のコメントを投稿して出版社にエールを送っている[28][29]。

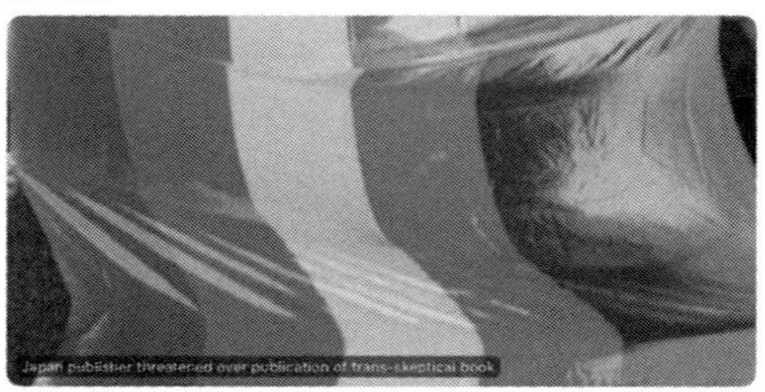

「トランスジェンダー活動家たちは、日本で『IRREVERSIBLE DAMAGE』の出版を阻止できなかった。
彼らは今、この本を扱っている書店を焼き払うと脅している。
私の日本の出版社
『私たちは本を出版し、この悪意ある圧力に屈するつもりはない』
これがその方法だ！」

これらの事件はますます『トランスジェンダーになりたい少女たち』への注目度を高め、発売日前日にしてAmazonでの売り上げランキングは総合1位となった。そして4月3日の発売後には、発売5日目で４刷の重版を重ねるなどかなり良い売れ行きを見せた。

発売後、この本の監訳者である昭和大学の精神科医、岩波明特任教授は、産経新聞のインタビューに答えて以下のように語っている[30]。

「本書は非常に丁寧に書かれた学術的にも価値のある本だ。批判する人も、まずは本書を読んでからしてほしい」

「本書は、これまでの研究成果を紹介し、関係者にインタビューを重ね、さまざまな側面からトランスジェンダーの問題を取り上げている。ジャーナリストの作品だが、学術的にも非常に価値がある本だと思う」

「昨今は本当に『炎上社会』で、ある意味、手法として確立されてしまっている」

「ただ、問題は、批判する人たちは中身を読んでいないこと。批判のための批判をしている印象がある」

「現在のトランスジェンダーの問題は、差別と少数者の権利擁護の側面ばかりがクローズアップされているが、本来は医療の問題だ。そうした観点から書かれた本はこれまで日本にはなかった」

このように医学の専門家からも高く評価される本が、一度は刊行中止にまで追い込まれてしまったことは実に異様である。

なお、余談ではあるが、KADOKAWAからの刊行中止が発表された直後の2024年12月7日、イギリスの議会において、ケミ・バデノック平等大臣は「われわれは今、伝染病 (epidemic) を目の当たりにしていると言えるでしょう。『同性愛者の若い子供たち』がトランスだと告げられ、取り返しのつかない決定を下すよう医療の迷路に置かれ、『その決断を後悔する』という伝染病を」と発言して、未成年者へのジェンダー肯定医療に言及した(31)。

さらには、2024年2月2日のニューヨークタイムズにおいて、脱トランスに関する特集が見開きで組まれた。その中では若くして性別移行を行って後悔している人々の苦しみを伝えるとともに、ROGD仮説についても紹介され、何年もの間、LGBT活動家団体がその仮説について議論することを妨害してきたとも述べられていた(32)。

まさに全世界的にジェンダー肯定医療を見直そうとしていたタイミングであり、KADOKAWAの翻訳本もそのような流れの中の一つになり得たはずだった。本来であれば。

一方で放火予告を受けて、複数の大手書店が本書の取り扱いを中止(33) (34)。

具体的には、4月の発売時点で丸善、ジュンク堂、紀伊國屋書店は取り扱いがなく、取り寄せも対応不可。TSUTAYA でも取り扱いなし。大日本印刷が運営するオンライン書店 honto でも書籍の取り扱いなし。

これを執筆している7月4日現在の状況をオンライン検索で確認してみると、丸善・ジュンク堂・紀伊国屋書店は書名はヒットするがすべての店舗で在庫がなく取り置きも不可、TSUTAYAでは書名は検索でヒットするが詳細を確認しようとすると「お探しのページは見つかりませんでした」と表示され、honto では本自体が検索してもヒットしない。

TSUTAYA に関しては、一部の TSUTAYA 系書店では店頭での取り扱いをしている所もあるとも聞くが、公式サイトの状態を見るに、会社の基本方針としては取り扱わないことになっているのに変更はないのだろう。

発売後3ヶ月の時点でこれである。はっきり言って異常すぎる。

これが書店もまたLGBT思想に染まってしまった結果なのか、活動家やアライによるキャンセルカルチャーを恐れてのことなのか、それとも放火を予告する脅迫メールが届いたせいなのか、どれが原因なのかはっきりわからない。も

紀伊国屋書店のオンラインストア。オンラインでの注文を受け付けていない。

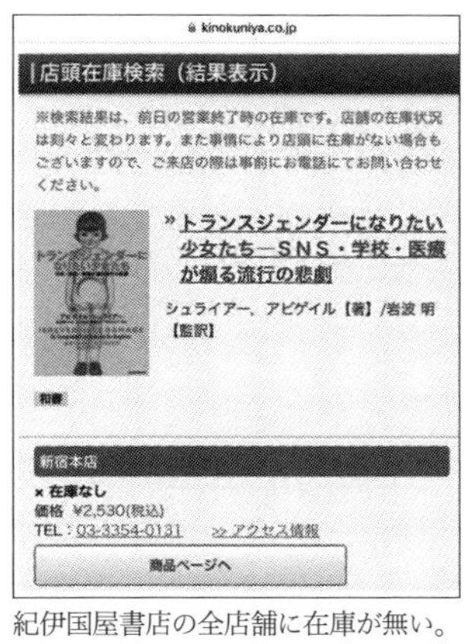

紀伊国屋書店の全店舗に在庫が無い。

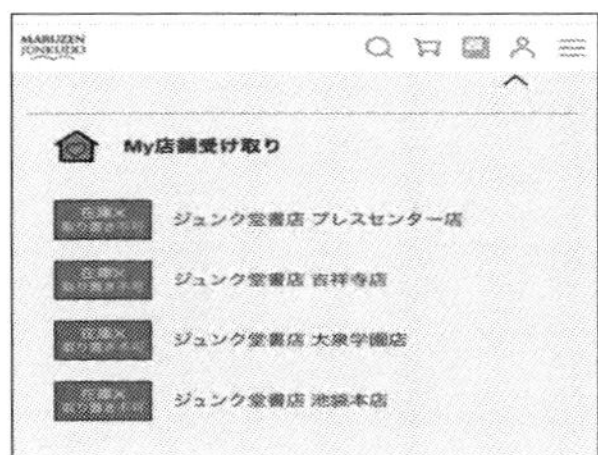

丸善ジュンク堂の公式HPより。全ての店舗に在庫が無い。

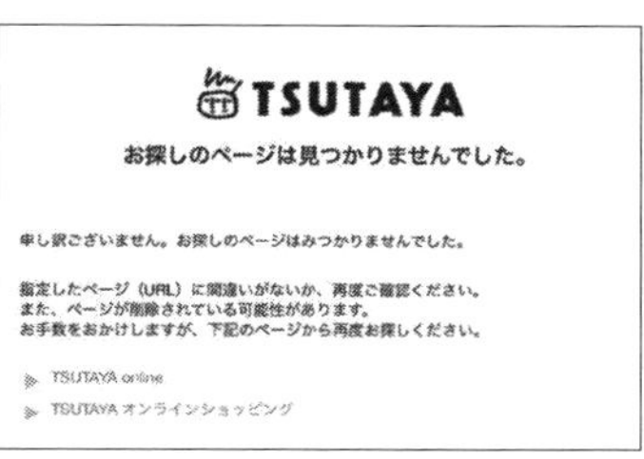

TSUTAYAの公式HP。商品ページが削除されている。

hontoの公式HPで書名を検索しても見つからない。

しもこれが脅迫メールだけが原因であったならば「気に入らない内容の本については、脅迫メールを送ることで大手書店での取り扱いを阻止できる」という非常にまずい前例を作ってしまったことになる。日本の言論の自由、表現の自由が危ぶまれる事態だと言えるだろう。

4. 書店に対する攻撃

発売後にもLGBT思想支持派によるキャンセル行動が認められた。実際に『トランスジェンダーになりたい少女たち』を読んで肯定的な感想を述べた人々に対する攻撃が始まったのである。

その顕著な例が、北海道札幌市の書店 Seesaw Books に対する攻撃だろう。

ライター、書評家、書店員である横松心平は日本語版『トランスジェンダーになりたい少女たち』に肯定的な評価をしていた。

そしてその書評が、2024年4月27日に彼の勤めるSeesaw Booksのアカウントで紹介された。

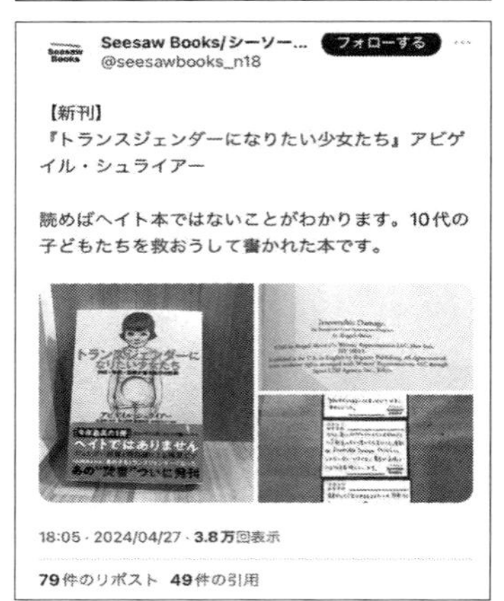

これに対してLGBT活動家とアライたちはヘイト本を肯定するなどとんでもないと猛攻撃(35)。その結果、これらの投稿はすぐに削除され、横松が本を紹介していたYouTubeの動画も非公開になってしまった。

そして2024年4月30日に Seesaw Books の公式アカウントは次頁のような謝罪文を掲載した(36)。

Seesaw Books代表の神輝哉と申します。

先日の当店のポストがトランスジェンダー当事者の方々、及びSeesaw Booksを信頼してくれていた方々を傷つけてしまったこと、そして結果的に当事者を危険に追いやる事態に加担し、それらに力を与えることになってしまったことに対して、心よりお詫びを申し上げます。

当店では開店以来「差別的な内容、差別を誘発する類の本は置かない」「誰もが安心して立ち寄れる場所にしたい」という想いで営業を続けて参りましたが、本件に関しては、私自身が仕入れの話があった時点で立ち止まり、検証・精査・対話を行うことで防げたことでした。それに対して十分に向き合う時間を取らずに進めてしまったことでこのような事態を招いてしまいました。
その苦しみが実際にはわからないものが、差別的な内容の本ではないと断ずることはできないはずで、書店という本の外側を担う場所を持つものとして自覚が、私には足りていませんでした。件の書籍に関しては、経緯を知り、これまで来て下さっていた方々や関わって頂いた方々の顔を思い浮かべるつれ、当店では扱うべきものではなかったと今は思っております。

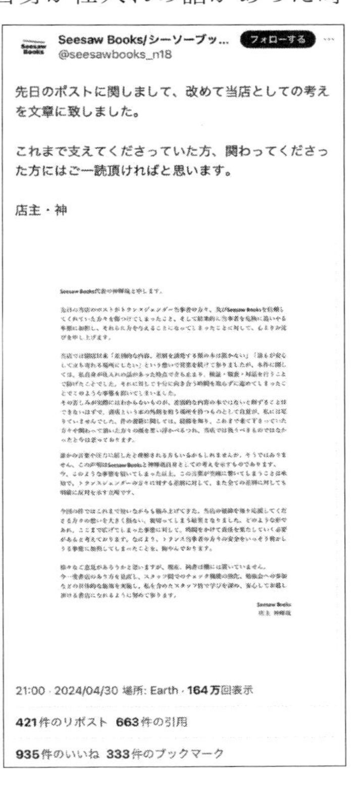

誰かの言葉や圧力に屈したと理解される方もいるかもしれませんが、そうではありません。この声明はSeesaw Booksと神輝哉自身としての考えを示すものであります。
今、このような事態を招いてしまった以上、この言葉が空疎に響いてしまうことは承知で、トランスジェンダーの方々に対する差別に対して、また全ての差別に対しても明確に反対を示す立場です。

今回の件ではこれまで短いながらも積み上げてきた、当店の経緯を知り応援してくださる方々の想いを大きく損ない、裏切ってしまう結果となりました。どのような形であれ、ここまで広げてしまった事態に対して、時間をかけて責任を果たしていく必要があると考えております。なにより、トランス当事者の方々の安全をいっそう脅かしうる事態に加担してしまったことを、悔やんでおります。

様々なご意見があろうかと思いますが、現在、同書は棚には置いていません。
今一度書店のあり方を見直し、スタッフ間でのチェック機能の強化、勉強会への参加などの具体的な施策を実施し、私を含めたスタッフ皆で学びを深め、安心してお越し頂ける書店になれるように努めて参ります。

Seesaw Books
店主 神輝哉

この件については、この Seesaw Books という書店が元々「すべての差別に対して反対する」という考えのもと、差別的な本は置かないというポリシーを持ち、どちらかというとLGBT活動家やアライの人たちと親和性が高く、実際に多数の交流もあったらしいという背景は重要かもしれない。

いわばこのケースは、“仲間うち”から異論を唱える者が出た場合に、彼らがどのような行動を取るかのサンプルケースとも言えるだろう。

個人的には、それまでの経過や「謝罪文」の内容からして、かつての左派系の学生運動などでしばしば行われていたと言われる「総括」や「自己批判」という言葉が頭に浮かぶのだが、皆様はいかがだろうか。

内部での異論を許さず、意見が異なる者を大勢で吊し上げたり、時に暴力でもって当事者に“反省"を促す「総括」、そして“反省"した当事者に公開の場において自分がいかに間違っていたかを自らの口で述べさせる「自己批判」。

かつて連合赤軍など過激な左翼組織の中や、ソ連や中国などの海外の共産主義国家で行われてきたというそれらを、現代のSNSで目の当たりにさせられたような気持ちになった。

このようなキャンセルカルチャーが根付いてしまえば、日本から言論の自由が失われてしまうのは必至だろう。

イギリスでは2018年頃からこのようなLGBT思想支持派によるキャンセルカルチャーが大衆の目に触れるようになり、J.K.ローリングなどに対するあまりに激しいバッシングを通して、多くのイギリス国民がLGBT問題に注目し、LGBT思想（ジェンダー・イデオロギー）のおかしさ

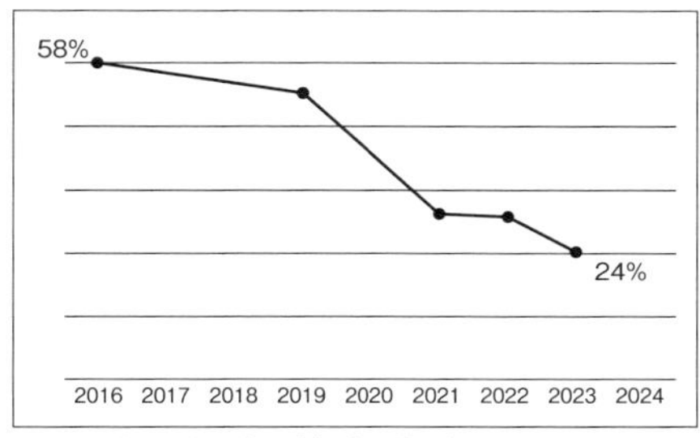

人々が出生証明書の性別を変更できることへの支持率
Support for people being able to change the sex on their birth certificates

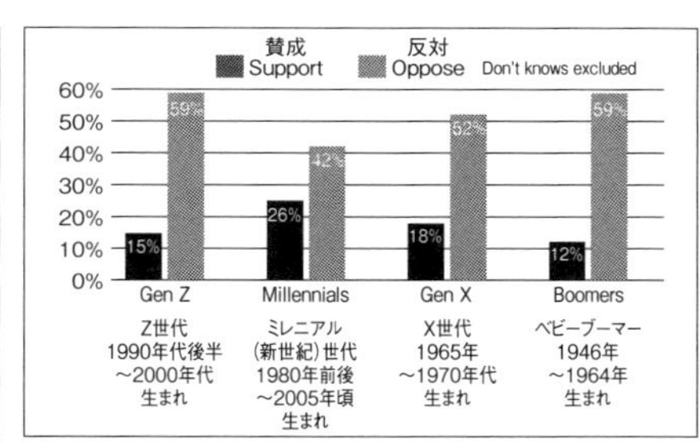

出生証明書の性別変更をもっと簡単にできるようにすることへの意見（年齢層別）
Attitudes to making it easier to change birth certificates, by age group

に気づくきっかけとなった。

最新のイギリスの調査では、法的性別を変更できることを支持する人の割合は2016年の58％から2023年には24％まで低下し、法的性別変更をより簡単にすること（≒ジェンダー・セルフID制度の導入）については、あらゆる年齢層において反対が賛成を上回った[(37)]。特に最も若い世代において、反対の割合が59％と極めて高いのは注目すべき点であろう。

日本においても今回の『トランスジェンダーになりたい少女たち』への出版妨害事件を機に、多くの日本国民に LGBT問題について知ってもらい、国民的議論に発展していって欲しいものである。

【関連項目】
●異論者に対するキャンセル行動 →102ページ

【参考】
（1） トランスジェンダーになりたい少女たち　SNS・学校・医療が煽る流行の悲劇
http://www.sankei-books.co.jp/m2_books/2024/9784819114349.html
（2） Irreversible Damage: The Transgender Craze Seducing Our Daughters (English Edition)
https://www.amazon.co.jp/Irreversible-Damage-Transgender-Seducing-Daughters-ebook/dp/B07YL6XK55/ref=tmm_kin_swatch_0?_encoding=UTF8&qid=&sr=
（3） トランス列車
https://youtu.be/k20ZKfk9nls?si=sASTDim6_Ld87El6
（4） Care of children and adolescents with gender dysphoria Summary of national guidelines December 2022
https://www.socialstyrelsen.se/globalassets/sharepoint-dokument/artikelkatalog/kunskapsstod/2023-1-8330.pdf
（5） Keira Bell: My Story
https://www.persuasion.community/p/keira-bell-my-story
（6） Bell and another -v- The Tavistock and Portman NHS Foundation Trust and others
https://www.judiciary.uk/judgments/bell-and-another-v-the-tavistock-and-portman-nhs-foundation-trust-and-others/
（7） Why the Tavistock gender identity clinic was forced to shut … and what

happens next
https://www.theguardian.com/society/2024/mar/31/why-the-tavistock-gender-identity-clinic-was-forced-to-shut-and-what-happens-next

(8) The Cass Review Interim report
https://cass.independent-review.uk/home/publications/interim-report/

(9) Time to Think: The Inside Story of the Collapse of the Tavistock's Gender Service for Children (English Edition)
https://www.amazon.co.jp/gp/aw/d/B0BCL1T2XN/ref=tmm_kin_swatch_0?ie=UTF8&dib_tag=se&dib=eyJ2IjoiMSJ9.28bONwKFXmv_1Y50L4gYbWFsSFS9Rume7ovzB_uODCjF8egamKsCmbWl-omIV3I0egBTQCPAPj8-GIIG5Z_jDX3CIdxbiNOFdspUx0oLqpdwoiJH3bwEwK5TbbMMYh4eVDqYvILe7nmqn-FYIgVKHf6zTrz3MeJlu1IU4UJwVQg7SIo1AbHPH7XaX2lcaDGwrM9WjHo3KdHJcFJXlFzfPA.66boNC_1y7RhYsO1pbX8mzlRBY9IyAAc9m4RSDnZQA0&qid=1720027896&sr=8-3

(10) Detransitioner suing American Academy of Pediatrics: ‘I don’t want this to happen to other young girls’
https://nypost.com/2023/12/13/news/detransitioner-suing-american-academy-of-pediatrics/

(11) Girl Sues Hospital for Removing Her Breasts at Age 13
https://www.theepochtimes.com/us/girl-sues-hospital-for-removing-her-breasts-at-age-13-post-5335492

(12) Themis Resource Fund
https://themisresourcefund.org

(13) U.S. Detransitioner cases
https://themisresourcefund.org/detransitioner-cases/

(14) BANS ON BEST PRACTICE MEDICAL CARE FOR TRANSGENDER YOUTH
https://www.lgbtmap.org/equality-maps/healthcare_youth_medical_care_bans

(15)『あの子もトランスジェンダーになった』の出版自体に抗議、または刊行中止を喜ぶ作家・編集者らを記録する
https://togetter.com/li/2270929

(16)『あの子もトランスジェンダーになった　SNSで伝染する性転換ブームの悲劇』に対するLGBTQ+活動家による出版中止
https://togetter.com/li/2271029

(17) #KADOKAWAはヘイト本を出すな というハッシュタグ祭り#
https://togetter.com/li/2271058

(18) https://x.com/abigailshrier/status/1732091563331944641?s=61&t=RClZ7Pt

Qhdiy29HSdbQpzA

(19) ジェンダー書籍、刊行中止　「当事者傷つけた」と版元
https://nordot.app/1104755023576466120

(20) KADOKAWA　トランスジェンダー書籍　刊行中止に　著者「活動家主導のキャンペーンに屈した」
https://www.sankei.com/article/20231206-5BXTYLSGFJDTFMFSJSTWITYOCQ/

(21) KADOKAWAジェンダー本中止「伝統社会切り崩す人の不都合な真実」島田洋一氏
https://www.sankei.com/article/20231209-GKMAV23EWJD6TBJJPGGH2KQ5LY/

(22) KADOKAWAジェンダー本の刊行中止「抗議して委縮させるのは卑怯」　武蔵大の千田有紀教授
https://www.sankei.com/article/20231206-3KFCAMLHYJGPZLDG4UDXYPYAHM/

(23) *https://x.com/sankeibooks1/status/1764564151085736374?s=61&t=RClZ7PtQhdiy29HSdbQpzA*

(24) 発行中止のトランスジェンダー本刊行へ　「不当な圧力に屈しない」産経新聞出版
https://www.sankei.com/article/20240305-KKZ57HKC2JGM7FNCO6BTPPCNHQ/

(25) 米書のトランスジェンダー本出版を決断「冷静な議論の機会は今後の日本のために必要」産経新聞出版・瀬尾編集長に聞く
https://www.zakzak.co.jp/article/20240311-RM4ZZ53F4BOZPOOY4B35L6SSWM/

(26)「トランスジェンダーになりたい少女たち」　発行元や複数の書店に放火の脅迫、被害届提出
https://www.sankei.com/article/20240330-MHOJKNM325BGFBGT4JVPMTOOQI/

(27) トランスジェンダーに関する本の発売中止要求　産経新聞出版に脅迫
https://www.asahi.com/articles/ASS3Z321CS3ZUTIL001M.html

(28) *https://x.com/abigailshrier/status/1774303044706177128?s=61&t=RClZ7PtQhdiy29HSdbQpzA*

(29)「トランスジェンダー本」発売巡る脅迫事件　米国人著者が発行元の産経新聞出版にエール
https://www.sankei.com/article/20240401-W4LZNTDMINBONOHZSGCNZQZGKQ/

(30)「批判する人は中身読んでいない」脅迫されたトランスジェンダー本監訳者「学術価値高い」

https://www.sankei.com/article/20240404-3VJANQVSIZMGTAGVEKYJNPZAXY/

(31) *https://x.com/kemibadenoch/status/1732457654201512437?s=61&t=RClZ7PtQhdiy29HSdbQpzA*

(32) As Kids, They Thought They Were Trans. They No Longer Do.
https://www.nytimes.com/2024/02/02/opinion/transgender-children-gender-dysphoria.html

(33) 脅迫のトランスジェンダー本「安全確保できぬ」書店で販売自粛広がる　アマゾンは総合1位
https://www.sankei.com/article/20240403-PWMBKRSOP5IGFCG3HUIC26UJLY/

(34)「放火するぞ！」相次ぐ脅迫が…　話題の「トランスジェンダー本」に監訳者は「ヘイトではない」
https://www.dailyshincho.jp/article/2024/04180556/?all=1&page=2

(35) 書店のトランスジェンダー本紹介ポストに抗議が殺到。削除して謝罪し「今後声明を発表」。その謝罪についての疑問も
https://togetter.com/li/2357005

(36) *https://x.com/seesawbooks_n18/status/1785277987908428267?s=61&t=RClZ7PtQhdiy29HSdbQpzA*

(37) New poll finds voters want to make the Equality Act clear
https://sex-matters.org/posts/updates/new-poll-finds-voters-want-to-make-the-equality-act-clear/

ジェンダー肯定医療をめぐる医療スキャンダル

この本を執筆している2024年6月現在、欧米ではジェンダー肯定医療をめぐるスキャンダルが連日、世論を騒がせている。

いきなりジェンダー肯定医療などと言われても、恐らく多くの読者にとっては意味がわからないだろうと思う。そこで以下に、ジェンダー医療に関する海外文献を翻訳して日本語で発信してくれている、ジェンダー医療研究会（JEGMA（ジェグマ））の資料を許可を得て転載させていただきつつ、解説していこうと思う。

以下はジェンダー医療研究会のホームページで公開・配布されている『ジェンダー肯定医療の現実』(1)および『WPATH（ダブリューパス）ファイル日本語版』(2)という資料などを参考にしたものである。資料内で引用されている文献についても適宜紹介する。

ジェンダー肯定医療とは

ジェンダー肯定医療とは、簡単に言えば心の性別に体の方を合わせてしまうという医療である。より正確な表現では、自身のジェンダーアイデンティティ（性自認）を具現化するための医療であるともいわれる。

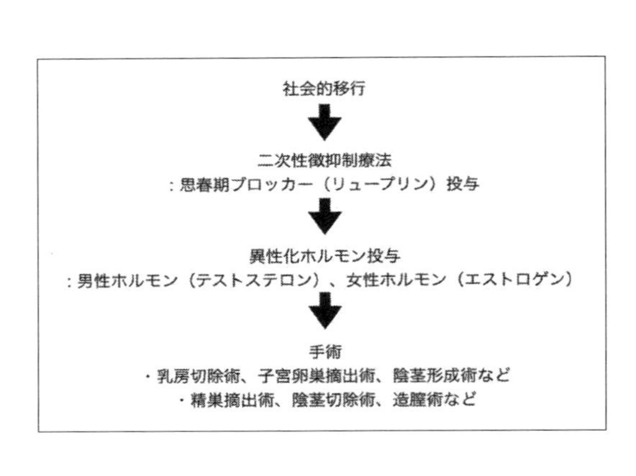

具体的には社会的移行（異性の名前を使ったり、異性の格好をしたり、異性の施設を使ったりする）から始まり、思春期の子供であれば思春期ブロッカー（二次性徴抑制剤）という薬で思春期を止めてしまう。男性ホルモンや女性ホルモンを投与して肉体を変化させる。手術によって乳房や生殖

器を切除または新しく造設するなど。

これらを全て行う人もいれば、一部だけを行う人もいる。

手術は肉体に不可逆的な変化をもたらすが、薬剤の投与だけでも不可逆的な変化をもたらすことがある。例えば女性に男性ホルモンを投与すると声が男性のように低くなるが、その声はホルモンをやめても元には戻らない。また、かつては「完全に可逆的で安全だ」と主張されていた思春期ブロッカーについても、のちの研究で骨の発達障害や生殖機能障害を起こすことが判明し、また脳の発達への影響を懸念する声もある。

こちらは実際の手術の写真である。これらはFtM（女性から男性への移行）の例であるが、乳房切除にも乳首を残すもの[(3)]と残さないもの[(4)]がある。性器手術を行う人は比較的少ないが、男性器の形成術は難易度が高い上に排尿以外の機能はなく、陰茎形成術という手術では腕や太腿の皮膚を剥がして擬似陰茎を作成するため肉体へのダメージも大きく合併症も多い[(5)]。

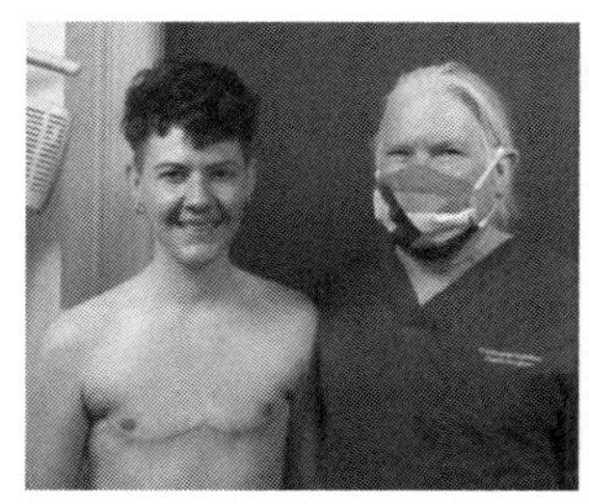

左　乳房切除術（トップ手術：Top Surgery）を受けた患者 /PinkNews

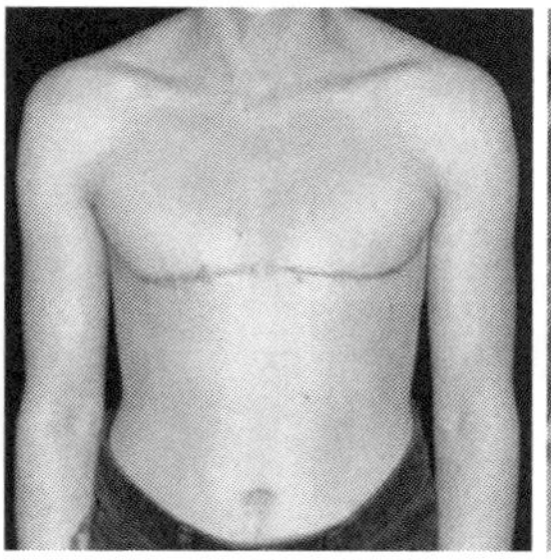

乳首を残さない乳房切除術 /PS

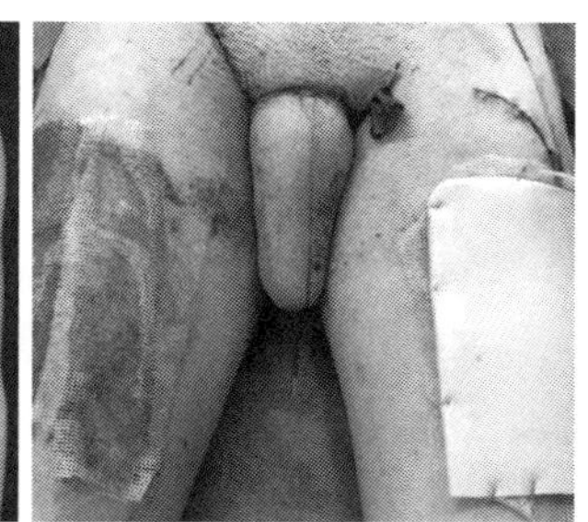

大腿の皮膚を利用した陰茎形成術 / Practical Clinical Andrology

2010年代の後半から、欧米でこのような医療を受けた人々、特に子供が後悔して元の性別に戻る（脱トランス）事例が続発した。特に目立ったのは少女として生まれ育った子供が思春期に突然、自分を男だと自認するケースの急増であり[(6)(7)]、その中にはのちに治療を後悔し、不可逆的な変化（低くなった声、切除された乳房や子宮・卵巣など）に苦しむ者も出てきた。日本で話題になった本『トランスジェンダーになりたい少女

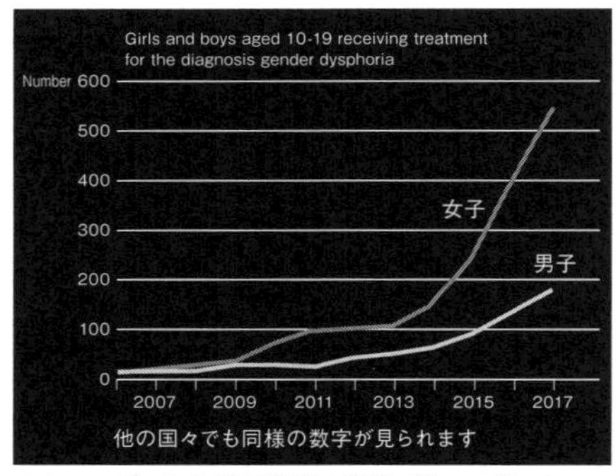

スウェーデンにおける患者の変化 /Trans Train

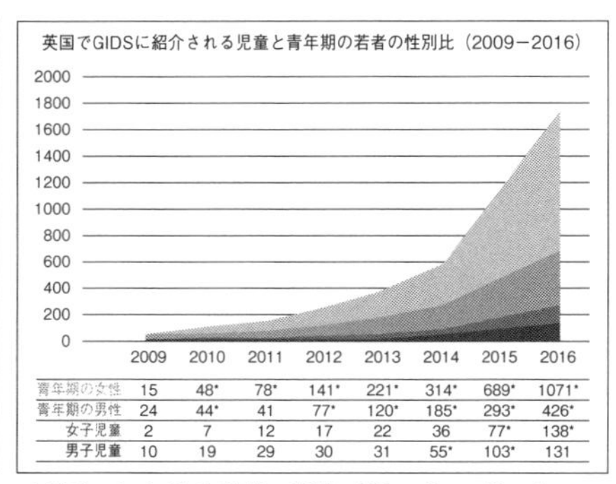

	2009	2010	2011	2012	2013	2014	2015	2016
青年期の女性	15	48*	78*	141*	221*	314*	689*	1071*
青年期の男性	24	44*	41	77*	120*	185*	293*	426*
女子児童	2	7	12	17	22	36	77*	138*
男子児童	10	19	29	30	31	55*	103*	131

イギリスにおける患者の変化 /The Cass Review

たち』がアメリカで発売されたのはちょうど問題が顕在化してきていた2020年である。

当時はジェンダー肯定医療と称される、患者の訴えを無批判に肯定し、ひたすらその希望に沿うように医療を提供するという方針が欧米各国で採用されていた。これはWPATH（世界トランスジェンダーヘルス専門家協会）というトランスジェンダー医療の世界で最も権威がある団体が発行しているガイドライン SOC (Standards of Care：ケア基準) に従ったもので、日本もSOCを参考にして『性同一性障害に関する診断と治療のガイドライン（第４版）』[(8)]を作成している（ただし日本が参考にしているのは一つ前のバージョンのSOC7[(9)] [(10)]。SOCの最新版は2022年に発表されたSOC8[(11)]）。

アメリカは特に積極的にジェンダー肯定医療を推進しており、例えばそれまで少女として暮らしてきた子供が性別違和を訴えて家族と共にジェンダークリニックを受診した場合、医師はその親に向かって「生きている息子と、死んだ娘、どちらがいいですか？」と尋ねるのが常套句となっていた。すなわち「ジェンダー肯定医療を行って性別移行しなければ、子供が自殺してしまうぞ」という脅しである。医師にそのように言われて拒否できる親は少なく、多くの親が医師に言われるがままに子供への薬物投与や手術に同意した。しかしながら、実はジェンダー肯定医療を受けなければ自殺してしまうという主張は根拠に乏しく、さらにはジェンダー肯定医療の治療効果自体にもはっきりした証拠（エビデンス）は存在しなかったのである。

2021年にスウェーデンがより慎重な治療を求めるガイドライン[12]を発表したのを皮切りに、イギリスやアメリカの一部を含む多くの国でトランスジェンダーへの医療、特に未成年の子供たちへの医療を慎重に行う方向へと大きく方針が変更されてきた。特にイギリスは2019年に医療訴訟が起こったことがきっかけで、ジェンダークリニックの杜撰な医療体制が明るみとなり、若年者を対象としたジェンダー肯定医療について大規模な調査が行われることとなった（The Cass Review（キャス レビュー））。また2023年に入ってからは、受診初日に性同一性障害と診断して14歳の少女に男性ホルモンを投与してしまうなど[13]、あまりにも杜撰すぎる診断と治療をめぐって、アメリカで続々と脱トランス者（性別移行を後悔して元の性別に戻った人）による医療訴訟が起こり、現時点で10件以上の裁判が同時並行で行われている状況である。

なお、脱トランスなどのジェンダー肯定医療に関する問題について2019年に最初に大きく取り上げ、スウェーデン政府がジェンダー医療に関する政策を転換させるきっかけとなった、スウェーデン公共放送 SVT のドキュメンタリー番組『トランス列車』のpart1〜4については、有志が日本語字幕を付けて無料公開してくれているので興味がある人はぜひ観てほしい[6]。

そしてジェンダー肯定医療に対する信頼は、2024年3月に発表されたWPATH（ダブリューパス）ファイルと、2024年4月に公開された The Cass Review（キャス レビュー） の最終報告書によって、決定的に損なわれることとなった。

WPATH（ダブリューパス）ファイル

WPATH（ダブリューパス）ファイルとは、2024年3月4日に公開された、世界で最も権威があるトランスジェンダー医療の団体である WPATH（ダブリューパス）（世界トランスジェンダーヘルス専門家協会）から流出したファイル（動画と内部文書）およびそれを元に作成されたレポートの総称である。WPATH（ダブリューパス）内のメンバーがEnvironmental（エンバイロメンタル） Progress（プログレス）という環境団体にこれらの内容をリークし、ジャーナリストがそれらをレポートにまとめて原本と共に公開した。それらのファイルはEnvironmental（エンバイロメンタル） Progress（プログレス）の特設ページで現在も閲覧・ダウンロードすることができる[14]。またレポートの内容はジェンダー医療研究会が日本語に翻訳して無料で公開している[2]ので、興味がある人はぜひ読んでみてほしい。

その中ではWPATH（ダブリューパス）のメンバーたちが仲間内での議論や、メンバー同士のやり取りにおいてどのような発言をしていたかなどが紹介されているが、非常に薄弱な根拠でリスクの高い医療行為を行っていることがよくわかる内容になっている。特にインフォームド・コンセント（治療を始める際の説明と同意）をまともに取っていない……というよりは、医療提供者側が「子供には自分が受ける医療が将来的にどんな影響を及ぼすか、そのメリットやデメリットを理解することは不可能である」と認識しており※1「患者が治療を後悔することは珍しくない」とも認識している※2ことには非常に驚かされた。その上で、WPATH（ダブリューパス）は明確な証拠（エビデンス）のない治療、レポート内の言葉を借りれば「実験室から流出した治療」を子供たちに行っていたのである※3。

レポートでは豊富な文献と共に、にわかには信じられないようなWPATH（ダブリューパス）の実態や、そのガイドラインであるSOC8の問題点が指摘されている。

特に印象深かったのは、重篤な精神疾患を抱えた患者にも積極的にジェンダー肯定医療を提供しており、人格が7人とか85人とかいる解離性同一性障害（いわゆる多重人格）の患者にも生殖器を切除するようなダメージの大きな“治療”を行っており、「治療の際には全ての人格からインフォームドコンセントを得るべきだ」とか、「全ての人格が同じジェンダーアイデンティティを持っているわけではないから注意が必要」とか冗談のような話があったことだ※4。

また SOC8 においては、ノンバイナリー(性自認が男性でも女性でもない) の人々に対して、彼らが望むような“非典型的な手術”を行うべきだとされており、無性器化手術（ナリフィケーション サージェリー）(nullification surgery：生殖器を取り除きツルリと平坦な陰部にすること)[15]や両性器化手術（バイジェニタル サージェリー）(bigenital surgery：陰茎と膣が両方ある状態にすること) などが提案されていることには仰天させられたし[※5]、カナダではそのような手術に対して裁判で保険適応まで勝ち取ってしまったというのだから本当に信じられない事態である[16][17]。

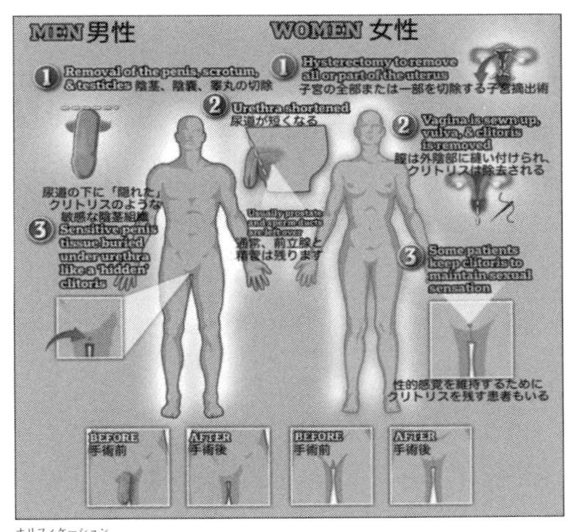

無性器化手術（ナリフィケーション）(nullification surgery) の実際 /Daily Mail
※元図に日本語訳を添えて掲載

さらに SOC8 で新設されたカテゴリーに「Eunuchs（ユーニックス）」というものがあるが、これは日本語にすると「宦官」とか「去勢された男性」という意味である。「Eunuchs（ユーニックス）」の章では、WPATH（ダブリューパス） は去勢フェティシズムを持つ人向け18禁アダルトサイトである The Eunuchs Archive（ザ ユーニックス アーカイブ）[18]を参考文献として多数引用しながら、「Eunuch（ユーニック）」というジェンダーアイデンティティを認めて彼らの希望通りに去勢してあげるべきだとしている[※6]。なお、このガイドラインが発表されたのち、多くの医師がその方針に反発しWPATH（ダブリューパス）の会員数は激減している。

レポートの中では従来定説とされていた「トランスジェンダーは自殺率が高い」「性自認（ジェンダーアイデンティティ）は生涯変化することはない」という主張にも疑義を唱えている。

トランスジェンダーの自殺率については、希死念慮（死にたいと思うこと）と自殺既遂（実際に自殺してしまうこと）を分けて考えるべきだと主張し、自殺既遂はまれであることを指摘している。そして希死念慮については、多くの当事者が合併しているうつ病などの精神疾患の影響があるのではないかと唱え、トランスジェンダーの若者と健康な若者を比較した場合には確かにトランスジェンダーの集団の方が自殺率が高くなるが、トランスジェンダーの若者と精神疾患のある集団を比較するとほとんど差が無いことがわかっていると指摘している※6。

そして性自認（ジェンダーアイデンティティ）の変化については、しばしば出てくる脱トランス（トランスしたことを後悔して元の性別に戻ること）の事例でも示されているし、思春期ブロッカーが使われ始めるようになる前の研究においては、幼い頃から異性の性自認（ジェンダーアイデンティティ）を持っていたほとんどの子供が思春期または思春期後に、異性を自認することをやめ、生来の自分の性別を受けれていたという結果だったことを示し、思春期の間に社会的移行を推進してアイデンティティを固定化してしまったり、不可逆的な医療介入を行ったりすることで、本人が自分の生来の性別を受け入れるチャンスを潰してしまっているのではないかということが指摘されている※7。

レポートの終盤では、過去の医療スキャンダルとして、ロボトミー(精神疾患患者の脳の一部を切除)、卵巣摘出術（女性の精神疾患に対して卵巣を切除)、身体欠損性愛（Apotemnophilia、健康な手足の切断を望む患者）に手術をした例、ホルモンを使った身長操作の末に子供たちに健康被害をもたらした事例が紹介されている※8。ジェンダー肯定医療についても、これらの医療スキャンダルと同等のものが感じられてならない。

WPATHファイル公開後の反響は非常に大きく、大手メディアが続々とWPATHを強く非難する記事を出した。Newsweek紙は「ジェンダー医療は若い患者をモルモットのように扱うのをやめるべき」と報じ[19]、The Times紙は「インチキ医学」という見出しで「英国保健省が思春期ブロッカーの定期処方を禁止することは正しい。人生を変える可能性のあるこのジェンダー違和（性別違和）の治療法により、若い命が損なわれている」と報じた[20]。

また、イギリスの元首相リズ・トラス議員は、思春期ブロッカーの新規処方を禁止し、学校などが子供を社会的に性別移行させること（異性の名前で呼んだり、異性の施設を使用させること）を禁止し、法律で保護される性別（sex）を「ある人物に関して、性染色体、自然発生するホルモン、出生時に存在する内性器および外性器によって示される、特定の生殖役割のための身体の組織に基づいて、その人を男性または女性のいずれかに分類することを意味する」と明確に定義する内容の法律を作成し、議会に提出した[21]。

なお、大きく反応したヨーロッパとは対照的に、アメリカの政府や医学会はこのWPATHファイルに対してほとんど無視を貫いている。特にアメリカ保健福祉省の高官で、自分自身もトランス女性であるレイチェル・レヴィンは、WPATHファイル発表の数日後にジェンダー肯定医療を推進するような発言まで行っていた。

2024年6月25日、WPATHのガイドラインSOC8の草稿の段階では存在していた性ホルモン治療や手術に対する年齢制限を、レイチェル・レヴィンや米国小児科学会（AAP）が圧力をかけて削除させたことが裁判資料により明らかになったとニューヨークタイムズなどが報じた[22][23][24][25]。

●WPATHファイル日本語版における該当ページ

※1 53ページ　※2 23ページ　※3 28ページ　※4 62ページ　※5 68ページ
※6 70ページ　※7 54ページ　※8 72ページ

The Cass Review

2024年4月に公開されたイギリスの行政文書である。

2019年のジェンダークリニックに対する医療訴訟、および翌年の医療の質委員会（CQC）の調査によって杜撰な医療の実態が明らかになったことを受け、NHSイングランド（イングランド国民保健サービス）が2021年に若年者に対するジェンダー肯定医療について委託調査。

その最終報告書がこの The Cass Review（キャス レビュー）であり、全388ページの報告書が専用サイトで無料公開されている[26]。こちらは現在、ジェンダー医療研究会で翻訳中であり、現在は45ページの要約と推奨事項まで翻訳が完了している[27]。そのため全体の概要と、調査の結果導き出された32項目の推奨事項を把握することはできる。

この調査は、現時点で存在している良質な科学的証拠（エビデンス）を集めて分析しているのだが、結論としては証拠（エビデンス）が足りなさすぎてほとんど何も答えが出せない、ということだった。

今まで何年もの間、世界中で子供に対して使われていた二次性徴抑制剤（思春期ブロッカー）も、性ホルモンも、手術も、その治療効果やリスクは未知のままの実験的医療であり、厳密な管理の下でのさらなる研究が必要であるというのが最終的な結論であった。

他にも社会的移行について、幼少期に社会的移行をしてしまうことによって、最終的なジェンダー（社会的性別）の選択に影響を与えると考えられ、また幼少期に社会的移行を行った人は、その後、医療に進む可能性が高いことも指摘されている。

実際の32の推奨項目は以下の通りである。

推奨事項１： この集団の複雑さを考えると、これらの医療サービスは、複雑な症状や追加の危険因子を持つ児童や若者を診察する他のサービスと同じ基準で運営されなければなりません。 サービス内の患者の安全について全体的な臨床的責任を負う指名された開業医（小児科医/児童精神科医）がいる必要があります。
推奨事項２： 臨床医は、本レビューの臨床専門家グループによって開発された評価フレームワークを適用して、NHSのジェンダー医療サービスに紹

介された児童/若者がそのニーズについて総合的な評価を受けられるようにすべきであり、それに基づいて個別のケアプランを策定すべきです。この評価には、自閉症スペクトラム障害を含む神経発達状態のスクリーニングとメンタルヘルスの評価を含める必要があります。この枠組みは継続的に見直され、反映されるように進化すべきです。

推奨事項３：
既存のエビデンス基盤を持つ、標準的な心理的および精神薬理学的治療アプローチを用いて、ジェンダー関連の苦痛および併発する状態に対応する必要があります。 また状況に応じて、両親/養育者および兄弟姉妹への支援も必要です。

推奨事項４：
家族/養育者が思春期前の子供の社会的移行について決定を下すとき、サービスは、関連する経験を持つ臨床専門家ができるだけ早くその子を診察できるようにしなければなりません。

推奨事項５：
NHSイングランドは、英国保健省（DHSC）と協力して、現在の法定文書の存続期間内にデータリンケージ研究に参加するようジェンダークリニックに指示する必要があります。NHS イングランドの研究監視委員会は、研究結果の解釈に責任を負う必要があります。

推奨事項６：
この臨床領域における医学的および非医学的介入を支えるエビデンス基盤は改善されなければなりません。二次性徴抑制剤（思春期ブロッカー）治験を実施するべきというわれわれの以前の勧告はNHSイングランドに受け入れられましたが、さらに完全な研究プログラムを設立することをお勧めします。
これには、NHSのジェンダーサービスを受診するすべての青少年の特徴、治療、およびそのアウトカムを調査する必要があります。

- 二次性徴抑制剤（思春期ブロッカー）治験は、心理社会的介入および男性化/女性化ホルモン治療のアウトカムも評価する研究プログラムの一部であるべきです。
- 成人期までのフォローアップを伴う調査研究への登録の際には、すべての児童と若者から定期的に同意を取る必要があります。

推奨事項 7：
長年にわたるジェンダー不合（性別不合）は、治療の必須条件であるべきですが、医学的治療経路が個人にとって正しい選択肢であるかどうかを判断するための一つの側面にすぎません。

推奨事項8：
NHSイングランドは、男性化/女性化ホルモンに関する方針を見直す必要があります。16歳から男性化/女性化ホルモンを投与する選択肢もありますが、本レビューでは細心の注意を払うことを推奨しています。患者が18歳に達するまで待つことなく、それ以前の段階でホルモン治療をすることには明確な臨床的根拠が必要です。

推奨事項 9：
医療処置を伴う治療には、必ず全国レベルの学際的チーム（Multi Disciplinary Team ＝MDT ）の承認を必要とすること。この後援は複数専門家レビューグループ（Multi Professional Review Group ＝ MPRG）に代えて、国家的医療提供者協力団体（National Provider Collaborative）によってなされなければなりません。

推奨事項 10：
すべての児童は、医療経路に入る前に、不妊カウンセリングと妊孕性保存のプログラムを受ける必要があります。

推奨事項 11：
NHSイングランドと医療提供者は、地域のマルチサイトサービスネットワーク（一極集中ではなく、複数の場所に分散し連携しながらサービスを提供するモデル）の開発にできるだけ早く取り組む必要があります。これは、NHSイングランドが地域のサービスに委託責任を委任し、その地域のプロバイダーに現地で下請けするリード・プロバイダー・モデルに基づく可能性があります。

推奨事項12：
国家医療提供者協力団体（The National Provider Collaborative）は遅滞なく設立されなければなりません。

推奨事項13：
利用可能な労働力を増やし、より広い臨床的視点を維持するために、共同雇用契約を利用してネットワーク全体およびさまざまなサービスで働くスタッフをサポートする必要があります。

推奨事項14：
NHS イングランドは、労働力のトレーニングと教育機能（Workforce Training and Education function）を通じて、このサービス分野の要件が青少年サービスのための全体的な労働力計画に組み込まれるようにする必要があります。

推奨事項15：
NHSイングランドは、関連する専門機関のコンソーシアム（共同事業体）を設立するために、主導的な組織を作って作業を委託する必要があります。
- コンピテンシーフレームワーク（職務遂行能力の枠組み）の開発
- 専門トレーニングプログラムに何が欠けているかを特定する
- 臨床分野とレベルに適した、専門的能力を補完するための一連のトレーニング教材を開発します。これには、ホリスティック（全人的）な評価のフレームワークの構成要素と、大枠の作成と治療計画へのアプローチを含める必要があります。

推奨事項 16：
国家医療提供者協力団体（National Provider Collaborative）は、若者、親、養育者のためのエビデンスに基づく情報とリソースの開発を調整する必要があります。これを一元的に実行可能にした NHS オンラインリソースにするかどうかを検討する必要があります。

推奨事項17：
専門サービスと指定された地域専門サービスの両方について、中核となる全国データセットを定義する必要があります。

推奨事項18：
データ収集と監査を管理するための国家インフラを整備し、これを使用して、アクティブラーニング環境で継続的な品質改善と研究を推進する必要があります。

推奨事項19：
NHSイングランドと国立医療研究所（NIHR）は、臨床に基づく研究プログラムを支援するための学術的および監督的インフラが地域センターに組み込まれていることを保証しなければなりません。

推奨事項20：
収集されたすべてのデータが最大限に活用され、十分な数の有意義な情報となるように、国家医療提供者協力団体（National Provider Collaborative）と研究監督グループ（Research Oversight Group）を通じて調整しながら、地域センター全体で統一された研究戦略を確立すべきです。

推奨事項 21：
サービスが最高水準のエビデンスに基づいて運営されるよう、国立医療研究機構（NIHR）は継続的なシステマティックレビューを委託し、発展中の臨床アプローチに対して情報を提供すべきです。

推奨事項22：
各地域ネットワーク内では、思春期前の児童とその家族のために個別の医療経路を確立する必要があります。医療提供者は、思春期前の児童とその親／養育者が優先して、経験のある専門家と早期に面談できるようにすべきです。

推奨事項23：
NHSイングランドは、ジェンダー関連の各地域サービスをフォローアップする17－25歳向けのサービスを設立します。地域サービスを延長するか、それとリンクした別のサービスを作ります。児童や若者のジェンダーの旅において、ヴァルナブル（脆弱）になる可能性の高い段階をこのような継続的なサービスで支援します。またこれは、臨床及び研究フォローアップデータを収集することにも役立ちます。

推奨事項24： 児童・青少年サービスで扱う患者群の変化が、成人向けサービスにも反映されること。NHSイングランドは成人向けサービス使用の計画的更新を前倒しにし、医療モデルや運用手法を見直す必要があります。
推奨事項25： NHSイングランドは脱トランスを考える人々への医療提供をするべきです。その際に、彼らが以前使ったサービスを再利用したくないという気持ちも考慮します。
推奨事項26： 英国保健省とNHSイングランドは、自費診療が将来のNHS医療へ与える影響を考慮すべきです。これは追加の医療が必要になったり、経過をモニターする必要があったり、研究結果に影響が出るということです。このことは、患者や民間の医療従事者に明確に伝える必要があります。
推奨事項27： 英国保健省は、一般製薬会議（General Pharmaceutical Council）と協議して、個人処方箋の際の薬剤師の調剤責任を明確にし、海外での不適切な処方を防止するためのその他の法的解決策を検討すべきです。
推奨事項28： NHSと保健省は、NHS番号の変更プロセスと状況を見直し、臨床的および研究的影響に対処するための解決策を見つける必要があります。

推奨事項29：
NHSイングランドは、将来の臨床およびサービスモデルに向けた明確なマイルストーンを含む実施計画を策定する必要があります。これは、理事会レベルの監督を受け、より一般的には、複雑な青少年の幅広いニーズを満たすためのより大きな統合を支援するために、児童や若者の健康に責任を持つ人々と共同で開発されるべきです。

推奨事項30：
NHSイングランドは、これらのサービスを提供するためのデータ収集に関する堅牢で包括的な契約管理および監査プロセスと要件を確立する必要があります。これらは、児童や若者にこれらのサービスを提供する責任があるサービス提供者（プロバイダー）によって遵守されるべきです。

推奨事項31：
専門機関は、この報告書の調査結果を考慮しつつ、この集団の臨床管理に関してリーダーシップとガイダンスを提供するために協力しなければなりません。

推奨事項32：
すべてのNHSサービスに適用されるより広範なガイダンスを策定し、医療提供者とコミッショナー（監査委員）を支援せねばなりません。それによりイノベーション（改革）を奨励し、また一方で、エビデンスがない状態で臨床での実践が徐々に拡大するのを避けるように適切な精査と臨床管理が行われるようにします。

この推奨事項においては、患者に対して証拠（エビデンス）に基づいたきめ細かいケアが提供されるべきであることが提言されている。

何よりも重要なのは、国が国家医療提供者協力団体（The National Provider Collaborative）を設立して、全国各地にネットワークを形成し、未成年者への医療処置については、その団体によって全て管理されるべきであると定めていることだ。すなわち怪しげな民間クリニックによる不透明な治療を一掃すべきであるという内容になっている。また、そこで得られた臨床データを集約して研究するシステムを構築し、常に最新の証拠（エビデンス）に基づいた医療が提供できるようにすべきであるとも提言している。

The Cass Review（キャス レビュー）の影響

2024年4月10日のThe Cass Review（キャス レビュー）発表後、世界各国でジェンダー医療に関する方針転換が起こった。

2024年4月12日　イギリスの平等・人権委員会が The Cass Review（キャス レビュー）を支持する声明を発表。同日、イギリスにおける思春期ブロッカーの処方が禁止される。

2024年4月13日　ベルギーとオランダの医師が思春期ブロッカーの規制を求めていると報道。

2024年4月15日　アメリカ・アイダホ州の最高裁判所はアイダホ州当局に対し、ほとんどの未成年者に対するジェンダー適合ケアを州全体で厳しく禁止することを一時的に認める判決を出した。

2024年4月16日　オーストラリアでジェンダー肯定医療の停止を求める請願が提出される。

2024年4月18日　スコットランドが思春期ブロッカーの一時停止を発表。

2024年4月25日　国連特別報告者であるリーム・アルサレムが The Cass Review（キャス レビュー）に言及し、「10代の若者への壊滅的な影響が明らかになった」と指摘[28]。

2024年4月27日　欧州児童青年精神医学会（ESCAP）が、小児および青年期のジェンダー違和に関する声明を発表。医療従事者に対して「心理社会的影響が証明されていない実験的で不必要に侵襲的な治療を推進せず、“第一に、害を及ぼさない”の原則を遵守すること」を求めた[29]。

2024年5月5日　カナダ・アルバータ州の州知事が、The Cass Review を支持。

2024年5月11日　ドイツ医師会が未成年者の「医療移行」を管理された臨床試験に限定し、性別の自己識別を成人に限定する決議を可決[30]。

2024年5月14日　WPATH が2020年に不都合な研究結果（未成年者に対するジェンダー肯定医療の有効性の欠如が示された）[31]の公表を差し止めていたことが判明[32]。

2024年5月16日　イギリス政府が学校ガイダンスの変更を告知[33]。ガイダンスから「LGBT」や「トランス」という言葉が削除。The Cass Reviewを踏まえて社会的移行に対して慎重な立場を示し、保護者と協力することの重要性も強調している。

2024年5月21日　米国サウスカロライナ州が未成年者に対するジェンダー肯定医療のための薬剤投与や手術を禁止[34]。学校で社会的移行をする場合は保護者に通知することも義務付けた。

2024年5月28日　フランスの上院が未成年者に対する思春期ブロッカーの制限と、異性化ホルモンと性別適合手術を禁止する法案を可決[35]。

2024年5月30日　英国政府が民間も含むイギリス全土（イングランド、ウェールズ、スコットランド）での思春期ブロッカーの処方を緊急で禁止[36]。

2024年6月16日　チリの保健省が18歳未満に対するホルモン療法を全面的に禁止[37]。

2024年6月20日　オランダで2人の脱トランス者がジェンダークリニック（思春期ブロッカーを小児に使用するオランダプロトコルを最初に開発したクリニック）を誤診で訴えた[38]。

2024年6月25日　米国バイデン政権の高官レイチェル・レヴィンがWPATH（ダブリューパス）のガイドライン SOC8 から移行手術の年齢制限（下限）を撤廃するよう圧力をかけていたことが判明[39]。

2024年6月28日　米国ホワイトハウスが未成年者への手術を支持しないと表明[40]。

2024年7月9日　チリでジェンダー肯定医療に関する調査を行うことが決定[41]。

2024年7月19日　米国ニューハンプシャー州が未成年者への性別適合手術を禁止。手術を勧めた医師にも罰則あり[42]。
思春期ブロッカーの処方禁止でトランスジェンダーの子供たちの自殺が急増したとという活動家の主張に対して、英国政府がジェンダークリニックが管理する患者において自殺の増加は統計上、認めていないことを発表[43]。

日本の現状

日本においては日本GI学会（日本性別不合学会）が、性同一性障害（性別不合）に関する唯一の学会であり権威となっている[34]。

性同一性障害（Gender Identity Disorder：GID）という病名が、WHO（世界保健機関）のICD-11（国際疾病分類　第11版）において性別不合（Gender Incongruence：GI）に変更され、日本でも今後同様に変更される予定であることを見据え、2024年3月に学会の名称が GID学会（性同一性障害学会）から日本GI学会（日本性別不合学会）に変わった[35]。性同一性障害の中核群（強い身体違和を感じて医療による治療を希望する人）のみならず、身体違和の乏しいトランスジェンダーもより広く包括することを目指している。

日本GI学会の会員は4割が医師、6割が当事者やその家族および関連する研究者など（ジェンダー学を専門とする研究者など）であるといわれ、メンバーの過半数が非医療者で占められているという医学会としては非常に珍しい構成となっている。その点はWPATH（ダブリューパス）とも似ている点である。ただし理事などの役員については、医師または大学関係者などの規定があるため医師が多数を占める[46]。また、学術総会については外部に非公開となっており、やや閉鎖的である。

従来、この日本GI学会（旧GID学会）が中心になって、日本精神神経学会が作成したガイドライン『性同一性障害に関する診断と治療のガイドライン　第4版』[8]を参考にして診断治療していた。なお、ガイドラインの作成委員は、全員が旧GID学会の医師。

『性同一性障害に関する診断と治療のガイドライン　第4版』はWPATH（ダブリューパス）のSOC7を参照しているもので、未成年者に対する思春期ブロッカーの使用や性ホルモン投与についても記載されているが、少なくとも今までの日本は欧米と比較するとかなり慎重に診断と治療を進めている。思春期ブロッカーについては後で詳しく述べるが、西日本の一部以外ではほとんど処方されていない状態である。

日本GI学会理事長の岡山大学教授で産婦人科医の中塚幹也医師は、2021年に学会の理事長声明を発表し、性同一性障害特例法の手術要件を廃止して手術無しでの戸籍性別の変更を可能にすべき、未成年の子供がいても戸籍の性別変更が可能となるべきなど、性別変更のハードルを下げることを主張していた[47]。

また、WPATH（ダブリューパス）の主張にならい、トランスジェンダーの「脱病理化」を主張している[48]。さらには、2023年10月28日のNHKの番組『おとなりさんはなやんでる。』において、未成年者に対する薬剤投与（思春期ブロッカーを用いた二次性徴抑制療法や性ホルモン療法）および乳房切除術について解説していた[49]。2024年3月4日の週刊医学界新聞においても性同一性障害診療の解説の一環として、同様の内容を書いていた[50]。

2024年3月のGID学会での発表によれば、日本では未成年者に思春期ブロッカーを処方している病院はかなり少なく、症例自体も10年間で合計98例である[51]。そのうち64例が中塚理事長の岡山大学、30例は大阪の精神科医である康純医師である。性別の内訳は FtM が56例、MtF が18例で、FtM が MtF の3倍多くなっている。この性比の偏りは海外と同じ傾向である。

また同学会においては、YouTuber（ユーチューバー）に影響された小学生から中学生の少女たち10人以上が、次々と性別違和を訴えた「すとぷり症候群」というものも発表されていた[52]。ネットや SNS からの影響で急激に発症する性別違和という点では、まさしく『トランスジェンダーになりたい少女たち』のような事例といえるのではないだろうか。患者のうち過半数が発達障害（自閉症スペクトラム）を抱えていたというのも海外の報告と一致している。

WPATH（ダブリューパス）ファイルやThe Cass Review（キャス レビュー）が発表された後も、日本GI学会や中塚理事長は公にコメントを出していない。一方、日本GI学会の理事である精神科医の針間克己医師は『月刊正論』2024年7月号の中で『エビデンス重視のジェンダー医療を』という記事を発表し、WPATH（ダブリューパス）ファイルや The Cass Review（キャス レビュー）のことに言及した上で、特例法において手術要件が果たしてきた役割の重要性に触れ、慎重に診断や治療を行うべきであると主張していた[53]。

この針間医師を含め、日本には11人の WPATH（ダブリューパス）メンバーがいる[54]。針間克己（日本GI学会理事、精神科医）、東優子（日本GI学会理事、性科学者・ジェンダー研究者）、池袋真（日本GI学会認定医、産婦人科医）、康純（日本GI学会理事、精神科医）、松本洋輔（日本GI学会理事、精神科医）、森井智美（日本GI学会認定医、精神科医）、佐々木掌子（日本GI学会理事、心理学者）、高垣雅緒（脳神経外科医、文化人類学者）、そして3人の大学院生である。

このうち東優子理事と佐々木掌子理事は WPATH（ダブリューパス）のガイドラインであるSOC7の日本語翻訳を、中塚理事長と共に監訳しているメンバーである。

また、康純医師は、WPATH（ダブリューパス）の著名な医師であるリチャード・グリーン（Richard Green）の意見を参考にして、日本のガイドライン『性同一性障害に関する診断と治療のガイドライン　第4版』の中に、未成年者に対する思春期ブロッカー（二次性徴抑制剤）の使用を盛り込ませたり、性ホルモンの使用開始年齢を引き下げさせた張本人である[55]。日本で処方されている思春期ブロッカー(二次性徴抑制剤) のうち3割は康純医師1人によって処方されている。

池袋真医師は「トランスジェンダー女性の乳汁分泌の誘発と直接授乳」という研究を行っている[56]。欧米では実際に、薬剤によって乳汁分泌を人為的に起こし、トランス女性が乳児に授乳しているケースは見られており、池袋医師の研究はまさにそのような海外の動きに倣ったものであろう。ただし、薬剤で人為的に分泌させた乳汁の安全性に対して懸念の声があったり、一部のトランス女性が HIV 陽性にも関わらず実子に授乳しようとして物議を醸したりする[57] などの問題が存在している分野だ。

非常に意外なことに、WPATH の掲げている「トランスジェンダーの脱病理化」などの指針に強く賛同している様子の中塚幹也理事長の名前はない。

一方で、WPATH メンバーである針間医師は先述の『正論』2024年7月号における記事内でもWPATHの方針に対してどちらかというと批判的な姿勢であるようで、非常に興味深いところである。

日本GI学会の中でも WPATH の方針に共感的な、中塚理事長をはじめとした“トランスジェンダー派”と、医療的な側面を重視する針間医師のような“医療派”が存在しており、どちらかというと“医療派”の方の意見が強いために日本は欧米と比較して慎重な姿勢を崩さないできているとのことだが、どうかその路線は維持していってほしいものだ。

日本GI学会では独自に、性同一性障害に関する知識や経験に優れた施設や医師に対する認定制度を設けている[58] [59] が、それに法的な効力はなく、現在は認定施設でも認定医でもないところが安易に性同一性障害の診断書を乱発し、戸籍変更の申立書まで作成してしまっている状況である[60] (本書81ページも参照)。

また日本GI学会では近日、現在のガイドラインを改訂し、『性別不合に関する診断と治療のガイドライン　第5版』を発行予定となっている。

WPATH(ダブリューパス)の最新ガイドラインであるSOC8(非常に多くの問題が指摘されている内容)を参考にしている可能性もあり、その内容が注目されている。

今後の日本のジェンダー医療がどのようになっていくかは、日本GI学会の動きにかかっているだろう。願わくは、欧米の後追いをすることなく、診断や治療はより厳格かつ慎重に、そしてそのガイドラインはSOC8よりもより科学的証拠(エビデンス)を重視したものになってくれることを祈る。

【参考】

(1) PDF:翻訳・キャス博士の報告書（前半）
https://note.com/room_of_jegma/n/n96e76a4e8bdc

(2) PDF：翻訳・WPATH Files（解説文）
https://note.com/room_of_jegma/n/nbae16d186b40

(3) Having top surgery as a non-binary person was how I fell in love with myself for the first time
https://www.thepinknews.com/2021/07/16/non-binary-top-surgery/

(4) What to Know About Top-Surgery Scars, According to Surgeons
https://www.popsugar.com/amphtml/beauty/top-surgery-scars-48868842

(5) Gender Affirming Surgery: Assigned Female at Birth
https://link.springer.com/chapter/10.1007/978-3-031-11701-5_24

(6) トランス列車
https://youtu.be/k20ZKfk9nls?si=sASTDim6_Ld87El6

(7) The Cass Review Independent review of gender identity services for children and young people
https://cass.independent-review.uk/home/publications/final-report/

(8) 性同一性障害に関する診断と治療のガイドライン
https://www.jspn.or.jp/modules/advocacy/index.php?content_id=23

(9) Standards of Care for the Health of Transsexual, Transgender, and Gender Nonconforming People, Version 7
https://www.wpath.org/media/cms/Documents/SOC%20v7/SOC%20V7_English.pdf

(10) トランスセクシュアル、トランスジェンダー、ジェンダーに非同調な人々のためのケア基準　世界トランスジェンダー・ヘルス専門家協会（WPATH）発行 第7版
https://www.wpath.org/media/cms/Documents/SOC%20v7/SOC%20V7_Japanese.pdf

(11) Standards of Care for the Health of Transgender and Gender Diverse People, Version 8
https://www.tandfonline.com/doi/pdf/10.1080/26895269.2022.2100644
(12) Care of children and adolescents with gender dysphoria Summary of national guidelines December 2022
https://www.socialstyrelsen.se/globalassets/sharepoint-dokument/artikelkatalog/kunskapsstod/2023-1-8330.pdf
(13) Detransitioner suing American Academy of Pediatrics: 'I don't want this to happen to other young girls'
https://nypost.com/2023/12/13/news/detransitioner-suing-american-academy-of-pediatrics/
(14) The WPATH Files
https://environmentalprogress.org/big-news/wpath-files
(15) EXCLUSIVE Non-binary patient, 27, who underwent 'Barbie doll' op to remove all sexual organs reveals how they navigate life without genitals
https://www.dailymail.co.uk/health/article-13320773/non-binary-barbie-doll-genitals-mutilating-procedure-intimacy.html
(16) Ks v Ontario (Health Insurance Plan) , 2023 CanLII 82181 (ON HSARB)
https://www.canlii.org/en/on/onhsarb/doc/2023/2023canlii82181/2023canlii82181.html?searchUrlHash=AAAAAQANdmFnaW5vcGxhc3R5IAAAAAAB&resultIndex=1
(17) OHIP reverses course, will fund gender-affirming surgery for Ottawa public servant
https://www.theglobeandmail.com/canada/article-ohip-gender-affirming-surgery-case/#:~:text=OHIP%20has%20reversed%20its%20stance,procedure%20for%20nearly%20a%20year
(18) The Eunuch Archive
http://www.eunuch.org
(19) Gender Medicine Needs To Stop Treating Young Patients Like Guinea Pigs | Opinion
https://www.newsweek.com/gender-medicine-needs-stop-treating-young-patients-like-guinea-pigs-opinion-1878991
(20) Quack Medicine The NHS is right to ban the routine prescription of puberty blockers. Young lives have been damaged by this potentially life-changing treatment for gender dysphoria
https://www.thetimes.co.uk/article/the-times-view-on-treating-gender-with-drugs-quack-medicine-8z6tv5nf3

(21) Health and Equality Acts (Amendment) Bill
https://bills.parliament.uk/bills/3560
(22) Biden Officials Pushed to Remove Age Limits for Trans Surgery, Documents Show
https://www.nytimes.com/2024/06/25/health/transgender-minors-surgeries.html
(23) 部分翻訳：バイデン政権関係者がジェンダー移行手術の年齢制限撤廃を推進したことが文書で明らかに
https://www.jegma.jp/entry/2024/06/27
※ (21) の一部を日本語訳したもの
(24) The Scandal Goes All the Way to the White House—But It's Deeper than Levine
https://www.broadview.news/p/the-scandal-goes-all-the-way-to-the
(25) Subpoenaed Emails Destroy WPATH and AAP Credibility, Prove US Government Influence to Transition Children
https://genderreport.ca/subpoenaed-emails-destroy-wpath-and-aap-credibility/
(26) The Cass Review Independent review of gender identity services for children and young people
https://cass.independent-review.uk/home/publications/final-report/
(27) キャス・レビュー：子どもと若者のための ジェンダー・アイデンティティ医療に関する独立審査報告書
https://www.jegma.jp/entry/CassReview
(28) Gender therapy review reveals devastating impacts on teens
https://news.un.org/en/story/2024/04/1148986
(29) ESCAP statement on the care for children and adolescents with gender dysphoria: an urgent need for safeguarding clinical, scientific, and ethical standards
https://link.springer.com/article/10.1007/s00787-024-02440-8
(30) „Experimentelle Medizin an Kindern" – Ärztekammer fordert Änderung bei Selbstbestimmungsgesetz
https://www.welt.de/politik/deutschland/article251469616/Selbstbestimmungsgesetz-Aerztekammer-fordert-Aenderung-Experimentelle-Medizin-an-Kindern.html
(31) Hormone Therapy, Mental Health, and Quality of Life Among Transgender People: A Systematic Review
https://academic.oup.com/jes/article/5/4/bvab011/6126016

(32) WPATHが不都合な研究結果を発表しないよう圧力をかけていたことについて
https://www.lgbtcourage.org/wpath
(33) Statutory guidance. Keeping children safe in education. Statutory guidance for schools and colleges on safeguarding children and safer recruitment.
https://www.gov.uk/government/publications/keeping-children-safe-in-education--2
(34) South Carolina Bans Gender Transition Care for Minors
https://www.nytimes.com/2024/05/21/us/south-carolina-transgender-care-ban.html?unlocked_article_code=1.tk0.p9N7.pC1fGGxaNb4y&smid=url-share
(35) PROPOSITION DE LOI visant à encadrer les pratiques médicales mises en œuvre dans la prise en charge des mineurs en questionnement de genre
https://www.senat.fr/petite-loi-ameli/2023-2024/623.html
(36) New restrictions on puberty blockers
https://www.gov.uk/government/news/new-restrictions-on-puberty-blockers
(37) Minsal improvisa con la salud de niños, niñas y adolescentes trans: suspende terapias hormonales porque carecía de lineamientos técnicos
https://www.movilh.cl/minsal-improvisa-con-la-salud-de-ninos-ninas-y-adolescentes-trans-suspende-terapias-hormonales-porque-careceria-de-lineamientos-tecnicos/
(38) Sam stelt genderkliniek aansprakelijk voor verkeerde diagnose: 'In transitie gaan was niet de oplossing voor mijn problemen'
https://eenvandaag.avrotros.nl/item/sam-stelt-genderkliniek-aansprakelijk-voor-verkeerde-diagnose-in-transitie-gaan-was-niet-de-oplossing-voor-mijn-problemen/
(39) Biden Officials Pushed to Remove Age Limits for Trans Surgery, Documents Show
https://www.nytimes.com/2024/06/25/health/transgender-minors-surgeries.html
(40) Biden Admin Backtracks, Says It Does Not Support Transgender Surgeries For Minors
https://www.dailywire.com/news/biden-admin-backtracks-says-it-does-not-support-transgender-surgeries-for-minors
(41) Comité del Minsal sobre terapias hormonales en niños trans: polémica

por perfiles y parcialidad
https://www.biobiochile.cl/especial/bbcl-investiga/noticias/de-pasillo/2024/07/09/amp/comite-del-minsal-sobre-terapias-hormonales-en-ninos-trans-polemica-por-perfiles-y-parcialidad.shtml
(42) New Hampshire Bans Gender-Transition Surgery for Minors
https://www.nytimes.com/2024/07/19/us/new-hampshire-gender-transition-surgery-ban.html
(43) Review of suicides and gender dysphoria at the Tavistock and Portman NHS Foundation Trust: independent report
https://www.gov.uk/government/publications/review-of-suicides-and-gender-dysphoria-at-the-tavistock-and-portman-nhs-foundation-trust/review-of-suicides-and-gender-dysphoria-at-the-tavistock-and-portman-nhs-foundation-trust-independent-report
(44) GID学会　公式ホームページ
http://www.gid-soc.org
(45) GID学会→日本GI学会に名称変更　性同一性障害の改称に合わせ
https://www.asahi.com/sp/articles/ASS3C5TZCS3CUTFL00F.html
(46) GID学会　役員名簿
http://www.okayama-u.ac.jp/user/jsgid/yakuin_mebo_100323.html
(47)「性同一性障害者の性別の取扱いの特例に関する法律」の改正に向けたGID（性同一性障害）学会からの提言
http://www.okayama-u.ac.jp/user/jsgid/210521_seimei.pdf
(48)「性同一性障害」の脱病理化とマイノリティ・ストレス ICD-11 の中の「性別不合」と心身医学に関与する人々の役割
https://www.jstage.jst.go.jp/article/jspog/27/3/27_207/_pdf
(49) 親には言いたくない！性別に違和感がある子どもたち
https://www.nhk.or.jp/minplus/0028/topic049.html
(50) 医療者が知っておきたいトランスジェンダーに関する知識
https://www.igaku-shoin.co.jp/paper/archive/y2024/3556_02
(51)「思春期ブロッカー」の使用についての最新情報
https://junko-mitsuhashi.blog.ss-blog.jp/2024-03-19-4
(52)「すとぷり症候群」
https://junko-mitsuhashi.blog.ss-blog.jp/2024-04-15-1
(53) 安藤慶太（2024）. エビデンス重視のジェンダー医療を 月刊正論2024年07月号, 84-91
(54) 日本のWPATHメンバー一覧
*https://wpath.org/member/search/results?cb_member_search_*

form_global%5Baddress%5D%5Bcountry%5D=JP&cb_member_search_form_global%5Baddress%5D%5Bstate%5D=&cb_member_search_form_global%5BfirstName%5D=&cb_member_search_form_global%5BlastName%5D=&cb_member_search_form_global%5Bphone%5D=&cb_member_search_form_global%5Bspecialty%5D=

(55) 性同一性障害の診断と治療方法
https://medicalnote.jp/contents/151005-000007-RWETAN

(56) トランスジェンダー女性の乳汁分泌の誘発と直接授乳
https://jglobal.jst.go.jp/detail?JGLOBAL_ID=202302253926997023

(57) CANADA: HIV Positive Trans-Identified Male Boasts of 'Breastfeeding' Infant with Professional Support
https://reduxx.info/canada-hiv-positive-trans-identified-male-boasts-of-breastfeeding-infant-with-professional-support/

(58) GID学会認定施設一覧
http://www.okayama-u.ac.jp/user/jsgid/ninteishisetsuitiran.html

(59) GID学会認定医一覧
http://www.okayama-u.ac.jp/user/jsgid/ninteiiitiran.html

(60) 宮川クリニックの公式ホームページ
http://www.na.rim.or.jp/~miyakawa/TG.htm

LGBT活動家およびLGBT権利運動を推進する団体について

これまでLGBT思想（ジェンダー・イデオロギー）が世界中に及ぼしてきた影響について見てきたが、ここまでの影響力を持つためには、それを積極的に推進したり支援したりする人物や団体の存在が不可欠である。

どのような団体や人物がそのような運動を牽引してきたのか。数多ある団体の中から、主だったものを紹介したいと思う。

日本のLGBT活動家団体 及び それを支持する団体

一般社団法人 LGBT法連合会（*https://lgbtetc.jp*）

2015年にLGBTに関する法律を制定する目的で創設された。正式名称は「性的指向および性自認等により困難を抱えている当事者等に対する法整備のための全国連合会」。

100近い数のLGBT活動家団体で構成された連合会である。2020年に法人化して一般社団法人となった。

■ 役員

1. 代表理事　藤井 ひろみ（ダイバーシティ町家）
2. 代表理事　時枝 穂（Rainbow Tokyo北区）
3. 理事　安間 優希（特定非営利活動法人 PROUD LIFE）
4. 理事　西本 梓（SR LGBT＆Allies（社会保険労務士LGBT＆アライ））
5. 理事　神谷 悠一（LGBT法連合会事務局ネットワーク）
6. 監事　岩本 健良（金沢大学 准教授、現代社会・人間学プログラム）
7. 監事　山本 みや子

■ 顧問

野宮亜紀（MtF当事者）

若林苗子（れ組スタジオ・東京）

原ミナ汰（NPO法人 共生社会を作るセクシュアル・マイノリティ支援全国ネットワーク）

■ 相談役

本多則惠（元厚生労働官僚、2023年からアンビスホールディングス取締役）

＜LGBT差別禁止法の制定を目指す＞

LGBT法連合会は、LGBT差別禁止法の制定を目指して活発に活動している。

政治家へのロビー活動、行政への働きかけ、自治体の委員会メンバーとして参加、民間事業者へのコンサルティング、自治体・民間企業・労働組合・教育機関等を対象とした各種制度や社会的動向を踏まえた講演・研修、各地のLGBT活動家団体への経済的支援など、その活動内容は多岐にわたる。

超党派LGBT議連（正式名称はLGBTに関する課題を考える議員連盟）と強い繋がりを持ち、この議連を通して、LGBT差別禁止法を成立させることを目指している。

ちなみに、2023年6月に成立したLGBT理解増進法を作ったのは超党派LGBT議連ではなく、自民党内の「性的指向・性自認に関する特命委員会」。ごちゃ混ぜになりやすいので注意。

2016年にLGBT差別禁止法である「性的指向又は性自認を理由とする差別の解消等の推進に関する法律案」を国会に提出することに成功。当時の法案提出者は、西村智奈美（現：立憲民主党ジェンダー平等本部顧問）、山尾志桜里（現:一般社団法人国際人道プラットフォーム代表理事）、細野豪志（現:自由民主党）、井出庸生（現:自由民主党）、池内さおり（日本共産党）、玉城デニー（現：沖縄県知事）、吉川元（現：立憲民主党）の7人であった。ただこの時は成立せずに廃案になった。

この法案に関する詳細は「LGBT差別禁止法の詳細」（221ページ）を参照。

2023年にLGBT理解増進法が可決される際には、「与党はこの法律を自治体の先進的条例を制限する抑止力にしようとしている」「先進的な教育実践を『規制』するためにこの法律を使おうとしている」と主張して法律制定に反対していた。

しかし、法律が成立した後は方針を転換し、法律で定められたガイドラインを国が作る前に、勝手に自分たちで自治体向けのガイドラインのようなもの（「地方公共団体のための性的指向及びジェンダーアイデンティティの多様性に関する国民の理解増進に関する法律を活用するための手引き〜すべての個人が住人として尊重されるために〜」）を作って、地方自治体に自分たちの主張を浸透させようとしている。

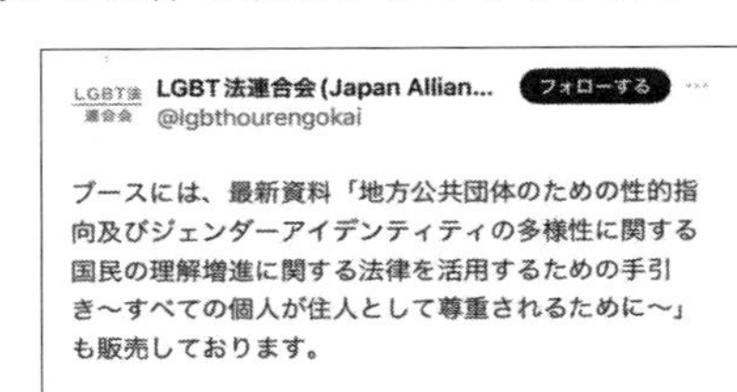

【新資料案内】「地方公共団体のための性的指向及びジェンダーアイデンティティの多様性に関する国民の理解増進に関する法律を活用するための手引き
〜すべての個人が住人として尊重されるために〜」
https://lgbtetc.jp/news/3009/

<性別に関する考え方 〜性の3要素〜>

LGBT法連合会の性別に関する考え方は独特である。

LGBT思想支持派の人々が一般に主張するのは、「人間の性は ①肉体の性 ②性自認 ③性的指向 ④性表現の4つの要素から構成される」というものであるが、LGBT法連合会の公式HPに掲げてある説明は「性の3要素」として「①戸籍の性 ②性自認 ③性的指向」から構成されるというものだ。

性の３要素

● 戸籍の性
医師から発行された出生証明書をもとに子の出生地・本籍地又は届出人の所在地の自治体の役所に提出された出生届出書が受理され戸籍に記載されている性別です。
女　男

● 性自認（Gender Identity）
自分がどの性別であるかの認識（この認識については、自分の生物学的な性別と一致する人もいれば、一致しない人もいます。）のことをいいます。
女 ⟷ 男

● 性的指向（Sexual Orientation）
人の恋愛感情や性的な関心がいずれの性別に向かうかの指向（この指向については、異性に向かう異性愛、同性に向かう同性愛、男女両方に向かう両性愛等の多様性があります。）をいいます。
女 ⟷ 男

肉体の性別が完全に無視されていて、なんとも不可思議なものを感じる説明だ。

＜LGBTQ報道ガイドライン＞

LGBT法連合会がやり遂げた大きな仕事の一つに『LGBTQ報道ガイドライン』の作成がある。2019年に毎日新聞記者の藤沢美由紀と共に作り上げたこのガイドラインによって、彼らはメディアに影響を及ぼすことに成功している。

「LGBTQ 報道ガイドライン –多様な性のあり方の視点から -」第2版策定
https://lgbtetc.jp/news/2467/
LGBTQ報道ガイドライン
https://lgbtetc.jp/wp/wp-content/uploads/2022/04/lgbtq-media-gudeline-2nd-edit-1.pdf

その中には以下のようなことが書かれている。

レズビアン：性自認が女性で、性的指向が同性に向く人。女性同性愛者。

ゲイ：性自認が男性で、性的指向が同性に向く人。男性同性愛者。

すなわち、性別の基本が性自認なのである。この定義に従うならば、肉体が男性で、女性を性的に好む人であっても、性自認が女性であればレズビアンなのである。

トランス女性レズビアン、トランス男性ゲイがあり得る定義であるが、実際のところ市井の当事者には、「あくまで肉体がベースである」としてそのような定義を認めない人も少なくない。

また「特に注意が必要な言葉や概念」として、オカマ、オナベ、おとこおんな、オネエ、ニューハーフ、レズ、ホモ、バイなどが、使用に注意が必要だったり避けるべき言葉として指定されている。……が、実際には自らをそのように呼ぶ当事者の方々は少なくないし、何より「ゲイを名乗っていいのは政治的に連帯する人だけ」などと主張する活動家のせいで、ホモと名乗らざるを得ない、または積極的にホモ、オカマを名乗っている人もいるくらいだ。

性別に関する本人の表現を尊重するように要請しており、トランスジェンダーについては戸籍上の性別ではなく、本人の性自認に合わせ、人称代名詞も「彼女」か「彼」か、それ以外にするのか注意する。

事件に関する実名報道で、性的少数者であることを報道するとアウティングになる場合がある。警察発表をそのまま伝えるとアウティングになるかもしれないので注意。……ということで、警察発表をそのまま伝えないことを推奨しているようにも捉えられる記述が見られる。

トランスジェンダーを「体の性と心の性の不一致」と表現するのは適切ではなく、「割り当てられた性別と性自認が異なる」と表現するべきであると主張。

"「体の性」は必ずしも正確ではなく、法的・社会的に割り当てられたものと捉えるべき。"

"性自認を「心の性」と表現するのは不正確である。"

……という、本当にバリバリのLGBT思想が述べられている。特にこの「割り当てられた性別」という表現は、海外では頻用されている表現（assinged sex at birth）であり特徴的。

「くん」「ちゃん」「彼」「彼女」などの敬称や人称代名詞はミスジェンダリングになるかもしれないので注意。

トランスジェンダーに関する報道で戸籍の名前を使うとデッドネーミング（性別移行前の名前で呼ぶこと）になる。本人の意思を尊重し、通称を使うべき。

また、トランスジェンダーについては独立したコラムがあるため、そのまま引用する。

コラム：トランスジェンダーをめぐる状況について
生まれた時に割り当てられた性別と性自認が異なるトランスジェン

ダーの人へのバッシングが近年、強まっています。
性自認に合わせて性別を移行することは、心身ともに簡単なことではなく、それ相応の年月がかかることもあります。
それにもかかわらず「昨日男性だった人が、今日は女性だと主張してトイレや公衆浴場に侵入してくる」といった、まるでトランスジェンダーを性犯罪者のように扱う言説がSNSなどで目立ち、当事者を苦しめています。
性自認は個人の重要なアイデンティティーであり、単なる自称ではありません。トランスジェンダーはむしろ性暴力被害に遭いやすい、との調査もあります。そもそも、トイレや公衆浴場などの話に焦点が当たりがちですが、就労や教育など当事者の抱える課題は多くあります。
報道は、事実に基づかない言説や不安を煽ることなく、トランスジェンダーへの差別や困難の解消のために努めるべきではないでしょうか。

すなわち、トランスジェンダーのイメージを悪くするような報道は控えるべきである、という意味であろう。近年、心が女だと主張して男性が女湯に入る事件などもあったが(※)、他社が報じている時でも毎日新聞だけは頑なにそれを報道しない。このガイドラインの影響だろうと推測される。

(※参考)
女湯に入った「全裸の男」が女性に話しかけ体を触る…女性は恐怖　「性欲のためにしたわけではない…」男に下された判決は？
https://newsdig.tbs.co.jp/articles/-/1243369

なお、このガイドライン、全て忠実に実行されてしまうと、トランスジェンダーの犯罪は不可視化される仕組みになっている。

なぜなら、①性別は戸籍の性でなく性自認を優先、②警察発表をそのまま発表するのは避ける、③戸籍の名前ではなく通称で報道、④報道機関はトランスジェンダーへのバッシングを煽る報道は控える、ということなので。

実際、海外の報道はそのようになってしまっており、強姦犯の性別が女性として報道されているのを調べてみたらトランス女性だったというようなことが起こっている。

日本も今後、もし手術要件が外観要件を含めて完全撤廃されて、男性器のある法的女性が出現するようになってしまえば、肉体は男性だが戸籍の性別は女性、戸籍上の名前も女性、そして性的指向は女性……というような人物が犯罪を犯す可能性はある（それはトランスジェンダーではない人々が犯罪を犯すのと同じくらいにあり得ることだ、当然のことながら）。さて、その場合、その人物は元々の戸籍は男性だったと報道されるのだろうか？　それとも単に「女性」とだけ報道されるのだろうか？

なお、2023年9月のLINE NEWS公式が書いた記事によれば、この『LGBTQ報道ガイドライン』を校閲の資料として用いているとのこと。

（参考）
LGBTQの注意したい表現まとめ。無意識の偏見に気づける、校閲ドリルに挑戦！
https://note.com/linenews/n/nfcf9b90b6acf?sub_rt=share_b

最近の報道は、関係者の性別が不明になってしまっているものも見られる。例えば2024年6月15日に公開された琉球新報の強制性交等致傷の裁判をめぐる記事では、原告である被害者については「性別違和があり男性を恋愛対象としない」とだけ記載されており、性別については明言されていない。せいぜい文脈から、「恐らく女性の肉体を持っている人なのだろう」と推測できる程度だ。

（参考）
知人に性暴力、男性無罪　同意あると「誤信」を指摘　那覇地裁　沖縄
https://ryukyushimpo.jp/news/national/entry-3195158.html

さらに他社による記事だとセクシュアリティや性別違和への言及もないため、被害者の性別は完全に不明となっている。

（参考）
強制性交致傷罪に問われた被告に無罪判決　那覇地裁「同意があったと誤信した」
https://news.yahoo.co.jp/articles/0b05b0ef390ffa5182e86deebe81aee695eaeba3

まさに『LGBTQ報道ガイドライン』を遵守した結果の記事だと思うが、このケースは被害者に関してなのでまだいいものの、加害者がトランスジェンダー当事者であった場合にもこれと同じような報道のされ方をするのではないかという不安がある。

決して全ての人間のプライバシーやセクシュアリティを詳らかにすべきとは思わないが､例えば刑事事件などにおいては性別に関する情報が､実際の状況を正確に理解するのに重要な場合もあり得る。

この事件においても、「被告に両手を押さえ付けられ、『動くな』と言われた。動いたら暴力を振るわれると思った」という場面において、肉体の性別が男性であるのか女性であるのかで抵抗可能性の有無などが大きく異なってくるのではないかと思う。

もちろん、被害者が埋没して（完全に周囲から異性だと思われて）生活している人物だった場合、報道をきっかけに周囲に元の性別が不本意な形で知られてしまうという可能性はあるかもしれないが。難しいところである。

加害者である場合にはそのような配慮は不要とも思うが。

＜ILGAの下部組織＞

ILGA（国際レズビアン・ゲイ協会）という国連経済社会理事会（ECOSOC）のメンバーである世界最大のLGBT活動家団体がある。

実はLGBT法連合会はこのILGAのメンバーである。

また、LGBT法連合会の賛同団体である認定NPO法人 ReBit、G-FRONT関西もILGAのメンバーである。

他の日本メンバーにはBROKEN RAINBOW - JAPAN、一般社団法人フルーツ・イン・スーツ、特定非営利活動法人 アカー、すぺーすアライズがある。

（参考）
ILGA MEMBER ORGANISATIONS
https://ilga.org/civi_details/

このILGAという組織は、国連を通じて世界中でジェンダー・セルフID制度が導入されることを求めている。2023年3月にもジェンダー・セルフID制度を求める共同声明を出している。

つまり、その一員であるLGBT法連合会やReBit、その他の加入メンバーもジェンダー・セルフID制度を求めているということになる。現在、LGBT法連合会は手術要件の撤廃を熱心に訴えているが、それが達成できたら次は医療要件の撤廃、すなわち医師の診断書も無しで、本人の自己申告のみで法的性別変更ができるようにする運動を開始するのは間違いないだろう。

（参考）
UNITED NATIONS: 28 STATES CALL FOR LEGAL GENDER RECOGNITION BASED ON SELF-IDENTIFICATION
https://ilga.org/news/united-nations-legal-gender-recognition-self-identification/

＜LGBT法連合会の構成団体＞

公式HPによると、LGBT法連合会は90の賛同団体で構成された組織である。

それらの賛同団体を都道県別に列記したのが右の表である。本拠地が明確でなかったものについては都道府県が空欄になっている。

多種多様な団体で構成されており、その規模も大小様々。

本格的な株式会社として1億円以上の収益がある団体もあれば、地方などではメンバーが3〜4人、場合によっては1人しかメンバーがいないところさえある。全団体の人数を合わせて1000人いるかどうかではないかと言われている。

性的少数者の割合は左利きと同じくらいの割合……全人口の10％であ

都道府県	団体名
北海道	NPO法人　北海道レインボー・リソースセンター L-Port
北海道	にじいろスマイル
北海道	にじいろほっかいどう
東北	性と人権ネットワークESTO
宮城県	レインボー・アドボケイツ東北
群馬県	セクシュアルマイノリティ支援団体『ハレルワ』
埼玉県	VISION ~ for Transgender~
埼玉県	レインボーさいたまの会
埼玉県	一般社団法人 レインボーフォスターケア
東京都	lag
東京都	LGBTコミュニティ江戸川
東京都	LGBTと教育について考える「虫めがねの会」
東京都	LGBT法連合会事務局ネットワーク
東京都	NPO法人 ぷれいす東京
東京都	NPO法人 レインボーコミュニティ coLLabo
東京都	NPO法人　共生社会をつくるセクシュアルマイノリティ支援全国ネットワーク
東京都	Rainbow Tokyo 北区
東京都	SR LGBT＆Allies（社会保険労務士LGBT＆アライ）
東京都	Team Respect and Solidarity（TRanS）
東京都	Tokyo Deaf LGBT【bond】
東京都	カラフル@はーと
東京都	すこたんソーシャルネットワーク
東京都	パートナー共済　～わたしの愛をカタチに～
東京都	パフスクール

都道府県	団体名
東京都	レインボーすみだ
東京都	レインボーノッツ合同会社
東京都	れ組スタジオ東京
東京都	株式会社 IRIS
東京都	株式会社 JobRainbow
東京都	新宿akta
東京都	中野LGBTネットワーク にじいろ
東京都	特定非営利活動法人 東京レインボープライド
東京都	虹色さざんか
東京都	認定特定非営利活動法人 ReBit
東京都	一般社団法人 fair
神奈川県	Allyの森
神奈川県	なないろほたる
神奈川県	レインボー逗子
新潟県	LGBTQ　ここラテにいがた
富山県	ダイバーシティラウンジ富山
富山県	レインボーハート富山
石川県	LGBT支援いしかわ会議
石川県	ひだまりの会
石川県	レインボー金沢
福井県	ELLY福井
長野県	ダイバーシティ信州
岐阜県	NPO法人ASTA
静岡県	認定NPO法人魅惑的倶楽部
静岡県	浜松トランスジェンダー研究会
愛知県	NPO法人ASTA
愛知県	Team.S@とよた
愛知県	レインボーなごや
愛知県	特定非営利活動法人 PROUD LIFE
京都府	Tsunagary Cafe（つながりカフェ）
大阪府	BRIDGEプロジェクト

都道府県	団体名	都道府県	団体名
大阪府	G-FRONT 関西	福岡県	Be My Friend! LGBT+
大阪府	NPO法人 QWRC	福岡県	NPO法人 Rainbow Soup
大阪府	Tsunagary Cafe（つながりカフェ）	福岡県	NPO法人 カラフルチェンジラボ
大阪府	アトリエエム	福岡県	Over the Rainbow
大阪府	株式会社 アカルク	福岡県	福岡コミュニティセンターHACO
大阪府	特定非営利活動法人 カラフルブランケッツ	佐賀県	SOiGIEs（そいぎーず）
兵庫県	MixRainbow　ミックスレインボー	熊本県	くまにじ
兵庫県	NPO法人 LGBTの家族と友人をつなぐ会	熊本県	ダイバーシティ WakuWaku
		大分県	LGBTサポートチーム ココカラ！
兵庫県	Tsunagary Cafe（つながりカフェ）	宮崎県	LGBT交流会「レインボービュー宮崎」
兵庫県	カラフルチャイルド	鹿児島県	レインボーポート向日葵
兵庫県	そらにじひめじ	沖縄県	レインボーアライアンス沖縄
兵庫県	ダイバーシティ町家	長崎県	Take it ！虹
島根県	紫の風	全　国	同性パートナーシップの法的保障を求める全国ネットワーク（同性パートナーシップ・ネット）
山口県	レインボー山口		
香川県	あしたプロジェクト		SOGIEシニアネット
香川県	プラウド香川		一般社団法人 QUILTBAG'sサポートセンター
愛媛県	ＨａａＴえひめ		
高知県	ソーシャルアライ・コナツハット		若者UPキャンペーン
九　州	LGBTとともに生きる弁護士の会・九州（LALQ）		常念岳の麓で性別を考える（JFG）
			虹色青年司法書士の会

るとしばしば活動家は主張しているが※、それが正しいとすれば日本における性的少数者の人数は1200万人。それに対して1000人というのは0.008％。当事者全体の0.01％にも満たない人々で構成された団体が、当事者の代表として日本のLGBT政策を大きく動かしているということになる。

（※参考）
LGBTの割合は日本で10人に1人？　左利きの人と同じ割合？　2020年の最新調査ではどれくらい？
https://jibun-rashiku.jp/column/column-1225

以前、LGBT法連合会が手術要件について団体内でアンケートを取った際に、「アンケートに回答した18団体は全て手術要件を撤廃すべきだ」とその結果を最高裁の担当者に渡したという記事もあったが※、もしかしたら90団体のうちまともに活動しているのは20団体程度なのかもしれない。そうすると、ますます少数の意向で方針が決定されていることになってしまうが。

(※参考)
“性別変更には手術必要” 当事者など 最高裁に違憲判断求める
https://www3.nhk.or.jp/news/html/20231005/k10014216411000.html
元データ
http://lgbtetc.jp/wp/wp-content/uploads/2018/06/特例法賛同団体アンケート結果.pdf

さてそのような少数精鋭であるLGBT法連合会の構成メンバーのうち、とりわけ特筆すべき団体を紹介しようと思う。

■ 株式会社 JobRainbow (*https://jobrainbow.jp*)

代表取締役CEO　星 賢人

自身もLGBT（ゲイ）の当事者として、月間60万人がアクセスするNo.1ダイバーシティ採用広報サイト「ジョブレインボー」を立ち上げる。東京大学大学院情報学環教育部修了。Forbes 30 UNDER 30 in ASIA / JAPAN 選出。御茶の水美術専門学校関係者評価委員。孫正義育英財団1期生。板橋区男女平等参画審議会委員。『LGBTの就活・転職の不安が解消する本（2020/3,翔泳社）』を出版。これまでに上場企業を中心とし、500社以上のダイバーシティによる経営改革を実施。

- 2016年1月 設立
- 従業員数 25名
- 事業内容

D&Iリクルーティングプラットフォーム「JobRainbow」の開発・運営
D&I推進事業「D&Iラボ」の運営

D&I認定表彰制度「D&I A WARD」の運営　等

■ 受賞歴

ダイバーシティ部門グランプリ：Kenjaya - 学生団体総選挙（2016年9月）

KBB 最優秀賞：K-powers Business Brain（2018年5月）

Japan Pride Award 2018：Fruits in suits & French Embassy（2018年11月）

GBAF 審査員賞：グローバルブレイン（2019年2月）

革新的サービス優秀賞＆女性活躍推進知事賞：東京都（2019年12月）

■ 沿革

2015　New RING 出場。早稲田ビジネスコンテスト HIS賞。TRIGGER 2015 優勝。

2016　ビジネスコンテストの賞金を元に株式会社として創業。
LGBT口コミサイト「JobRainbow」をリリース。

2017　LGBT求人サイト「ichoose」をリリース。
TECH LAB PAAK Award 優勝。

2018　株式会社ジェネシア・ベンチャーズより5000万円の資金調達。
Tech Crunch Tokyo 東急賞。

2019　「ichoose」を「JobRainbow」に統合し、LGBTリクルーティングプラットフォームにアップデート。
日本初のLGBT合同説明会を渋谷ヒカリエで開催。

2020　企業のD&I推進を行う「D&Iラボ」事業を立ち上げ。
HRアワード2020受賞。

2021　D&I認定表彰制度「D&I AWARD」を立ち上げ。

2023　「JobRainbow」をD&Iリクルーティングプラットフォームにアップデート。累計会員数30万人を突破。

詳細な事業内容は以下のとおり。

＜サービス1　ダイバーシティ採用事業＞

D&I 求人メディア　JobRainbow

性別に左右されずにキャリアを形成したい方、育児・介護をしながら活躍したい方、LGBTQ+の方、外国にルーツのある方、障害や人と異なる属性のある方…多様な人材が「違いを彩りに変えて」働くことを実現する、月間アクセス数65万人・累計登録ユーザー35万人・シェアNo.1のダイバーシティ求人メディアです。
ユーザーは「ダイバーシティ仕事環境診断」などのツールで自身の特性や属性を知り、自らの多様性やニーズを「タグ」として登録。企業は100点満点で評価された「ダイバーシティスコア」などの情報を掲載することで、双方にとっての本質的なマッチングを行います。
＜サービス2　DEIBラボ事業＞
①研修
マイノリティ別研修（ジェンダーギャップやLGBTQ+、障害、多文化共生、介護など）や業界別・階層別・役職別などニーズに応じた研修をご用意いたします。
②コンサルティング
社内のD&Iに関する事柄全般を請け負います。
制度設計や職場環境整備、マニュアル作成、プロダクト改善、広報PR監修、報告書やサーベイ/レポーティングの制作など。
③D&I AWARD
ダイバーシティスコアを活用して企業の取り組みを100点満点で評価する、日本最大の包括的D&I認定制度。2022年度は547社が参加。
D&I AWARD 2024　*https://diaward.jobrainbow.jp*
過去の受賞企業（2023年度は563社を認定、15社が受賞）
https://diaward.jobrainbow.jp/result
ダイバーシティスコアの詳細。「ジェンダー」「LGBTQ＋」「障害」「多文化共生」「育児・介護」の5つの要素で評価している。“マイノリティ”、“マジョリティ”という枠を超えて、“すべての人”が包摂される組織・社会づくり活動の基準となる指標。

https://diaward.jobrainbow.jp/evaluation#award
④D&I 検定
D&Iの包括的な知識と実践を身につける日本初の検定。
（※上記は公式 HP より引用）

多様性を重視した就職マッチング事業を行う傍ら、2021年に日本で D&I 認定表彰制度を立ち上げるなど、企業団体の D&I（ダイバーシティ＆インクルージョン：多様性と包括性）を推進している会社。企業へのコンサルティングやLGBT研修も積極的に行っている。
導入実績 *https://corp.jobrainbow.jp/cases*
日本では東京大学などもこの D&I を推進しているが、一方、先行した海外においてはD&I に反するとされた研究が認められない、D&I を表明しなければ昇進できないなどの弊害が生じたことで学問の自由や会社の業績に悪影響があったとして、最近は有名大学が次々と D&I 部門を閉鎖したり、企業が D&I 予算を大幅削減したりしている。

（参考）
MITが多様性（ダイバーシティ）に関する声明文廃止
https://www.nytimes.com/2024/05/06/us/mit-diversity-statements-faculty-hiring.html
ハーバード大学人文科学部が、採用におけるDEI記述の義務付けを廃止
https://www.bostonglobe.com/2024/06/03/metro/harvard-diversity-statements-dei-faculty/

▩ 特定非営利活動法人 東京レインボープライド（https://tokyorainbowpride.org）

■ 共同代表理事　杉山 文野、山田 奈津美
理事　福家 直樹、東 由紀、佐藤 大吾、谷口 洋幸
監事　渡邊 勇教、立石 結夏

■ 沿革
2011年　任意団体として発足
2012年から毎年、東京レインボープライドを開催。

2015年　　　特定非営利活動法人（NPO法人）になる

毎年4月〜5月にかけて東京で行われる大規模なLGBTQ＋イベント（東京プライドパレード）を主催している団体である。

活動報告によれば、2023年にはパレードへの参加者が10,000人、イベントへの動員数は20万人以上とのこと。

多数の企業がイベントに協賛しており、2024年度は協賛金だけで推計2億円以上の金額が動いている（*https://tokyorainbowpride.com/files/pdf/TRP2024_sponsorship_guide.pdf*）。ブースの出店費も合わせると約3億円の規模。

東京都に提出している事業報告書（*https://www.seikatubunka.metro.tokyo.lg.jp/houjin/npo_houjin/list/ledger/0011784.html*）のうち2022年度のものを見ると、2億3700万円の収益に対して、1億8400万円の支出（うち1億円は外注費）があり、差し引きしたものに前年度の繰越金6700万円を合わせて、正味財産額は1億1000万円であるらしい。

非常に良好なビジネスモデルを築いているようだ。

なお、2024年のイベントではブースで下着姿の男性たちが接客していたり、ブースでのイベントとして男性の体を縄で縛って吊るすSM緊縛ショーが行われたりしたことが物議を醸した。

▩ 認定特定非営利活動法人 ReBit（*https://rebitlgbt.org*）

■ 役員一覧（2023.7.1現在）

理事長：薬師 実芳

理　事：中島 潤、猿渡 由実子、竹原 満香、Raymond Wong

監　事：国見 健介

■ 沿革

2009年12月　団体設立

2010年8月　　出張授業開始

2011年4月　　「早稲田大学公認学生団体Re:Bit」となる

2012年1月　LGBT成人式実施
2013年4月　東京レインボーウィーク実行委員となる
8月　LGBT就活開始
2014年3月　「特定非営利活動法人ReBit」となる
2018年7月　「認定NPO法人ReBit」となる

■ 事業内容

＜教育事業＞

①授業/研修

学校/行政等で、子供や教職員/行政職員等へ多様な性に関する授業/研修を1200回、15万人以上に提供。

②教材制作

行政/出版社等と共に、多様な性についての書籍/映像等の制作。

③講師育成/教員応援

先生のためのLGBTQに関するオンライン情報サイト（*https://allyteachers.org*）や、オンラインコミュニティの運営。

＜キャリア事業＞

①キャリア支援/イベント運営

LGBTQのキャリア支援を、5000人以上に提供。

また、ダイバーシティと就労に関する国内最大級のキャリアフォーラム「DIVERSITY CAREER FORUM」を開催。（後援：厚生労働省、文部科学省、他。出展企業50社以上）

②就労移行支援（障害福祉サービス）

LGBTQは精神障害における高リスク層。一方で、福祉サービス利用時に76%がSOGIに由来した困難を経験。
国内初、精神・発達障害があるLGBTQを主対象とした、就労移行支援事業所※「ダイバーシティキャリアセンター」を東京都に設立。

※障害がある人の就活支援をする福祉サービス。

③企業・行政研修/コンサル

LGBTQやダイバーシティについての企業研修を年間約100回実施。また、職場制度やガイドラインづくり、商品開発等に関するコンサルテーションを実施。

④就労支援者育成/資材制作

就労支援者や福祉従事者等に向けた、研修や資材作成、オンラインコミュニティを運営。

大手LGBT活動家団体であり、映画『怪物』の監修も手がけるなど、大きな影響力がありそうな団体である。

教育やコンサルタント、福祉事業など幅広く手掛ける。特にアライの教師を育成する目的でオンライン情報サイトを運営しているのは特徴的。

最も新しい2022年度分の決算報告書を見ると、収益が合計1億5400万円。そのうち、約6000万円が助成金と補助金である。

支出は8700万円だが、そのうち約4000万円は「その他経費」となっており、詳細は不明である。

前期繰越金と合わせて1億8000万円。

賃借対照表によると、資産の合計は2億円あるとのことで、しっかりと利益を出せているようだ。

また寄付金の内訳も記載されているが、日本財団から576万円、デロイトトーマツウェルビーイング財団・スターバックスコーヒージャパンからそれぞれ500万円、ファイザー株式会社から180万円など、様々な企業や財団から寄付を受けているようだ。

2022年度決算報告書

https://rebitlgbt.org/pdf/rebit_financialreport_2022.pdf

■ 一般社団法人 fair（https://fairs-fair.org）

代表理事　松岡 宗嗣

1994年愛知県名古屋市生まれ、明治大学政治経済学部卒。HuffPostや現代ビジネス、Forbes、Yahoo!ニュース等でLGBTに関する記事を執筆。教育機関や企業、自治体等で多数研修や講演を行う。2015年、LGBTを理解・支援したいと思う「ALLY（アライ）」を増やす日本初のキャンペーン「MEIJI ALLY WEEK」発起人。NHK「あさイチ」、日本テレビ「NEWS ZERO」、AbemaTV「Abema Prime」、などメディア出演多数。

（※公式HPより引用）

■活動内容

- 情報発信
- キャンペーン
- イベント
- 講演・研修
- コンサルティング

主に情報発信をメインにやっていると思われる。ゲイ当事者である代表理事の松岡はしばしばメディアに登場したり、講演会で発表したり、Yahooニュースなどのネット記事にコラムを書いたりしている。

こちらの松岡の個人ブログの記事（*https://soshi-matsuoka.hatenablog.com/entry/fair*）によると、大学生活には馴染めなかったが、カミングアウトを機にLGBTサークルに参加。その後、東京レインボープライドに参加し、LGBT活動家団体（ReBit）にも関わって社会運動に積極的に参加するようになり、2018年に大学卒業と同時に一般社団法人 fair を設立したとのこと。

なお、松岡宗嗣の母親である松岡成子は、同じくLGBT法連合会の賛同団体であるLGBT活動家団体、NPO法人ASTAの代表を務めている。

ひとまずは以上、4団体を紹介させていただいた。他にもしっかりとビジネスとして成功し、大きな影響力を持っている団体は存在するし、香川県のLGBT活動家団体プラウド香川や、石川県のレインボー金沢のように、自治体から事業委託を受け、公金を受け取って活動している団体も少なくない。興味のある方は是非とも各団体について調べてみてほしい。

＜米国の大富豪ジョージ・ソロスのオープンソサエティ財団からの資金援助＞

LGBT法連合会の公式HPで2021年4月19日に発表された記事に「【お知らせ】SOGI差別根絶ファンドの採択団体が決まりました」というものがある。(*https://lgbtetc.jp/news/1903/*)

記事ではこのように述べられている。

> 米国に本部を置き、正義や民主主義、人権のために活動する、120カ国以上の市民に対して資金を提供している「オープンソサエティ財団」から助成を受け、特定地域や特定イシューにおける活動、また、新型コロナウイルスの感染拡大に対応する当会の賛同団体への助成プログラム「SOGI差別根絶ファンド」を開始しました。

つまり、アメリカの「オープンソサエティ財団」からもらった資金で「SOGI差別根絶ファンド」を新しく設立し、国内のLGBT活動家団体に公募をかけ、採択された団体に対してLGBT法連合会がファンドを通して資金援助を行うということらしい。

この「オープンソサエティ財団」、調べてみると世界三大投資家と知られるアメリカの大富豪ジョージ・ソロスが設立した慈善団体とのこと。なお、ジョージ・ソロスの資産は日本円にして3.5兆円を超えると言われている。

(参考) ジョージ・ソロス氏、事業を息子に譲渡　資産は3兆5000億円規模
https://www.bbc.com/japanese/65875831

実はLGBT法連合会とオープンソサエティ財団の関係は、さらに数年前に遡ることができる。

2018年、オープンソサエティー財団（OSF）は東アジアを統括する事務所を韓国に開設。日本でも本格的に活動を始めることになった。そのパートナーになったのがJANIC（国際協力NGOセンター）。JANICはOSFからの助成を受けて、「JANICグローバル共生ファンド」を開設した。

（参考）市民による市民のための政策提案　ソロス氏財団も後押し
https://www.asahi.com/articles/ASM9J62PTM9JULZU009.html

2019年、初年度の「JANICグローバル共生ファンド」の助成対象となった15団体のうちの１つにLGBT法連合会が選ばれている。

（参考）「JANICグローバル共生ファンド」15団体に助成（選考結果）
https://www.janic.org/blog/2019/12/27/kyouseifund2020_result/

そして2021年にもLGBT法連合会はOSFからの資金援助を受けることとなったわけだ。

2022年度の賃借対照表によるとその金額は22,494,300円と記載されている。

賃借対照表（2022年度）
https://lgbtetc.jp/pdf/BS/BS_2022.pdf

その助成金を元に、LGBT法連合会は「SOGI差別根絶ファンド」を設立し、日本全国のLGBT活動家団体に対して助成を行っている。

一般社団法人　性的指向及び性自認等により困難を抱えている
当事者等に対する法整備のための全国連合会（ＬＧＢＴ法連合会）

貸借対照表
令和５年3月31日現在

（単位：円）

科目	当年	前年	増減
Ⅰ 資産の部			
1 流動資産			
現金預金	1,917,836	1,122,364	795,472
仮払金	75,000	0	75,000
流動資産合計	1,992,836	1,122,364	870,472
2 固定資産			
OSF助成金	22,494,300	0	22,494,300
固定資産合計	22,494,300	0	22,494,300
資産合計	24,487,136	1,122,364	23,364,772
Ⅱ 負債の部			
1 流動負債			
未払金	372,028	759,080	△ 387,052
預り金	63,036	35,149	27,887
未払法人税等	70,000	70,000	0
流動負債合計	505,064	864,229	△ 359,165
2 固定負債			
	0	0	0
固定負債合計	0	0	0
負債合計	505,064	864,229	△ 359,165
Ⅲ 正味財産の部			
1 一般正味財産	1,487,772	258,135	1,229,637
2 指定正味財産	22,494,300	0	22,494,300
正味財産合計	23,982,072	258,135	23,723,937
負債及び正味財産合計	24,487,136	1,122,364	23,364,772

LGBT法連合会の2022年度賃借対照表。固定資産に「OSF助成金22,494,300円」

ということで、ジョージ・ソロスのオープンソサエティ財団→LGBT法連合会→各地のLGBT活動家団体という資金の流れがあることは確定のようだ。

それにしても、LGBT法連合会の財産の合計が24,487,136円なので、計算すると全財産の90％以上がジョージ・ソロスの財団からの資金で賄われていることになる。

ほぼ全ての資金が外国資本によって賄われている政治団体と聞くと、なんだか不健全に感じてしまうのだが気にしすぎだろうか……。

一般社団法人 work with Pride *(https://workwithpride.jp)*

代表理事：松中 権

2012年創立

NPO法人グッド・エイジング・エールズ（代表：松中権）が中心となって運営。

2023年に法人化

■活動の目的

日本の企業内でLGBTQ＋の人々が自分らしく働ける職場づくりを進めるための情報を提供し、各企業が積極的に取り組むきっかけを提供する。

■事業内容

年に1回、企業・団体の人事・人権・ダイバーシティ担当者を主な対象に、LGBTQ＋に関するカンファレンスの開催、企業や団体におけるLGBTQ+に関する取り組み評価制度である『PRIDE指標』、国・自治体・学術機関・NPO/ NGOなどとの、セクターを超えた協働を推進する企業を評価する『レインボー認定』の運用等。

毎年11月に企業団体がLGBTフレンドリーかどうかをPride指数によって認定し格付けする制度を運用している。

2023年度は833社が認定を受けており、日本の大企業と言われる会社のほとんどが、このPride指数の認定を受けている状態である。

もちろん、2023年に歌舞伎町タワーのジェンダーレストイレをめぐってSNSで大炎上した東急もこの認定を受けており、ゴールド認定を受けていた。（ちなみに、ジェンダーレストイレは利用者からの強い反発やトラブルにより、数ヶ月で男女別トイレに改修された）

なお、最上位のレインボー認定を取得するためには、婚姻の平等を実現する法制度（＝同性婚）の実現/LGBT平等法（＝LGBT差別禁止法）の実現/性同一性障害特例法の要件緩和（＝手術要件撤廃）の実現、のいずれかに賛同するなどの条件がある。

2023年にレインボー認定を取得したのは、アクセンチュア株式会社、アッヴィ合同会社、EY Japan、国立市、コカ・コーラシステム、セガサミーホールディングス株式会社、積水ハウス株式会社、デロイト トーマツ グループ、株式会社電通グループ、東京弁護士会、日本アイ・ビー・エム株式会社、野村ホールディングス株式会社、P&Gジャパン、PwC Japanグループ、ブルームバーグ・エル・ピー、株式会社ペンシル、三井住友信託銀行株式会社、株式会社明治、株式会社物語コーポレーション、ランスタッド株式会社、株式会社ルネサンスの21団体である。

企業以外にも、自治体である国立市や、東京弁護士会などのグループが含まれているのは驚きである。しかし近年の最高裁判決などを見ると、法曹がLGBTフレンドリーなのはそこまで意外ではないかもしれない。一応言っておくと、他の地域と違って東京には弁護士会が3つあり（東京弁護士会、第一東京弁護士会、第二東京弁護士会）、そのうちwork with Prideの認定を受けているのは東京弁護士会だけである。

　2023年度の認定企業一覧（ゴールド705社、シルバー85社、ブロンズ43社）
　https://workwithpride.jp/topics/wwpprideindex2023/

大手企業はほぼ全てこの認定を受けていると言っても過言ではないだろう。

このような認定制度によって取り組みを広げるという手法は、イギリスの大手LGBT活動家団体ストーンウォールや、アメリカの大手LGBT活動家団体ヒューマン・ライツ・キャンペーン（HRC）によって確立され広められたものである。work with Prideの代表である松中権は2013年に米国国務省主催のLGBT研修に参加しているのだが、そこでHRCからこの手法を学び、日本でまさに同じような認定制度を始めたのだと思われる。

海外では大手LGBT活動家団体ヒューマン・ライツ・キャンペーン(HRC)が広めているCEI（企業平等指数）や、D&I（多様性と包括性)、またはDEI（多様性と公平性と包括性）などの、いわゆるポリティカル・コレクトネスに則った企業経営ができているかどうかがその会社の評価軸の一つとなっており、それらの認定を受けていないと取引や融資で不利な扱いを受ける可能性があるとのことで、特に海外と取引がある企業は取得する必要があると言われているようだ。

最近は、海外の企業や大学が行き過ぎたDEI政策から引き返しつつあるが、果たして日本はどうなることか。

公益社団法人 Marriage For All Japan – 結婚の自由をすべての人に
（*https://www.marriageforall.jp*）

代表理事：寺原真希子、三輪晃義

理　　事：上杉崇子、加藤丈晴、前田信、松中権、柳沢正和

■設立

2019年1月22日

2021年9月27日公益法人化

■目的

当法人は、結婚の自由をすべての人に保障するための訴訟、立法その他法的活動を支援し、もって、すべての人が、そのセクシュアリティ(性のあり方）にかかわらず、個人として尊重され、自分らしく生きることができる社会の実現へ向けて、広く一般市民や企業に対して、セクシュアル・マイノリティ(性的少数者）にかかる理解を促進するための社会教育事業及び啓発活動を行う。

全国で同性婚裁判を行っている団体である。

日本を代表する大物LGBT活動家の柳沢正和と松中権の2人が理事を務めているだけで、いかにこの団体が重要かがわかる。

この団体は日本全国の自治体にパートナーシップ制度を導入させること、そして裁判によって同性婚が認められていない状態を違憲であると司法に認めさせ、同性婚を法制化することを目指している。

2022年度の賃借対照表を見ると、突然、流動資産が5700万円も増えていたのでとても驚いた。どこかから裁判資金として資金援助でもあったのだろうか？

なお、台湾にも同様の手法で同性婚を推進している「台灣伴侶權益推動聯盟（台湾のパートナー権益推進連盟）」という大手LGBT活動家団体が存在する。（*https://tapcpr.org/*）

台湾ではこの団体が裁判を支援することによって“男性器のある女性”を誕生させたとのこと。

このように裁判結果を利用して強引に法律を変えさせる手法は、まさにアメリカのLGBT活動家が、2015年に同性婚ができないことが憲法違反であると最高裁判所に認めさせたことにより、アメリカ全土での同性婚を合法化したのと全く同じである。

アメリカは、2013年から始めた全世界の活動家を対象とした研修（詳細は後述）により、この「裁判を武器化して、要求を実現させる」という手法を全世界に輸出している。

実際、2023年10月に日本の性同一性障害特例法における生殖不能要件を最高裁に違憲であると認めさせ、2024年7月に性別適合手術なしでトランス女性が戸籍性別を女性に変更することを高裁に認めさせた、申立人代理人である南和行弁護士は、2015年LGBT研修に参加している。

Business for Marriage Equality（*https://bformarriageequality.net*）

一般社団法人Marriage For All Japan ―結婚の自由をすべての人

に（MFAJ）と、NPO法人 LGBTとアライのための法律家ネットワーク（LLAN)、認定NPO法人 虹色ダイバーシティの3団体による共同プロジェクト。

2020年11月18日（水）よりスタートした。

同性婚実現への企業・団体の賛同を可視化することにより、社会の変化のスピードを上げることが目的。数年以内の同性婚実現を目指している。

プロジェクトのスタート時は134社、現在は519社の企業・団体から賛同を得ている状態。(2024年7月4日時点)

認定NPO法人 虹色ダイバーシティ（*https://nijiirodiversity.jp*）

代表理事：村木 真紀

理　　事：有田 伸也、石丸 径一郎、坂田 麻智、菅原 絵美、武田 丈、テレサ スティーガー

監　　事：三輪 晃義

■目的

LGBTQ等の性的マイノリティとその家族、アライの尊厳と権利を守り、誰ひとり取り残さない社会の実現に貢献することを目的とする。

そのために、①データ・事実・地域での実践を蓄積し、②広く情報発信して、③ビジネス活動・公共政策・法律を変えることを目指して活動。

■事業内容

LGBTQ研修・コンサルティング

調査研究・アドボカシー

イベント・交流

NPO法人 グッド・エイジング・エールズ（*https://goodagingyells.net*）

代表理事：松中 権

理　　事：橋本 美穂、町野 正和、前田 邦博、阿部 文香、江良 友美夏、

鈴木 美樹、増崎 孝弘

監　　事：河村 翔

https://www.seikatubunka.metro.tokyo.lg.jp/houjin/npo_houjin/list/ledger/0008744.html

設立 2010年

プロボノ団体。プロボノとは、職業上で得た知識やスキルを活かして、社会に貢献していくこと。グッド・エイジング・エールズでは、広告会社、金融、IT企業、メーカーに勤める会社員から、ファイナンシャルプランナー、司法書士、看護師などの資格を持って働く人などが関与。

イベントの企画・実施（東京プライドハウス）、Pride指数による企業団体がLGBTQフレンドリーかどうかの認定（work with Pride）、カミングアウト・フォトプロジェクト（OUT IN JAPAN）、夏季限定のカラフルカフェの運営、LGBTフレンドリーなシェアハウス（カラフルハウス）をオープン、など様々な事業・企画を実施。

柳沢正和も所属している。（以前は理事だった）

一般社団法人 にじーず（*https://24zzz-lgbt.com*）

代　　表：遠藤まめた

一般社団法人にじーず代表。トランスジェンダー当事者としての自らの体験をきっかけにLGBTの子供・若者支援に関わる。近著に『教師だから知っておきたいLGBT入門』（ほんの森出版）ほか。毎日小学生新聞にコラム連載中。NHK Eテレ「虹クロ」監修。

■設立

2016年8月　活動開始

2021年4月　法人化

■事業内容

10代から23歳までのLGBT（かもしれない人を含む）が集まれるオープンデーを定期開催。2016年8月に任意団体として東京で発足し、現在では全国各地に拠点を増やしている（仙台、埼玉、東京、静岡、新潟、松本、長野、京都、大阪、神戸、岡山、メタバース）。にじーずのミッションは「LGBTの子供・若者が安心して思春期をサバイバルできるつながりを作ること」。

子供や若者の性的少数者の居場所づくりを目的に活動している団体。

当事者のプライバシー保護を重視し、本名などの個人情報は明らかにせずに参加してOKとしていたり、親に黙っての参加もOKとしていたりする。また大人の見学はNGとなっている。

「＃どこへ行くのと聞かれたら」というハッシュタグで、若者たちが親に内緒で交流会に参加する時の嘘の言い訳を示しあっていたことがあり、保護者に秘密で未成年者を集めることの是非が問題視されたことがあった。特に本名も保護者への連絡先も把握していない状態で、参加者が急病になったり、行き帰りに事故に遭った場合の対応など。

以上、主だったLGBT活動家団体のうち、一部を紹介してみた。

以下には、LGBT権利運動を支援している団体の一部を簡単に紹介してみる。

性教協（*https://www.seikyokyo.org*）

包括的性教育を推進している団体。

包括的性教育の中に含まれる「性の多様性教育」はまさにLGBT思想（ジェンダーイデオロギー）であり、性自認を含む概念を幼い子供に教えることで混乱を引き起こす可能性は否定できない。

なお、欧米では、包括的性教育の普及した時期（2010年頃）と、若年トランスジェンダーが急増した時期がちょうど一致している。（148ページ参照）

日本財団（*https://www.nippon-foundation.or.jp*）

LGBT権利運動、包括的性教育の普及、ジェンダー医療の研究を推進している。

認定NPO法人ReBitなどのLGBT活動家団体への寄付や、尾木直樹（通称 尾木ママ）を広告塔にした包括的性教育の宣伝、トランス女性の乳汁誘発研究への助成など、様々な援助を行っている。

認定NPO法人 ReBitの2022年度決算報告書
https://rebitlgbt.org/pdf/rebit_financialreport_2022.pdf
包括的性教育の推進に関する提言書
https://www.nippon-foundation.or.jp/app/uploads/2022/08/new_pr_20220812_01.pdf
尾木ママと学ぶ包括的性教育
https://www.instagram.com/explore/tags/尾木ママと学ぶ包括的性教育/?img_index=1
「トランスジェンダー女性の乳汁分泌の誘発と直接授乳」への助成
https://milkbank.or.jp/research/external-funds/external_funds-4951/

関東弁護士会連合会（*https://www.kanto-ba.org*）

東京高等裁判所管内の13の弁護士会によって構成。東京の三弁護士会（東京、第一東京、第二東京）と、関東地方の弁護士会（神奈川県、埼玉、千葉県、茨城県、栃木県、群馬）のほか、甲信越の弁護士会（山梨県、長野県、新潟県）及び静岡県の弁護士会が連合した組織。

所属する弁護士の数は約2万人で、日本の弁護士の約60％が関東弁護士会連合会に所属している。

2021年に性自認を最大限に尊重するべきという内容の宣言を出している。

2021年度（令和3年度）声明
性別違和・性別不合があっても安心して暮らせる社会をつくるための宣言

https://www.kanto-ba.org/declaration/detail/r03a06.html

・包括的差別禁止法の制定
・ジェンダー・セルフID制度の導入
・必要性や合理性の少ない性別欄の削除
・ホルモン製剤の保険適応
・性自認に基づいたトイレの利用
・女子大へのトランス女性の積極的な受け入れ
・自認する性別での就労
・性自認に基づいた刑務所への収容

などが提案されている。

POSSE（*https://www.npoposse.jp*）

ブラック企業に関する相談など、労働・生活相談を中心に活動している団体。

LGBTQの就労問題にも取り組み、履歴書から性別欄をなくす取り組みを成功させた。

【寄付のお願い】LGBTQの労働問題を解決する活動へご支援お願いします！
https://www.npoposse.jp/archives/5877
9/4 オンラインイベント「履歴書の性別欄はなぜ消えた！？ー LGBTQと労働運動ー」を開催します！
https://www.npoposse.jp/archives/1660

日本の主だったLGBT活動家

●柳沢 正和

日本のLGBT活動家のキーマンと考えられている。

ゴールドマンサックス勤務で年収は5000万円以上とも。

多数の団体に関与し、国際人権団体ヒューマン・ライツ・ウォッチの本部理事も務め、米国大使館で講演したり、ダボス会議に出席していたり、英国の一流経済誌 Financial Times で「世界の影響あるLGBTエグゼクティブ100人」に選出されたりと、かなりの実力者。2014年に設立された全寮制の高級私立学校ユナイテッド・ワールド・カレッジISAKジャパンの設立にも関わっている。

アメリカ大使館主催：オンラインレクチャー「LGBTQI+の権利向上をめざそう〜アメリカと日本をつないで〜」
https://americancenterjapan.com/event/202106297595/

●松中 権

大物LGBT活動家。2000年〜2010年頃まで電通で勤務していた。

少なくとも、NPO法人 グッド・エイジング・エールズ、一般社団法人 work with Pride、一般社団法人 金沢レインボープライド、株式会社ミッションズという4つの団体の代表を務め、他にも複数の団体の理事として参加しているなど、非常に積極的に活動している。

様々な自治体の委員会などに有識者として参加することも多く、石川県の性の多様性への県民理解の増進に関する条例の会議では、「トランスジェンダーの82％は病院で診断を受けていないが、そのような人々の性自認も尊重されるべきである」という旨の発言をしていたり、品川区の条例に関する委員会では「自分はゲイの男性だが精子提供によって子供をもうけているので、生殖と性に関する健康と権利は女性に限定されるものではない」という発言をしたりしていた。

第1回石川県性的指向及び性同一性の多様性に関する県民の理解の増進に関する条例（仮称）及び石川県パートナーシップ宣誓制度（仮称）検討に係る有識者会議（令和5年5月16日）
https://www.pref.ishikawa.lg.jp/kenmin/lgbtq_kaigi01.html
第１回品川区ジェンダー平等の推進に関する検討委員会
https://www.city.shinagawa.tokyo.jp/contentshozon2023/kentoudaiikkaikaigiroku.pdf

なお、自身が代表を務める金沢レインボープライドの事務局長が、2024年3月に、団体が運営している性的少数者のための交流施設「金沢にじのま」において覚醒剤を使用したために逮捕された。その後、犯人は4月に事務局長を辞任した。6月11日に金沢地裁で有罪判決（懲役2年、執行猶予4年）

性的少数者の交流拠点で覚醒剤、事務局長だった男「２０年前に友人に勧められ始めた」

https://www.yomiuri.co.jp/national/20240605-OYT1T50061/

●松岡 宗嗣

LGBT法連合会の賛同団体の一つ、一般社団法人 fairの代表。

しばしばメディアに登場したり、講演会で発表したり、Yahooニュースなどのネット記事にコラムを書いたりと露出が多い人物。

国際的なLGBT活動家団体 および 海外のLGBT活動家団体

ILGA（*https://ilga.org*）

世界最大のLGBT活動家団体。正式名称は、国際レズビアン・ゲイ・バイセクシャル・トランスジェンダー・インターセックス協会。国連経済社会理事会（ECOSOC）のメンバー。

1993年に国連経済社会理事会（ECOSOC）に加わった際に、組織のメンバーに小児性愛者のグループ（北米男性/少年愛協会（NAMBLA）など）がいることを理由に、資格を取り消されたことがある。その際に、小児性愛者のグループを追放し、2011年にようやく復帰することができた。

現在は「LGBTQ＋には小児性愛は含まれない」と主張している。

各国がジェンダー・セルフID制度を導入することを求めており、2023年3月にも声明を出した。

UNITED NATIONS: 28 STATES CALL FOR LEGAL GENDER RECOGNITION BASED ON SELF-IDENTIFICATION *https://ilga.org/news/united-nations-legal-gender-recognition-self-identification/*

日本のLGBT法連合会およびその構成メンバーである認定NPO法人ReBit、G-FRONT関西はこのILGAのメンバーである。他の日本メンバーとして、BROKEN RAINBOW - JAPAN、一般社団法人フルーツ・イン・スーツ、特定非営利活動法人 アカー、すぺーすアライズがいる。

Open For Business（*https://open-for-business.org*）

LGBT+のインクルージョンを世界的に推進することを目的とした企業連合。

2016年にMicrosoftなどの大手企業によって立ち上げられた。

2020年には『BUSINESS PRIMER LGBT+ Inclusion and the UN Sustainable Development Goals（ビジネス入門LGBT+の包摂と国連の持続可能な開発目標（SDGs））』というSDGsとLGBT+をセットで企業に導入するための指南書を作成している。

BUSINESS PRIMER LGBT+ Inclusion and the UN Sustainable Development Goals
https://static1.squarespace.com/static/5bba53a8ab1a62771504d1dd/t/5f6b4f3a978b0513584d2280/1600868211690/SDG-LGBT+inclusion.pdf

現在は以下の37社が所属している。なお、参加企業の総資産の合計は1,780兆円以上である。

【コンサルティング　3社】
Accenture PLC アクセンチュア
BCG（Boston Consulting Group）ボストン コンサルティング グループ
McKinsey & Company, Inc. マッキンゼー・アンド・カンパニー

【会計事務所　4社】 Big4が勢揃い！
Deloitte Touche Tohmatsu（DTT）　デロイト・トウシュ・トーマツ
EY（Ernst & Young）　アーンスト・アンド・ヤング

KPMG
PwC: PricewaterhouseCoopers プライスウォーターハウスクーパース
【クレジットカード会社　2社】
American Express アメリカン・エキスプレス
Mastercard Inc. マスターカード
【銀行　4社】
Deutsche Bank AG ドイツ銀行
HSBC Holdings plc HSBCホールディングス
JPMorgan Chase & Co. JPモルガン・チェース
Standard Chartered Bank (SCB、あるいはStanChart LSE: STAN)　スタンダードチャータード銀行
【IT・通信　7社】 👑5大テック企業のうち3社が参加！
AT&T Inc. エーティーアンドティー
Google LLC グーグル 👑
IBM (International Business Machines Corporation)　アイビーエム
LinkedIn リンクトイン
Meta Platforms, Inc. (旧称: Facebook, Inc.)　メタ・プラットフォームズ
Microsoft Corporation マイクロソフト 👑
RELX Group plc レレックス・グループ 👑
【製造・小売　10社】
ABB ABBグループ（旧名称Asea Brown Boveri、アセア・ブラウン・ボベリ）
Brunswick Corporation ブランズウィック コーポレーション
C&A
Dow Inc. ダウ
Inditex (Industria de Diseño Textil, S.A.)　インディテックス
IKEA (Inter IKEA Systems B.V.)　イケア
LEGO レゴ
L'Oréal S.A. ロレアル

Unilever plc ユニリーバ
Wabtec Corporation ワブテック
【運輸　1社】
Virgin Group ヴァージン・グループ
【医療　2社】
BD（Becton, Dickinson and Company）　ベクトン・ディッキンソン アンド カンパニー
GSK plc グラクソ・スミスクライン
【法律事務所　4社】
DLA Piper DLAパイパー
Linklaters LLP リンクレーターズLLP
Pinsent Masons LLP ピンセントメイソン
Sidley Austin LLP シドリー・オースティン

IGLYO（*https://www.iglyo.org*）

国際レズビアン、ゲイ、バイセクシュアル、トランス、クィア、インターセックス（LGBTQI）青少年学生組織。
1984年に設立され、ブリュッセルに拠点を置く。
LGBTQIの若者とその権利に特化した世界最大のメンバーベースのネットワーク。39の欧州評議会諸国の115以上のメンバー組織や有志個人を構成員に持つ。
18〜30歳のLGBTQIの若者の保護、エンパワーメント、自由に焦点を当てている。
2019年にThomson Reuters Foundation（ロイター通信の会社）と 世界的に有名な大手弁護士事務所のDentons が協力して、『ONLY ADULTS? GOOD PRACTICES IN LEGAL GENDER RECOGNITION FOR YOUTH／A REPORT ON THE CURRENT STATE OF LAWS AND NGO ADVOCACY IN EIGHT COUNTRIES IN EUROPE, WITH A

FOCUS ON RIGHTS OF YOUNG PEOPLE NOVEMBER 2019（成人だけ？若者の法的性別認定における優れた実践／若者の権利に焦点を当てたヨーロッパ8カ国の法律とNGOの支援の現状に関する報告書 2019年11月）』を発行。どのような戦略のもとにジェンダー・セルフID制度の導入を進めるべきかが詳しく書いてある。

ONLY ADULTS? GOOD PRACTICES IN LEGAL GENDER RECOGNITION FOR YOUTH
A REPORT ON THE CURRENT STATE OF LAWS AND NGO ADVOCACY IN EIGHT COUNTRIES IN EUROPE, WITH A FOCUS ON RIGHTS OF YOUNG PEOPLE NOVEMBER 2019
https://www.trust.org/contentAsset/raw-data/8cf56139-c7bb-447c-babf-dd5ae56cd177/file

この中では以下のような戦略が推奨されている。

1. 若い政治家に狙いを定めろ。
2. キャンペーンそのものを脱医療化。
3. 実際の人物のケースを利用。
4. ナラティヴを匿名化。
5. 公的政策とメディアストーリーを先取り。
6. キャンペーンのポイントに人権を利用。
7. より人気ある改革とキャンペーンを組み合わせる。
8. 過度の報道と露出を避ける。
9. タイミングを捕まえろ。
10. 協力して進める。
11. 妥協には警戒すべき。

実に既視感のある内容である。

ヒューマン・ライツ・ウォッチ（*https://www.hrw.org*）（*https://www.hrw.org/ja*）

アメリカに基盤がある国際的な人権NGO。ニューヨークに本部がある。

日本の大物LGBT活動家である柳沢正和が理事を務める。

2019年と2020年に以下のような要請書を日本に向けて出している。

高すぎるハードル

日本の法律上の性別認定制度におけるトランスジェンダーへの人権侵害（日本にジェンダーセルフID制度を導入することを求める内容）

https://www.hrw.org/ja/report/2019/03/20/327931

トランスジェンダー女性について、すべての公立女子大学への入学を認めるよう求める要請書

https://www.hrw.org/ja/news/2020/10/19/376803

また、アメリカの大富豪ジョージ・ソロスから多額の資金援助をもらっている。

ジョージ・ソロス氏　1億ドル（約85億円）をヒューマン・ライツ・ウォッチに寄付

https://www.hrw.org/ja/news/2010/09/07/240530

WPATH（ダブリューパス）（*https://www.wpath.org*）

世界トランスジェンダーヘルス専門家協会。

ジェンダー医療における世界最大の国際組織であり、最も権威のある団体であった。

世界中の医療機関が、この団体が発行しているStandards Of Care（SOC）というガイドラインを参考にして、自国のジェンダー医療に関するガイドラインを作成している。

2022年に発表された、最新版のガイドラインであるSOC8の内容が物議を醸していたが、2024年3月に内部情報がリークされ、その非科学性と非倫理性が暴露されたこと（WPATH（ダブリューパス）ファイル）、またそのことが同時期にイギリスで発表されたジェンダー肯定医療に関する大規模調査の最終報告書（The Cass Review（キャスレビュー））によって裏付けられたことによって、その権威は失墜している。

WPATHファイル

https://environmentalprogress.org/big-news/wpath-files

ストーンウォール (*https://www.stonewall.org.uk*)

ストーンウォール (Stonewall) は、イギリス最大のLGBT活動家団体。

1989年に設立され、労働党政権下であった1997年頃から行政に対して影響力を持ち始めた。

2001年から多様性チャンピオンズプログラムを開始し、企業や団体をLGBTフレンドリーにする取り組みを積極的に推進していった。企業だけではなく、多くの行政機関や医療機関などがこのプログラムに参加していた。

2015年からはルース・ハント局長のもと、積極的にトランスジェンダーを支援する取り組みを開始した。政府に対してジェンダー・セルフID制度の導入を勧めるとともに、トランスジェンダーの権利に反対する個人に対する攻撃も行った。

その後、元トランス男性による医療訴訟などを経て、保守党政権下のイングランド政府は2021年にストーンウォールからの離脱を表明。いくつもの行政機関が多様性チャンピオンズプログラムから撤退した。

2024年7月の総選挙では労働党が大勝。今後のイングランド政府がストーンウォールとどのような関係を築いていくのかが注目される。

マーメイド (*https://mermaidsuk.org.uk*)

マーメイド (Mermaids) は、イギリスのLGBT活動家団体で、トランスジェンダーの若者を支援することを目的に2015年に設立された。

代表のスージー・グリーンはトランスジェンダー当事者の母親であり、医療機関に対して子供に思春期ブロッカーを使わせるように積極的にロビー活動をしたことで知られている。

トランスジェンダーをテーマにしたテレビドラマ (『バタフライ』) の監修を行うなどの活動をしている。

匿名の若者からの相談にも乗っていたが、2022年にある記者が未成年の少女を装って相談した際に、思春期ブロッカーは安全な薬であると説明したり（当時は既に安全性については不確実だと指摘されていたにも関わらず）、保護者に相談せずにバインダー（胸を押しつぶして平らにする装具）の装着を勧めたりした対応が報道されて問題視され、代表のスージー・グリーンは辞任することとなった。

ヒューマン・ライツ・キャンペーン（*https://www.hrc.org*）

アメリカの大手LGBT活動家団体。

2002年から“Corporate Equality Index”（企業平等指数）の公表を開始。全米の企業各社がLGBT等特定の従業員を排除せず平等に受容しているかを評価。

また、同団体が発行する“Buyer's Guide”で、LGBTフレンドリーな企業がランキング形式で紹介されるようにした。こうした指標は、消費者が購買行動を決定する際や、人材が企業を選択する際の一つの参考指標とされているため、企業としてはこれらを必然的に意識することとなり、LGBT権利運動を推進させた。

日本のLGBT活動家団体 work with Pride が参考にしているのはこの団体と思われる。

GLAAD（*https://glaad.org*）

アメリカの大手LGBT活動家団体。1985年に設立された。

メディアへの働きかけを主に行っており、LGBTQの擁護と文化的変化に焦点を当てている。公正、正確、包括的な表現を確保するために働き、LGBTQの受け入れを促進する国および地域のプログラムを作成。ストーリーテラー、メディアフォース、リソース、提唱者としての役割を果たす。

LGBT法連合会が『LGBTQ報道ガイドライン』を作成してメディアをコントロールしようと考えたのは、GLAADの存在に影響を受けたのだろうと思われる。

アーカス財団 (*https://www.arcusfoundation.org/arcus-culture/*)

アメリカの世界的な医療機器メーカーであるストライカー・コーポレーションが2000年に設立した財団。世界中のLGBT権利運動を支援している。イギリスのストーンウォールなども支援。

また、積極的なロビー活動により、LGBT権利運動を強力に推進したと言われている。

海外の重要人物

リキ・ウィルキンス (Riki Wilchins)

アメリカの超大物トランス活動家。

性別適合手術を受けたトランス女性のレズビアンでフェミニスト。

1995年にアメリカ初のトランスジェンダーの全国組織 GenderPACを設立。憎悪犯罪に関する調査や積極的なロビー活動を行い、2009年のヘイトクライム取締法 (マシュー・シェパード法) 制定に寄与した。多くの政治家や企業、団体と繋がり、多額の寄付を受けた※1。

ジェンダーを「意味を産出するシステム」と定義し、そのシステムにおいては「男が普遍的で所与のものとされ、女は男の定義に当てはまらない残り物とされ男をサポートするだけの存在にされてしまう」と主張。そのような差別の解消のために「男と女という二元的なジェンダーのシステムを解体すべきだ」と主張した※2。男女二元論的ではないジェンダーアイデンティティとして、ジェンダークィアという言葉も生み出した。

このような理屈のもと、アメリカのフェミニスト団体を説得し、1997年にトランス女性をフェミニズムに包括させることに成功した。さらにはインターセックス (DSD) の団体や、BDSMの団体、フリーセックス擁護コミュニティなど、様々な属性の人々と連帯することを成功させ、トランスジェンダーの権利運動を拡大していった。

活動の過程では、ミシガンで開かれていた女性だけの音楽祭を「トランス排除的だ」と抗議し、スポンサー側から圧力をかけるなどして最終的に中止に追い込んだりもしている。

デモやメディア対策、抗議運動、人脈など、様々な手段を用いながらターゲットへプレッシャーをかけ、最終的に様々な運動体を取り込み巨大な政治団体へと成長していく様子が、2017年に刊行された本人による自伝的ノンフィクション『Trans/gressive: How Transgender Activists Took on Gay Rights, Feminism, the Media & Congress... and Won!（どのようにしてトンランスジェンダー活動家はゲイの権利運動、フェミニズム、メディア、議会を仲間にし…そして勝ったか！）』に詳細に書かれている※3。

現在はトランス活動家の重鎮として、ホワイトハウスやCDC（アメリカ疾病予防管理センター）などにも出入りしている。

※1 *https://theoutwordsarchive.org/interview/riki-wilchins/*
※2 *https://repository.kulib.kyoto-u.ac.jp/dspace/bitstream/2433/237335/1/kjs_026_051.pdf*
※3 *https://newbooksnetwork.com/riki-wilchins-transgressive-how-transgender-activists-took-on-gay-rights-feminism-the-media-and-congress-and-won-riverdale-avenue-books-2017*

アメリカ国務省による全世界向けLGBT研修について

未手術トランス女性の代理人を務め、見事、日本に「男性器のある法的女性」を誕生させた南和行弁護士も参加したという、アメリカ国務省が主催するLGBT研修について。

LGBT研修……正確には、IVLP という外国人向け研修プログラムの中にある、LGBT関係の研修のことである。

そもそもIVLP研修とは何か？

国際ビジターリーダーシッププログラム（International Visitor Leadership Program：IVLP）のことで、各プログラムが年に1回アメリカで開催されている。

言語、文化、経済、技術、農業、防衛、人権など様々な分野の多種多様なプログラムが存在し、毎年約5,000人の外国人がIVLPに参加。その中には500人以上の現職または元国家元首または政府首脳を含んでいる。

参加者の累計は2020年時点で22万人を超え、日本からも3800人以上が参加している。

参加は希望制ではなく、アメリカ側から指名されて選ばれる。

日本からは、1962年と2000年に海部俊樹、1980年に細川 護熙、1980年と1981年に菅直人、1988年に鳩山由紀夫といった首相経験者が参加している。

他にも小説家の大江健三郎や村上春樹、小池百合子（東京都知事）、坂東眞理子（昭和女子大学理事長・総長）なども参加。

その原型は1940年にネルソン・ロックフェラー（有名なロックフェラー家の人）が始めた南米との人材交流である。それが発展し、第二次世界大戦後に、ソ連のプロパガンダに対抗するため1948年に制定されたスミス・ムント法（情報教育交流法）のもとで、外国人リーダープログラムとして開始された。

スミス・ムント法の目的である、教育と文化交流を通じて「他の国におけるアメリカのより良い理解を促進し、アメリカの人々と他の国の人々との間の相互理解を高める」ことを達成することを目標とする。つまりは、アメリカ的価値観を世界に広げ、アメリカと他国の関係を強化することを目的とした研修プログラムなのである。

IVLPの目的は、次のように掲げられている。①世界中の専門家（第一人者および若手）と、アメリカのカウンターパートとの間の永続的な関係を育む。 ②外国のオピニオンメーカーが米国社会、文化、政治に関する直接の知識を得る機会を提供する。

研修に参加する際の旅費や宿泊費、現地での生活費は全て米国国務省が負担し、通訳も付く。

2013年、民主党オバマ政権下において、ヒラリー・クリントン国務長官が新しいIVLPのプログラムとしてLGBT研修を始めた。第1回目は2013年8月、2回目は2015年7月に開催された。以下に、開催された時期と、その参加者を分かる範囲で示す。

2013年8月（第1回）

松浦大悟議員、井戸まさえ元議員、松中権（グッド・エイジング・エールズ代表）、小野春（にじいろかぞく代表）

2015年7月（第2回）

テーマ「Grassroots Advocacy for LGBTI Rights（LGBTIの草の根の権利実現）」

村木真紀（虹色ダイバーシティ代表）、南和行弁護士、小品ローマ（＝五十嵐ゆり）（Rainbow Soup代表）、牧園祐也（Love Act Fukuoka代表）、石崎杏理（FRENS代表）

参加者レポート

https://rainbowsoup.net/ivlp-lgbtiprogram-introduction/

https://rainbowsoup.net/jase20160215-ivlp/

※直前の6月にアメリカで最高裁が同性婚を認めないことを違憲と判断し、事実上全国で同性婚が合法化。

※共和党トランプ政権（2017年〜2021年）ではLGBT関係のプログラムは中止。他のプログラムは開催されている。民主党バイデン政権になって2022年から再開。

2022年8月

渕上綾子（北海道議会議員、MtF当事者）

http://fuchigamiayako.jp/archives/6153

2023年9月16日〜10月7日

テーマ「fight for marriage equality（結婚の平等へのたたかい）」

心韻（ろい）（京都レインボープライド代表）

https://sites.google.com/view/queertaikai2024/sessions/17?authuser=0

2024年4月27日〜5月5日

谷合正明議員（公明党）、石川大我議員（立憲民主党）、神谷悠一（LGBT法連合会事務局長）、寺原真希子弁護士（Marriage For All Japan代表理事）、加藤 丈晴（Marriage For All Japan理事）

参加者のFacebook記事

https://www.facebook.com/share/p/ed6N2ZUT7YHFTXF4/?mibextid=WC7FNe

2013年LGBT研修の具体的な内容について、松浦大悟の著書よりいくつか印象的なものを抜粋する。

アメリカの大手LGBT活動家団体ヒューマン・ライツ・キャンペーンの訪問。年間の収益は5,000万ドル（約75億円）あり、選挙でLGBTの権利を支持する候補者に推薦と資金援助を行っている。2012年は100人推薦し、200万ドル（3億円）を選挙に投資して、80〜90％を当選させた。

ヴィクトリー・ファンドという団体はLGBTの候補者に政治献金。2012年には推薦した議員の68%を当選させた。1人の候補者を当選させるために30万ドル（約4500万円）投資する。

ポートランドのQセンターという団体は、地元警察の委員会に所属し、警察と連携している。

アメリカは「感情の政治」に着目する事でLGBT運動を成功させた。感動的な物語をメディアを通して印象付ける事で、「家族の再生」「社会保守」というテーマを前面に出し、保守派を巻き込む形に持っていった。そのような「物語」を積み重ねることが成功につながった。

LGBT研修に参加した松浦大悟は、当時の日記にこのように記していたという。

「（2013年の）いま、あまりにも動かない日本の状況に対し、アメリカ大使館が音頭をとって日本のLGBT関係者を集め鼓舞しています」

その後、アメリカのLGBT運動はトランスジェンダリズムに飲み込まれておかしくなっていった。アメリカで研修した日本の活動家たちもそのままアメリカの動きに追随してしまっている。

ということで、妙に世界中のLGBT活動家が同じような動き方をしていると思っていたら、実はアメリカが全世界からわざわざ自国にLGBT活動家を招いて、やり方を全部レクチャーしていたようだ。2013年には独自の指標に従って企業や団体がLGBTフレンドリーかどうかを評価しランク付けしているヒューマン・ライツ・キャンペーン（HRC）を訪問しており、その参加メンバーに work with Pride 代表の松中権もいたのだが、彼は3年後の2016年にPride指標という独自指標を作り企業団体がLGBTフレンドリーかどうかを認定し始めた。2015年の第2回の研修は、6月にアメリカの最高裁で同性婚ができないことに対して違憲判決が出たことでアメリカ全土での同性婚が実質的に合法化された直後の7月に行われ、そこに弁護士の南和行が参加。「裁判を武器化して障壁をねじ伏せ、突破すること」を学んだとのこと。この南和行弁護士は4年後に、性別適合手術をしていないトランス女性（男性器のあるトランス女性）が特例法の手術要件によって戸籍性別を女性に変更できないことを裁判に訴え、2023年10月に生殖腺要件の違憲判決を勝ち取った（これによりトランス男性（FtM）については完全に未手術での戸籍性別変更が可能となった）。差し戻しとなった外観要件についても2024年7月に「性別適合手術をしていなくても、女性ホルモン投与のみで外観要件を満たす」という決定を勝ち取り、申立人のトランス女性は戸籍性別を女性へ変更することができ、性別適合手術なしでの戸籍性別変更への道を切り拓いた。

このように、完全にアメリカの手法を世界中のLGBT活動家が模倣しており、これこそが全世界にLGBT思想が急速に広がり、ジェンダー・セルフID制度が次々と導入されていった理由なのだろうと思われる。

【参考】
米国国務省
https://exchanges.state.gov/non-us/program/international-visitor-leadership-program-ivlp
在日米国大使館
https://jp.usembassy.gov/ja/celebrating-80-years-of-ivlp-exchanges-ja/
松浦大悟『LGBTの不都合な真実』(秀和システム，2021) pp.176-212.
Empowering People through Policy and IVLP Exchanges
https://www.globaltiesus.org/empowering-people-through-policy-and-ivlp-exchanges/
アメリカのLGBTムーブメントを視察した方たちが見る「日米の違い」
https://gladxx.jp/column/goto/4555.html

LGBT思想を支持しない立場のLGBT権利団体

LGBT理解増進会（*https://lgbtrikai.net/index.html*）

顧問　古屋圭司（衆議院議員）、新藤義孝（衆議院議員）、
稲田朋美（衆議院議員）、橋本岳（衆議院議員）、
石田昌宏（参議院議員）

名誉顧問　宮川典子（元衆議院議員・故人）

代表理事　繁内幸治（前自由民主党 性的指向・性自認に関する特命委員会アドバイザー
兵庫医科大学招聘講師）

理事　今坂洋志　教材・啓発資材担当（ともに拓くLGBTIQの会くまもと・代表）
エディ　全国事務局（レインボープライド愛媛・代表）
佐保美奈子　研究部・調査担当（元大阪府立大学大学院准教授）
木村圭李　（(一社) LGBT新潟・代表理事）
森永貴彦　代表理事代行　東京担当（LGBT総合研究所代表理事）

監事　岡田 健

■設立　2015年12月

LGBT法連合会に対抗して作られた団体。LGBT差別禁止法ではなく、LGBT理解増進法による精神の涵養(かんよう)を目指す。

2023年6月に成立した、LGBT理解増進法（性的指向及びジェンダーアイデンティティの多様性に関する国民の理解の増進に関する法律）の原案を作成したのはこの団体。

LGBアライアンス（*https://lgballiance.org.uk*）

2019年にイギリスで設立された。レズビアン、ゲイの男性、バイセクシュアルによる団体。

ストーンウォールのジェンダーアイデンティティを最も重視する方針について、同性愛嫌悪的であると反対している。生物学的な性別（sex）の重要性を訴えながら、同性愛者やバイセクシャルの人々の支援を行っている。

Gays Against Groomers（*https://www.gaysagainstgroomers.com*）

2022年にアメリカで設立されたゲイやレズビアンなどから構成された団体。

過激な「LGBTQIA +」活動を装って子供の性化（グルーミング）、教化、家族からの切り離しが行われていると主張し、それに反対している。

子供を対象とした「ファミリーフレンドリーな」ドラァグショーを禁止し、児童虐待や家族からの切り離しを防ぐ法案を求めてロビー活動を行っている。教育委員会の会議でスピーチしたり、集会や抗議を組織して、コミュニティ内から発言し、ジェンダー運動の現状を明確に非難する政治家を支持している。それにより多くの州で法案を成立させてきた。

性的少数者の名の下で行われている子供たちに対する戦争を終わらせ、ジェンダーイデオロギーに染まってしまう前のありし日の性的少数者のコミュニティの姿を取り戻すことが目標。

ジェンダーイデオロギーに明確に反対し、物質的現実よりもいわゆる「ジェンダーアイデンティティ」を優先することには同意しないと主張している。

LGBT差別禁止法の詳細

1. どのような法律か？

LGBT法連合会　公式ホームページ

LGBT差別禁止法とはLGBTに対する差別を禁止する法律である。LGBT平等法と呼ばれることもある。

大手LGBT活動家団体であるLGBT法連合会の公式ホームページのトップには「日本でも先進国と同等のLGBT差別禁止法を」と掲げられており(1)、その制定が至上命題となっている。また企業がLGBTフレンドリーかどうかを判定して格付けを行う大手LGBT活動家団体work with Prideもこの法律の制定を目指しており、最上位の認定であるレインボー認定を受けるための条件の一つとして「LGBT平等法への賛成」が設定されている(2)。

海外にはLGBTに特化した差別禁止法は存在しないが、カナダやEU、アメリカの一部の州においては、職業や人種を含むあらゆる差別を禁止する包括的差別禁止法が存在し、その一つとして、性別や性的指向に対する差別が禁止されている。法文の中で性自認（ジェンダーアイデンティティ）に対する差別が明確に禁止されていることもあれば、「性別＝性自認」と解釈するパターンもある。

なおイギリスにおいては大手LGBT活動家団体ストーンウォールなどの影響もあり、平等法という法律がその根拠として主張されてきていたが、国内でのトラブル多発を受け、近年イギリス議会では「平等法で保護されるのはsex（肉体の性別）である。そこにgender（社会的性別）や性自認（ジェンダーアイデンティティ）は含まれていない」という意見が議員から述べられ、2023年に元英国首相リズ・トラスにより議会に提出された平等法の改正案の中には、それを明確にする項目が設けられた。

日本においては、2015年からLGBT法連合会を中心に議員立法として法案の作成が開始され、2016年に『性的指向又は性自認を理由とする差別の解消等の推進に関する法律案』として民進党、無所属クラブ、日本共産党、生活の党と山本太郎となかまたち、社会民主党・市民連合により国会に提出された(3)。法案提出者は西村智奈美(現:立憲民主党ジェンダー平等本部顧問)、山尾志桜里(現：一般社団法人国際人道プラットフォーム代表理事)、細野豪志(現：自由民主党)、井出庸生(現：自由民主党)、池内さおり(日本共産党)、玉城デニー(現：沖縄県知事)、吉川元(現：立憲民主党)である。賛同者として泉健太、枝野幸男、菅直人、辻元清美、野田佳彦、前原誠司、志位和夫、小沢一郎などがいる。

人権委員会の設置や、支援団体との協力の明記、違反者への罰則(団体名の公表)があるなどを特徴とする。

2. 実際の法案

2016年に第190回国会で提出された実際の法案は以下の通りである(4)。

第一九〇回
衆第五七号

性的指向又は性自認を理由とする差別の解消等の推進に関する法律案

目次

第一章　総則(第一条－第五条)
第二章　性的指向又は性自認を理由とする差別の解消等の推進に関する基本方針等(第六条－第八条)
第三章　性的指向又は性自認を理由とする差別の解消等のための措置
第一節　行政機関等及び事業者における性的指向又は性自認を理由

第一章　総則

（目的）

第一条　この法律は、全ての国民が、その性的指向又は性自認にかかわらず、等しく基本的人権を享有するかけがえのない個人として尊重されるものであるとの理念にのっとり、性的指向又は性自認を理由とする差別の解消等の推進に関する基本的な事項、行政機関等及び事業者における性的指向又は性自認を理由とする差別の解消等のための措置等を定めることにより、性的指向又は性自認を理由とする差別の解消等を推進し、もって全ての国民が、相互に人格と個性を尊重し合いながら共生する豊かで活力ある社会の実現に資することを目的とする。

（定義）

第二条　この法律において、次の各号に掲げる用語の意義は、それぞれ当該各号に定めるところによる。

一　性的指向　恋愛感情又は性的感情の対象となる性別についての指向をいう。

二　性自認　自己の性別についての認識をいう。

三　社会的障壁　日常生活又は社会生活を営む上で障壁となるような社会における事物、制度、慣行、観念その他一切のものをいう。

四　行政機関等　国の行政機関、独立行政法人等、地方公共団体（地方公営企業法（昭和二十七年法律第二百九十二号）第三章の規定の適用を受ける地方公共団体の経営する企業を除く。第八号、第十二条及び附則第六条第一項において同じ。）及び地方独立行政法人をいう。

五　国の行政機関　次に掲げる機関をいう。

イ　法律の規定に基づき内閣に置かれる機関（内閣府を除く。）及び内閣の所轄の下に置かれる機関

ロ　内閣府、宮内庁並びに内閣府設置法（平成十一年法律第八十九号）第四十九条第一項及び第二項に規定する機関（これらの機関のうちニの政令で定める機関が置かれる機関にあっては、当該政令で定める機関を除く。）

ハ　国家行政組織法（昭和二十三年法律第百二十号）第三条第二項に規定する機関（ホの政令で定める機関が置かれる機関にあっては、当該政令で定める機関を除く。）

ニ　内閣府設置法第三十九条及び第五十五条並びに宮内庁法（昭和二十二年法律第七十号）第十六条第二項の機関並びに内閣府設置法第四十条及び第五十六条（宮内庁法第十八条第一項において準用する場合を含む。）の特別の機関で、政令で定めるもの

ホ　国家行政組織法第八条の二の施設等機関及び同法第八条の三の特別の機関で、政令で定めるもの

ヘ　会計検査院

六　独立行政法人等　次に掲げる法人をいう。

イ　独立行政法人（独立行政法人通則法（平成十一年法律第百三号）第二条第一項に規定する独立行政法人をいう。ロにおいて同じ。）

ロ　法律により直接に設立された法人、特別の法律により特別の設立行為をもって設立された法人（独立行政法人を除く。）又は特別

の法律により設立され、かつ、その設立に関し行政庁の認可を要する法人のうち、政令で定めるもの

七　地方独立行政法人　地方独立行政法人法（平成十五年法律第百十八号）第二条第一項に規定する地方独立行政法人（同法第二十一条第三号に掲げる業務を行うものを除く。）をいう。

八　事業者　商業その他の事業を行う者（国、独立行政法人等、地方公共団体及び地方独立行政法人を除く。）をいう。

九　学校　学校教育法（昭和二十二年法律第二十六号）第一条に規定する学校、同法第百二十四条に規定する専修学校及び同法第百三十四条第一項に規定する各種学校をいう。

十　認定こども園　就学前の子どもに関する教育、保育等の総合的な提供の推進に関する法律（平成十八年法律第七十七号）第二条第六項に規定する認定こども園をいう。

十一　保育所　児童福祉法（昭和二十二年法律第百六十四号）第三十九条第一項に規定する保育所をいう。

（国及び地方公共団体の責務）

第三条　国及び地方公共団体は、この法律の趣旨にのっとり、性的指向又は性自認を理由とする差別の解消等の推進に関して必要な施策を策定し、及びこれを実施しなければならない。

（国民の責務）

第四条　国民は、第一条に規定する社会を実現する上で性的指向又は性自認を理由とする差別の解消等が重要であることに鑑み、性的指向又は性自認を理由とする差別の解消等の推進に寄与するよう努めなければならない。

（社会的障壁の除去の実施についての必要かつ合理的な配慮に関する環境の整備）

第五条　行政機関等及び事業者は、性的指向又は性自認に係る社会的障壁の除去の実施についての必要かつ合理的な配慮を的確に行うため、

自ら設置する施設の構造の改善及び設備の整備、関係職員に対する研修その他の必要な環境の整備に努めなければならない。

第二章　性的指向又は性自認を理由とする差別の解消等の推進に関する基本方針等

（基本方針）

第六条　政府は、性的指向又は性自認を理由とする差別の解消等の推進に関する施策を総合的かつ一体的に実施するため、性的指向又は性自認を理由とする差別の解消等の推進に関する基本方針（以下「基本方針」という。）を定めなければならない。

２　基本方針は、次に掲げる事項について定めるものとする。

一　性的指向又は性自認を理由とする差別の解消等の推進に関する施策に関する基本的な方向

二　行政機関等が講ずべき性的指向又は性自認を理由とする差別の解消等のための措置に関する基本的な事項

三　事業者が講ずべき性的指向又は性自認を理由とする差別の解消等のための措置に関する基本的な事項

四　労働者を使用する者（以下「使用者」という。）が講ずべき性的指向又は性自認を理由とする差別の解消等のための措置に関する基本的な事項

五　学校、認定こども園又は保育所の長（以下「学校長等」という。）が講ずべき性的指向又は性自認を理由とする差別の解消等のための措置に関する基本的な事項

六　その他性的指向又は性自認を理由とする差別の解消等の推進に関する施策に関する重要事項

３　内閣総理大臣は、基本方針の案を作成し、閣議の決定を求めなければならない。

４　内閣総理大臣は、基本方針の案を作成しようとするときは、あらか

じめ、性的指向又は性自認を理由とする差別等を受けた者、その者に対する支援を行う団体（以下「支援団体」という。）その他の関係者の意見を反映させるために必要な措置を講ずるとともに、性的指向・性自認審議会の意見を聴かなければならない。

5　内閣総理大臣は、第三項の規定による閣議の決定があったときは、遅滞なく、基本方針を公表しなければならない。

6　前三項の規定は、基本方針の変更について準用する。

（都道府県基本計画）

第七条　都道府県は、基本方針に即して、当該都道府県における性的指向又は性自認を理由とする差別の解消等の推進のための施策に関する基本的な計画（以下「都道府県基本計画」という。）を定めなければならない。

2　都道府県基本計画においては、次に掲げる事項を定めるものとする。

一　当該都道府県における性的指向又は性自認を理由とする差別の解消等の推進に関する施策についての基本的な方針

二　当該都道府県が講ずべき性的指向又は性自認を理由とする差別の解消等のための措置に関する事項

三　その他当該都道府県における性的指向又は性自認を理由とする差別の解消等の推進に関する施策に関する重要事項

3　都道府県は、都道府県基本計画を定め、又は変更したときは、遅滞なく、これを公表しなければならない。

（市町村基本計画）

第八条　市町村（特別区を含む。以下同じ。）は、基本方針に即し、かつ、都道府県基本計画を勘案して、当該市町村における性的指向又は性自認を理由とする差別の解消等の推進のための施策に関する基本的な計画（以下「市町村基本計画」という。）を定めなければならない。

2　市町村基本計画においては、次に掲げる事項を定めるものとする。

一　当該市町村における性的指向又は性自認を理由とする差別の解消

等の推進に関する施策についての基本的な方針
二　当該市町村が講ずべき性的指向又は性自認を理由とする差別の解消等のための措置に関する事項
三　その他当該市町村における性的指向又は性自認を理由とする差別の解消等の推進に関する施策に関する重要事項
3　市町村は、市町村基本計画を定め、又は変更したときは、遅滞なく、これを公表しなければならない。

第三章　性的指向又は性自認を理由とする差別の解消等のための措置

第一節　行政機関等及び事業者における性的指向又は性自認を理由とする差別の解消等のための措置

（行政機関等における性的指向又は性自認を理由とする差別の禁止）
第九条　行政機関等は、その事務又は事業を行うに当たり、性的指向又は性自認を理由として、不当な差別的取扱いをしてはならない。
2　行政機関等は、その事務又は事業を行うに当たり、現に性的指向又は性自認に係る社会的障壁の除去が必要である旨の申出があった場合において、その実施に伴う負担が過重でないときは、個人の権利利益を侵害することとならないよう、性的指向又は性自認に係る社会的障壁の除去の実施について必要かつ合理的な配慮をしなければならない。
（事業者における性的指向又は性自認を理由とする差別の禁止）
第十条　事業者は、その事業を行うに当たり、性的指向又は性自認を理由として、不当な差別的取扱いをしてはならない。
2　事業者は、その事業を行うに当たり、現に性的指向又は性自認に係る社会的障壁の除去が必要である旨の申出があった場合において、その実施に伴う負担が過重でないときは、個人の権利利益を侵害することとならないよう、性的指向又は性自認に係る社会的障壁の除去の実施について必要かつ合理的な配慮をするように努めなければならない。

（国等職員対応要領）

第十一条　国の行政機関の長及び独立行政法人等は、基本方針に即して、第九条に規定する事項に関し、当該国の行政機関及び独立行政法人等の職員が適切に対応するために必要な要領（以下この条及び附則第五条において「国等職員対応要領」という。）を定めるものとする。

２　国の行政機関の長及び独立行政法人等は、国等職員対応要領を定めようとするときは、あらかじめ、性的指向又は性自認を理由とする差別等を受けた者、支援団体その他の関係者の意見を反映させるために必要な措置を講じなければならない。

３　国の行政機関の長及び独立行政法人等は、国等職員対応要領を定めたときは、遅滞なく、これを公表しなければならない。

４　前二項の規定は、国等職員対応要領の変更について準用する。

（地方公共団体等職員対応要領）

第十二条　地方公共団体の機関及び地方独立行政法人は、都道府県の機関にあっては都道府県基本計画、市町村の機関にあっては市町村基本計画、地方独立行政法人にあっては基本方針に即して、第九条に規定する事項に関し、当該地方公共団体の機関及び地方独立行政法人の職員が適切に対応するために必要な要領（以下この条及び附則第六条において「地方公共団体等職員対応要領」という。）を定めるものとする。

２　前条第二項及び第三項の規定は、地方公共団体等職員対応要領の策定について準用する。

３　国は、地方公共団体の機関及び地方独立行政法人による地方公共団体等職員対応要領の作成に協力しなければならない。

４　前二項の規定は、地方公共団体等職員対応要領の変更について準用する。

（事業者のための対応指針）

第十三条　主務大臣は、基本方針に即して、第十条に規定する事項に関し、事業者が適切に対応するために必要な指針（以下「事業者対応指針」という。）を定めるものとする。

２　第十一条第二項から第四項までの規定は、事業者対応指針について準用する。

第二節　雇用の分野における性的指向又は性自認を理由とする差別の解消等のための措置

（雇用の分野における性的指向又は性自認を理由とする差別の禁止）

第十四条　使用者は、労働者の募集及び採用について、その性的指向又は性自認にかかわりなく均等な機会を与えなければならない。

第十五条　使用者は、次に掲げる事項について、労働者の性的指向又は性自認を理由として、差別的取扱いをしてはならない。

一　労働者の配置（業務の配分及び権限の付与を含む。）、昇進、降格及び教育訓練

二　住宅資金の貸付けその他これに準ずる福利厚生の措置であって主務省令で定めるもの

三　労働者の職種及び雇用形態の変更

四　退職の勧奨、定年及び解雇並びに労働契約の更新

第十六条　使用者は、現に職場における性的指向又は性自認に係る社会的障壁の除去が必要である旨の申出があった場合において、その実施に伴う負担が過重でないときは、労働者の権利利益を侵害することとならないよう、職場における性的指向又は性自認に係る社会的障壁の除去の実施について必要かつ合理的な配慮をするように努めなければならない。

（雇用の分野における性的指向又は性自認を理由とする差別の禁止に関する指針）

第十七条　主務大臣は、基本方針に即して、前三条に規定する事項に関し、使用者が適切に対応するために必要な指針（以下「使用者対応指針」という。）を定めるものとする。

２　第十一条第二項から第四項までの規定は、使用者対応指針について

準用する。

（職場における性的指向又は性自認に係る言動に起因する問題に関する雇用管理上の措置）

第十八条　使用者は、職場において行われる性的指向若しくは性自認に係る言動に対するその雇用する労働者の対応により当該労働者がその労働条件につき不利益を受け、又は当該性的指向若しくは性自認に係る言動により当該労働者の就業環境が害されることのないよう、当該労働者からの相談に応じ、適切に対応するために必要な体制の整備その他の雇用管理上必要な措置を講じなければならない。

２　主務大臣は、基本方針に即して、前項の規定に基づき使用者が講ずべき措置に関し、その適切かつ有効な実施を図るために必要な指針（以下「使用者実施指針」という。）を定めるものとする。

３　第十一条第二項から第四項までの規定は、使用者実施指針について準用する。

第三節　学校等における性的指向又は性自認を理由とする差別の解消等のための措置

第十九条　学校長等は、教職員、児童、生徒、学生その他の関係者に対する性的指向又は性自認に関する理解を深めるための研修の実施及び普及啓発、性的指向又は性自認に関する相談に係る体制の整備その他の性的指向又は性自認を理由とする差別を解消し、及び性的指向又は性自認に係る言動により修学等の環境が害されることのないようにするために必要な措置を講じなければならない。

２　主務大臣は、基本方針に即して、前項の規定に基づき学校長等が講ずべき措置に関し、その適切かつ有効な実施を図るために必要な指針（以下「学校長等実施指針」という。）を定めるものとする。

３　第十一条第二項から第四項までの規定は、学校長等実施指針について準用する。

第四章　性的指向又は性自認を理由とする差別の解消等のための支援措置

（相談及び支援並びに紛争の防止又は解決のための体制の整備）

第二十条　国及び地方公共団体は、性的指向又は性自認を理由とする差別等に関する相談に的確に応じ、及び支援団体による支援に係る情報の提供その他の必要な支援を行い、並びに性的指向又は性自認を理由とする差別等に関する紛争の防止又は解決を図ることができるよう、必要な体制の整備を図るものとする。

（啓発活動）

第二十一条　国及び地方公共団体は、性的指向又は性自認を理由とする差別の解消等について国民の関心と理解を深めるとともに、特に、性的指向又は性自認を理由とする差別の解消等を妨げている諸要因の解消を図るため、必要な啓発活動を行うものとする。

（情報の収集、整理及び提供）

第二十二条　国は、性的指向又は性自認を理由とする差別の解消等のための取組に資するよう、国内外における性的指向又は性自認を理由とする差別の解消等のための取組に関する情報の収集、整理及び提供を行うものとする。

（性的指向・性自認差別解消等支援地域協議会）

第二十三条　国及び地方公共団体の機関であって、性的指向又は性自認を理由とする差別の解消等に関連する分野の事務に従事するもの（以下この項及び次条第二項において「関係機関」という。）は、当該地方公共団体の区域において関係機関が行う性的指向又は性自認を理由とする差別等に関する相談及び当該相談に係る事例を踏まえた性的指向又は性自認を理由とする差別の解消等のための取組を効果的かつ円滑に行うため、関係機関により構成される性的指向・性自認差別解消等支援地域協議会（以下「協議会」という。）を組織することができる。

２　前項の規定により協議会を組織する国及び地方公共団体の機関は、

必要があると認めるときは、協議会に次に掲げる者を構成員として加えることができる。

一　支援団体その他の団体

二　学識経験者

三　その他当該国及び地方公共団体の機関が必要と認める者

（協議会の事務等）

第二十四条　協議会は、前条第一項の目的を達するため、必要な情報を交換するとともに、性的指向又は性自認を理由とする差別等を受けた者からの相談及び当該相談に係る事例を踏まえた性的指向又は性自認を理由とする差別の解消等のための取組に関する協議を行うものとする。

２　関係機関及び前条第二項の構成員（次項において「構成機関等」という。）は、前項の協議の結果に基づき、当該相談に係る事例を踏まえた性的指向又は性自認を理由とする差別の解消等のための取組を行うものとする。

３　協議会は、第一項に規定する情報の交換及び協議を行うため必要があると認めるとき又は構成機関等が行う相談及び当該相談に係る事例を踏まえた性的指向又は性自認を理由とする差別の解消等のための取組に関し他の構成機関等から要請があった場合において必要があると認めるときは、構成機関等に対し、相談を行った性的指向又は性自認を理由とする差別等を受けた者及び差別等に係る事案に関する情報の提供、意見の表明その他の必要な協力を求めることができる。

４　協議会の庶務は、協議会を構成する地方公共団体において処理する。

５　協議会が組織されたときは、当該地方公共団体は、内閣府令で定めるところにより、その旨を公表しなければならない。

（秘密保持義務）

第二十五条　協議会の事務に従事する者又は協議会の事務に従事していた者は、正当な理由なく、協議会の事務に関して知り得た秘密を漏らしてはならない。

（協議会の定める事項）

第二十六条　前三条に定めるもののほか、協議会の組織及び運営に関し必要な事項は、協議会が定める。

第五章　性的指向・性自認審議会

（性的指向・性自認審議会の設置）

第二十七条　内閣府に、性的指向・性自認審議会を置く。

２　性的指向・性自認審議会は、次に掲げる事務をつかさどる。

一　基本方針に関し、第六条第四項（同条第六項において準用する場合を含む。）に規定する事項を処理すること。

二　前号に規定する事項に関し、調査審議し、必要があると認めるときは、内閣総理大臣又は関係各大臣に対し、意見を述べること。

（性的指向・性自認審議会の組織及び運営）

第二十八条　性的指向・性自認審議会は、委員三十人以内で組織する。

２　性的指向・性自認審議会の委員は、性的指向又は性自認を理由とする差別等を受けた者、その者に対する支援に従事する者及び学識経験者のうちから、内閣総理大臣が任命する。この場合において、委員の構成については、性的指向・性自認審議会が様々な性的指向又は性自認を理由とする差別等を受けた者の意見を聴きその者の実情を踏まえた調査審議を行うことができることとなるよう、配慮されなければならない。

３　性的指向・性自認審議会の委員は、非常勤とする。

第二十九条　性的指向・性自認審議会は、その所掌事務を遂行するため必要があると認めるときは、関係行政機関の長に対し、資料の提出、意見の表明、説明その他必要な協力を求めることができる。

２　性的指向・性自認審議会は、その所掌事務を遂行するため特に必要があると認めるときは、前項に規定する者以外の者に対しても、必要な協力を依頼することができる。

第三十条　前二条に定めるもののほか、性的指向・性自認審議会の組織及び運営に関し必要な事項は、政令で定める。

第六章　雑則

（報告の徴収並びに助言、指導及び勧告）

第三十一条　主務大臣は、第十条、第十四条から第十六条まで、第十八条第一項及び第十九条第一項の規定の施行に関し、特に必要があると認めるときは、事業者対応指針、使用者対応指針、使用者実施指針及び学校長等実施指針に定める事項について、当該事業者、使用者又は学校長等に対し、報告を求め、又は助言、指導若しくは勧告をすることができる。

（公表）

第三十二条　主務大臣は、第十条第一項、第十四条、第十五条、第十八条第一項及び第十九条第一項の規定に違反している事業者、使用者又は学校長等に対し、前条の規定による勧告をした場合において、その勧告を受けた者がこれに従わなかったときは、その旨を公表することができる。

（主務大臣）

第三十三条　この法律における主務大臣は、次の各号に掲げる事項の区分に応じ、それぞれ当該各号に定める大臣又は委員会とする。

一　事業者対応指針及び前条の規定による公表（第十条第一項に係るものに限る。）に関する事項　事業者対応指針の対象となる事業者及び公表に係る事業者の事業を所管する大臣又は国家公安委員会

二　使用者対応指針及び使用者実施指針並びに前条の規定による公表（第十四条、第十五条及び第十八条第一項に係るものに限る。）に関する事項　厚生労働大臣（船員に関するものについては、国土交通大臣）

三　学校長等実施指針及び前条の規定による公表に関する事項（学校に係るものに限る。）　文部科学大臣

四　学校長等実施指針及び前条の規定による公表に関する事項（認定こども園に係るものに限る。）　内閣総理大臣、文部科学大臣及び厚生労働大臣

五　学校長等実施指針及び前条の規定による公表に関する事項（保育所に係るものに限る。）　厚生労働大臣

２　この法律における主務省令は、主務大臣の発する命令とする。

（地方公共団体が処理する事務）

第三十四条　第三十一条に規定する主務大臣の権限に属する事務は、政令で定めるところにより、地方公共団体の長その他の執行機関が行うこととすることができる。

（権限の委任）

第三十五条　この法律の規定により主務大臣の権限に属する事項（第三十二条の規定により主務大臣の権限に属する事項を除く。）は、政令で定めるところにより、その所属の職員に委任することができる。

（政令への委任）

第三十六条　この法律に定めるもののほか、この法律の実施のため必要な事項は、政令で定める。

（適用除外）

第三十七条　第十四条から第十七条までの規定は、国家公務員及び地方公務員に、第十八条の規定は、一般職の国家公務員（行政執行法人の労働関係に関する法律（昭和二十三年法律第二百五十七号）第二条第二号の職員を除く。）、裁判所職員臨時措置法（昭和二十六年法律第二百九十九号）の適用を受ける裁判所職員、国会職員法（昭和二十二年法律第八十五号）の適用を受ける国会職員及び自衛隊法（昭和二十九年法律第百六十五号）第二条第五項に規定する隊員に関しては適用しない。

第七章　罰則

第三十八条　第二十五条の規定に違反した者は、一年以下の懲役又は

五十万円以下の罰金に処する。

第三十九条　第三十一条の規定による報告をせず、又は虚偽の報告をした者は、二十万円以下の過料に処する。

附　則

（施行期日）

第一条　この法律は、公布の日から起算して一年六月を経過した日から施行する。ただし、第四章、第五章及び第三十八条の規定並びに次条から附則第八条まで及び附則第十条から第十二条までの規定は、公布の日から起算して一月を経過した日から施行する。

（基本方針に関する経過措置）

第二条　政府は、この法律の施行前においても、第六条の規定の例により、基本方針を定めることができる。この場合において、内閣総理大臣は、この法律の施行前においても、同条の規定の例により、これを公表することができる。

２　前項の規定により定められた基本方針は、この法律の施行の日において第六条の規定により定められたものとみなす。

（都道府県基本計画に関する経過措置）

第三条　都道府県は、この法律の施行前においても、第七条の規定の例により、都道府県基本計画を定め、これを公表することができる。

２　前項の規定により定められた都道府県基本計画は、この法律の施行の日において第七条の規定により定められたものとみなす。

（市町村基本計画に関する経過措置）

第四条　市町村は、この法律の施行前においても、第八条の規定の例により、市町村基本計画を定め、これを公表することができる。

２　前項の規定により定められた市町村基本計画は、この法律の施行の日において第八条の規定により定められたものとみなす。

（国等職員対応要領に関する経過措置）

第五条　国の行政機関の長及び独立行政法人等は、この法律の施行前においても、第十一条の規定の例により、国等職員対応要領を定め、これを公表することができる。

２　前項の規定により定められた国等職員対応要領は、この法律の施行の日において第十一条の規定により定められたものとみなす。

（地方公共団体等職員対応要領に関する経過措置）

第六条　地方公共団体の機関及び地方独立行政法人は、この法律の施行前においても、第十二条の規定の例により、地方公共団体等職員対応要領を定め、これを公表することができる。

２　前項の規定により定められた地方公共団体等職員対応要領は、この法律の施行の日において第十二条の規定により定められたものとみなす。

（事業者対応指針等に関する経過措置）

第七条　主務大臣は、この法律の施行前においても、第十三条及び第十七条から第十九条までの規定の例により、事業者対応指針、使用者対応指針、使用者実施指針及び学校長等実施指針を定め、これらを公表することができる。

２　前項の規定により定められた事業者対応指針、使用者対応指針、使用者実施指針及び学校長等実施指針は、この法律の施行の日においてそれぞれ第十三条及び第十七条から第十九条までの規定により定められたものとみなす。

（政令への委任）

第八条　この附則に規定するもののほか、この法律の施行に関し必要な経過措置は、政令で定める。

（検討）

第九条　政府は、この法律の施行後三年を目途として、第十条第二項及び第十六条に規定する社会的障壁の除去の実施についての必要かつ合理的な配慮の在り方その他この法律の施行の状況並びに職場及び学校等以外の場における性的指向又は性自認に係る言動に起因する問題に対処するための措置の在り方について検討を加え、必要があると認めるときは、その結果に応じて所要の見直しを行うものとする。

2　政府は、この法律の施行後、性別が同じである両当事者の間において配偶者に準ずる地位を認める制度等について検討を加え、その結果に基づいて所要の措置を講ずるものとする。

（内閣府設置法の一部改正）

第十条　内閣府設置法の一部を次のように改正する。

第四条第三項第四十六号の三の次に次の一号を加える。

四十六の四　性的指向又は性自認を理由とする差別の解消等の推進に関する基本方針（性的指向又は性自認を理由とする差別の解消等の推進に関する法律（平成二十八年法律第▼▼▼号）第六条第一項に規定するものをいう。）の作成及び推進に関すること。

第三十七条第三項の表成年後見制度利用促進委員会の項の次に次のように加える。

性的指向・性自認審議会	性的指向又は性自認を理由とする差別の解消等の推進に関する法律

（アルコール健康障害対策基本法の一部改正）

第十一条　アルコール健康障害対策基本法（平成二十五年法律第百九号）の一部を次のように改正する。

附則第六条のうち内閣府設置法第四条第三項第四十六号の二を削る改正規定中「削る」を「削り、同項第四十六号の三を同項第四十六号の二とする」に改める。

（成年後見制度の利用の促進に関する法律の一部改正）

第十二条　成年後見制度の利用の促進に関する法律（平成二十八年法律第二十九号）の一部を次のように改正する。

附則第五条のうち内閣府設置法第四条第三項第四十六号の三を削る改正規定中「削る」を「削り、同項第四十六号の四を同項第四十六号の三とする」に改める。

附則第六条中「第四条第三項第四十六号の三を削る」を「第四条第三項の」に改め、「第四条第三項第四十六号の二」と」の下に「、「同項第四十六号の四」とあるのは「同項第四十六号の三」と、「同項第四十六号の三」とあるのは「同項第四十六号の二」と」を加え、「第四条第三項第四十六号の二を削る改正規定中「削る」を「第四条第三項の改正規定中「とする」に、「削り、同項第四十六号の三を同項第四十六号の二」を「とし、同項第四十六号の四を同項第四十六号の三」に改める。

理　由

全ての国民が相互に人格と個性を尊重し合いながら共生する豊かで活力ある社会の実現に資するため、性的指向又は性自認を理由とする差別の解消等の推進に関する基本的な事項、行政機関等及び事業者における性的指向又は性自認を理由とする差別の解消等のための措置等を定める必要がある。これが、この法律案を提出する理由である。

3. 差別禁止法の問題点

上記の『性的指向又は性自認を理由とする差別の解消等の推進に関する法律案』を通して、差別禁止法の問題点について考える。

まずはっきりと言えるのは、差別の内容が明確に定義されていないという問題だ。これでは「本人が差別と感じることは全て差別」として、無制限の要求に繋がりかねない。次項で詳しく述べるが、欧米では既にそのようになってしまっている。

次に第十一条において、行政機関や独立行政法人のガイドラインを定める際に、「性的指向又は性自認を理由とする差別等を受けた者、支援団体その他の関係者の意見を反映させる」として、ガイドラインに支援団体、すなわちLGBT法連合会をはじめとした活動家団体の意見を取り入れることが義務付けられてしまっている。

イギリスにおいては、行政機関や学校にストーンウォール（Stonewall）やマーメイド（Mermaids）などのLGBT活動家団体が入り込むことで、女性専用スペースが消失または有名無実化するなどの女性への人権侵害や、子供たちへの大規模な医療過誤を招いた。同じ轍を踏むことは必至だろう。

また第二十三条では性的指向・性自認差別解消等支援地域協議会の設置、第二十七条では内閣府に性的指向・性自認審議会を設置することが定められている。

協議会は地域での差別の申し立てに対応することを目的としたもので、そこに「支援団体その他の団体」を構成員として加えることができると明記されている。そして協議会は「構成機関等（差別に関係した企業や団体などと考えられる）に対し、相談者や差別の事案に関する情報の提供、意見の表明その他の必要な協力を求めることができる」とされている。

審議会の方は30名以内の委員で組織され、その内訳は差別を受けた当事者、その支援者や学識経験者から構成される。審議会から大臣に報告が行われ、それに基づいて大臣は「当該事業者、使用者又は学校長等に対し、報告を求め、又は助言、指導若しくは勧告をすることができる」とされる。そして「その勧告を受けた者が従わなかったときは、その旨を公表することができる」と定められている。

つまり曖昧な定義のもと、LGBT活動家団体などの民間人に組織された協議会や審議会によって「差別だ」と認定されてしまえば、最悪差別者として会社名や団体名が公表されてしまうのだ。また、この法律を根拠として民事訴訟が起こされる可能性も十分に考えられるだろう。

運用次第では、一方的かつ理不尽な要求に利用されかねない懸念がある法律である。

4. 差別禁止法が存在する国での事例

差別禁止法がある国ではどのような運用が行われているのか、実際の例を紹介したい。

(1) 女性専用サロンで男性器の脱毛を求めて断られたトランス女性がサロンを差別禁止法違反で訴え賠償金35,000ドル（約560万円）を勝ち取ったカナダの事例(5)

2018年、女性専用サロンに電話をして男性器の脱毛を求めたトランス女性が、サロンの経営者から施術を断られたことについて、オンタリオ州人権裁判所に苦情を申し立てた。6年間にわたる裁判の末、裁判所はサロンが申立人を差別しており、ミスジェンダリング（本人の自認している性別とは異なる扱いをすること）しているとして、35,000ドル（約560万円）の賠償金を支払うことを命じた。サロン側は、サロンの従業員は男性との身体的接触を控えた敬虔なイスラム教徒の女性でありそのような処置は行えないことを説明し、この判決について控訴する方針としている。

カナダでは同時期の2018年から2019年にかけて、ジェシカ・シンプソン（Jessica Simpson）またの名をジェシカ・ヤニフ（Jessica Yaniv）というトランス女性の活動家が10件以上のサロンに対して同様の訴訟を起こしている(6)。ジェシカ・ヤニフは自分の男性器を脱毛することを断った女性専用サロンにそれぞれ15,000ドル（240万円）の賠償金を求めて裁判を起こした。それらは棄却されたものの、この裁判の影響により2ヶ所のサロンが廃業を余儀なくされた。

ジェシカ・ヤニフ（Jessica Yaniv）

(2) トランス女性が重量挙げ大会の女子部門に参加できないのは差別であると訴えたアメリカ・ミネソタ州の事例(7)(8)

2019年、アメリカ・ミネソタ州のトランス女性、ジェイシー・クーパー（JayCee Cooper）が米国パワーリフティング連盟（USAPL）が主催する大会の女子部門へ出場を断られたとしてミネソタ州人権局に告発した。

人権局からの働きかけを受け、USAPLは改めてトランス女性の女子部門への参加を禁止するポリシーを発表し、代わりに性別に関係なく参加可能な「mx」カテゴリーを新設した。しかしクーパーはこの対応に納得せず、2021年1月にミネソタ州の地方裁判所で方針の撤回を求めて裁判を起こした。2021年11月にUSAPLはトランス差別的な方針を掲げているという理由で国際パワーリフティング連盟（IPF）から追放。2023年2月、ミネソタ州地方裁判所はクーパーの訴えを認め、USAPLに対して直ちに差別的な方針を撤回するよう求めたが、USAPLは裁判所の命令に従う代わりにミネソタ州での事業をやめ、拠点をウィスコンシン州に移転することで対応した。その後、2024年3月に控訴裁判所は裁判の差し戻しを判断。裁判は地方裁判所での審議継続となり、USAPLは再びミネソタ州で事業を再開することが可能となった。

トランス女性のジェイシー・クーパー（JayCee Cooper）/MPR news

(3) 男性器のあるトランス女性が女湯を利用できないのは差別であると裁判所が判断したアメリカ・ワシントン州の事例 (9) (10) (11)

アメリカ・ワシントン州の女性専用韓国風スパであるオリンパス・スパ（Olympus spa）は女性が裸になって大きな湯船を利用する日本の女湯と同様のシステムを採用しており、そのため利用対象者を生物学的女性と性別適合手術を受けたトランス女性に限定していた。

2020年、性別適合手術を受けていないトランス女性ヘブン・ウィルヴィッチ（Haven Wilvich）は、オリンパス・スパの利用を希望したが断られ、それを差別としてワシントン州人

ヘブン・ウィルヴィッチ（Haven Wilvich）/Lynnwood Times

権委員会に苦情を申し立て、人権委員会はオリンパス・スパに対して差別的な方針（利用対象者を生物学的女性と性別適合手術を受けたトランス女性に限定すること）を是正するように求めた。この勧告に納得できなかった施設側は2022年、ワシントン州西部地方裁判所において、ワシントン州人権委員会が宗教・言論の自由・結社の自由を侵害しているとして訴訟を起こしたが、裁判官はその主張を認めず。2023年6月、人権委員会の対応に問題はなく、未手術のトランス女性も施設を利用できるようにするべきだとの判決が出された。施設側は最高裁まで争う方針としている。

(4) 男性器のあるトランス女性が職場の女性更衣室を使用できないのは違法だと訴えたドイツの事例[12]

2024年6月に性別適合手術を受けていないトランス女性であるカイリー(Kylie) が、女子更衣室の使用を認められなかったことを理由に、職場であるマクドナルドを告訴した。

カイリー（Kylie）/SIEGESSÄULE

カイリーは2017年にリビアからドイツに移住。2020年からマクドナルドで男性従業員として働き始めた。その後、男性から女性に性別移行し、職場にも2023年7月にそのことを伝え女子更衣室を利用するようになった。豊胸手術はしたが性別適合手術はやっておらず男性器はある状態。2023年12月、女子更衣室において他の女性従業員から「あなたは男性器があるのだから男子更衣室を利用するべきだ」という内容のことを言われ、上司に報告し助けを求めたが「生物学的にはまだ男性であり、他の従業員の気持ちも尊重されなければならない」と告げられた。マクドナルドの人事部長や企業弁護士とも話したが、女子更衣室の使用は認められず、仕事を辞めるか、もしくは専用の個室を利用することを勧められた。カイリーはそれを承諾せず、労働裁判所で職場を訴えた。

5. まとめ

各国の事例で示したように、差別禁止法は申立人の不合理な主張を、他者の尊厳や公共の福祉を無視して押し通してしまいかねない危険な法律である。

差別禁止法はそれ自体にも企業や団体が理不尽に「差別者」の烙印を押されてイメージを毀損される危険性を孕んだものであるが（企業や個人にとってはそれが死活問題になる場合もある）、何よりこの法律を根拠にして民事訴訟を起こすことが容易になるというのが一番の問題である。

そのような状況下では、男性器のあるトランス女性との女性スペース共用（女子トイレ、女子更衣室、女湯、女性用シェルター、女子刑務所など）を望まない女性たちの声は、ほぼ無視されることになるだろう。なぜなら、訴訟を恐れる企業や団体は、唯々諾々と当事者からの要求を受け入れることになることが予想されるからだ。今まで挙げた事例は施設側が要求を拒否したことで裁判にまで至ったものであり、ほとんどの施設は差別禁止法違反だと言われることを恐れて、トランス女性側の要求を呑んでいると推測される。その結果が、女性用スペース問題や女子スポーツ問題の項目で紹介したような、女性用シェルターでの性的暴行事件であり、蹂躙された女子スポーツなのだ。

もしも万が一、差別禁止法が制定されてしまった場合には、未手術トランス女性のリア・トーマス選手との更衣室の共用を強制されたポーラ・スキャンランがやっているように、女性側もトランス女性の施設利用を認めた施設や団体を訴えることで対抗するしかないだろう（76ページ参照）。それは決して望ましい未来ではないが。

【関連項目】

●女性スペース問題について　→74ページ
●女子スポーツ問題について　→85ページ

【参考】

(1)　LGBT法連合会
https://lgbtetc.jp

(2)　work with Pride　レインボー認定とは
https://workwithpride.jp/pride-i/rainbow/

(3)　衆法 第190回国会 57 性的指向又は性自認を理由とする差別の解消等の推進に関する法律案　議案審議経過情報
https://www.shugiin.go.jp/internet/itdb_gian.nsf/html/gian/keika/1DBFA9E.htm

(4)　第一九〇回　衆第五七号　性的指向又は性自認を理由とする差別の解消等の推進に関する法律案
https://www.shugiin.go.jp/internet/itdb_gian.nsf/html/gian/honbun/houan/g19001057.htm

(5)　Trans-identified male awarded $35,000 by Ontario court after women's salon refused to wax 'her' balls
https://thepostmillennial.com/trans-identified-male-awarded-35000-by-ontario-court-after-womens-salon-refused-to-wax-her-balls#google_vignette

(6)　Corbella: Jessica Yaniv growing bolder in her bid to have her male genitals waxed
https://calgaryherald.com/opinion/columnists/corbella-jessica-yaniv-growing-bolder-in-her-bid-to-have-her-male-genitals-waxed

(7)　International Powerlifting Federation ejects USA Powerlifting over testing policies
https://www.outsports.com/2021/11/10/22772819/powerlifting-ipf-usapl-jaycee-cooper-transgender-ban-ioc-wada/

(8)　Minnesota appeals court overturns USA Powerlifting transgender athlete ruling
https://www.mprnews.org/story/2024/03/18/minnesota-appeals-court-overturns-usa-powerlifting-transgender-athlete-ruling

(9)　Women-Only Naked Spa Lacks Constitutional Right to Exclude Transgender Patrons with Pensises
https://reason.com/volokh/2023/06/06/women-only-naked-spa-lacks-constitutional-right-to-exclude-transgender-patrons-with-pensises/

(10)　UNITED STATES DISTRICT COURT WESTERN DISTRICT OF WASHINGTON AT SEATTLE
https://storage.courtlistener.com/recap/gov.uscourts.wawd.308441/gov.

uscourts.wawd.308441.21.0.pdf
(11) Judge rules female-only Lynnwood spa must allow pre-op transwomen
https://lynnwoodtimes.com/2023/06/12/lynnwood-spa-230612b/
(12) Trans Frau verklagt McDonald's wegen Diskriminierung am Arbeitsplatz
https://www.siegessaeule.de/magazin/trans-frau-verklagt-mcdonalds-wegen-diskrimierung-am-arbeitsplatz/?fbclid=IwZXh0bgNhZW0CMTEAAR0JgcBFjiwnu1TKrhDoBg6jCI4l0EHJkebCPx5MdrU9tbkoiO2MbFegceA_aem_jluchLGxi7CvGYjRrfPJ0A

LGBT理解増進法の詳細

1. LGBT理解増進法の概要と法律ができた背景

正式名称は「性的指向及びジェンダーアイデンティティの多様性に関する国民の理解の増進に関する法律案」。2023年6月に成立した。

法案の叩き台自体は、LGBT理解増進会の代表である繁内幸治のアドバイスのもと、2016年に自民党の「性的指向・性自認に関する特命委員会」が作成。同年に国会に提出されたLGBT差別禁止法案（性的指向又は性自認を理由とする差別の解消等の推進に関する法律案）の対案として作られた。

それをベースにして審議を重ね、国民民主党＆日本維新の会の法案を取り入れて最終的に出来上がったのが、LGBT理解増進法（性的指向及びジェンダーアイデンティティの多様性に関する国民の理解の増進に関する法律）である。

元々、LGBT関連法案の作成が検討開始されたのは2015年頃。

そのためにLGBT関連団体の意見を集約させる目的で作られたのが、LGBT法連合会である。

繁内は関西でHIV患者を支援するための団体を運営しており、当初はLGBT法連合会に参加していたが、LGBT法連合会の目指しているLGBT差別禁止法ではますます分断が広がってしまうと考え、理念に賛同できずに離脱。

その後、自民党と接触し、LGBT差別禁止法案に対抗できる法律案を作るためにLGBT理解増進会を立ち上げ、LGBT理解増進法の叩き台を提案した。

法律を作るのであれば、国民の分断と対立を深めてしまう差別禁止法ではなく、国民全員の精神の涵養（かんよう）により少しずつ理解を深めていく理解増進法を作るべきだというのが繁内の主張。

（参考）

LGBT理解増進法案について、法案作成者の発言を中心にまとめてみた。

https://togetter.com/li/2154066
一般社団法人 LGBT理解増進会
https://lgbtrikai.net/index.html

2. 実際の法律

性的指向及びジェンダーアイデンティティの多様性に関する国民の理解の増進に関する法律

（目的）

第一条　この法律は、性的指向及びジェンダーアイデンティティの多様性に関する国民の理解が必ずしも十分でない現状に鑑み、性的指向及びジェンダーアイデンティティの多様性に関する国民の理解の増進に関する施策の推進に関し、基本理念を定め、並びに国及び地方公共団体の役割等を明らかにするとともに、基本計画の策定その他の必要な事項を定めることにより、性的指向及びジェンダーアイデンティティの多様性を受け入れる精神を涵(かん)養し、もって性的指向及びジェンダーアイデンティティの多様性に寛容な社会の実現に資することを目的とする。

（定義）

第二条　この法律において「性的指向」とは、恋愛感情又は性的感情の対象となる性別についての指向をいう。

２　この法律において「ジェンダーアイデンティティ」とは、自己の属する性別についての認識に関するその同一性の有無又は程度に係る意識をいう。

（基本理念）

第三条　性的指向及びジェンダーアイデンティティの多様性に関する国民の理解の増進に関する施策は、全ての国民が、その性的指向又はジェンダーアイデンティティにかかわらず、等しく基本的人権を享有するかけがえのない個人として尊重されるものであるとの理念にのっとり、性的指向及びジェンダーアイデンティティを理由とする不当な差別はあってはならないものであるとの認識の下に、相互に人格と個性を尊重し合いながら共生する社会の実現に資することを旨として行われなければならない。

（国の役割）
第四条　国は、前条に定める基本理念（以下単に「基本理念」という。）にのっとり、性的指向及びジェンダーアイデンティティの多様性に関する国民の理解の増進に関する施策を策定し、及び実施するよう努めるものとする。

（地方公共団体の役割）
第五条　地方公共団体は、基本理念にのっとり、国との連携を図りつつ、その地域の実情を踏まえ、性的指向及びジェンダーアイデンティティの多様性に関する国民の理解の増進に関する施策を策定し、及び実施するよう努めるものとする。

（事業主等の努力）
第六条　事業主は、基本理念にのっとり、性的指向及びジェンダーアイデンティティの多様性に関するその雇用する労働者の理解の増進に関し、普及啓発、就業環境の整備、相談の機会の確保等を行うことにより性的指向及びジェンダーアイデンティティの多様性に関する当該労働者の理解の増進に自ら努めるとともに、国又は地方公共団体が実施する性的指向及びジェンダーアイデンティティの多様性に関する国民の理解の増進に関する施策に協力するよう努めるものとする。
２　学校（学校教育法（昭和二十二年法律第二十六号）第一条に規定する学校

をいい、幼稚園及び特別支援学校の幼稚部を除く。以下同じ。）の設置者は、基本理念にのっとり、性的指向及びジェンダーアイデンティティの多様性に関するその設置する学校の児童、生徒又は学生（以下この項及び第十条第三項において「児童等」という。）の理解の増進に関し、家庭及び地域住民その他の関係者の協力を得つつ、教育又は啓発、教育環境の整備、相談の機会の確保等を行うことにより性的指向及びジェンダーアイデンティティの多様性に関する当該学校の児童等の理解の増進に自ら努めるとともに、国又は地方公共団体が実施する性的指向及びジェンダーアイデンティティの多様性に関する国民の理解の増進に関する施策に協力するよう努めるものとする。

（施策の実施の状況の公表）

第七条　政府は、毎年一回、性的指向及びジェンダーアイデンティティの多様性に関する国民の理解の増進に関する施策の実施の状況を公表しなければならない。

（基本計画）

第八条　政府は、基本理念にのっとり、性的指向及びジェンダーアイデンティティの多様性に関する国民の理解の増進に関する施策の総合的かつ計画的な推進を図るため、性的指向及びジェンダーアイデンティティの多様性に関する国民の理解の増進に関する基本的な計画（以下この条において「基本計画」という。）を策定しなければならない。

２　基本計画は、性的指向及びジェンダーアイデンティティの多様性に関する国民の理解を増進するための基本的な事項その他必要な事項について定めるものとする。

３　内閣総理大臣は、基本計画の案を作成し、閣議の決定を求めなければならない。

４　内閣総理大臣は、前項の規定による閣議の決定があったときは、遅滞なく、基本計画を公表しなければならない。
5　内閣総理大臣は、基本計画の案を作成するため必要があると認めるときは、関係行政機関の長に対し、資料の提出その他必要な協力を求めることができる。
6　政府は、性的指向及びジェンダーアイデンティティの多様性をめぐる情勢の変化を勘案し、並びに性的指向及びジェンダーアイデンティティの多様性に関する国民の理解の増進に関する施策の効果に関する評価を踏まえ、おおむね三年ごとに、基本計画に検討を加え、必要があると認めるときは、これを変更しなければならない。
7　第三項から第五項までの規定は、基本計画の変更について準用する。

（学術研究等）
第九条　国は、性的指向及びジェンダーアイデンティティの多様性に関する学術研究その他の性的指向及びジェンダーアイデンティティの多様性に関する国民の理解の増進に関する施策の策定に必要な研究を推進するものとする。

（知識の着実な普及等）
第十条　国及び地方公共団体は、前条の研究の進捗状況を踏まえつつ、学校、地域、家庭、職域その他の様々な場を通じて、国民が、性的指向及びジェンダーアイデンティティの多様性に関する理解を深めることができるよう、心身の発達に応じた教育及び学習の振興並びに広報活動等を通じた性的指向及びジェンダーアイデンティティの多様性に関する知識の着実な普及、各般の問題に対応するための相談体制の整備その他の必要な施策を講ずるよう努めるものとする。
2　事業主は、その雇用する労働者に対し、性的指向及びジェンダーアイデンティティの多様性に関する理解を深めるための情報の提供、研修の実施、普及啓発、就業環境に関する相談体制の整備その他の必要な措置を講ずるよう努めるものとする。

３　学校の設置者及びその設置する学校は、当該学校の児童等に対し、性的指向及びジェンダーアイデンティティの多様性に関する理解を深めるため、家庭及び地域住民その他の関係者の協力を得つつ、教育又は啓発、教育環境に関する相談体制の整備その他の必要な措置を講ずるよう努めるものとする。

（性的指向・ジェンダーアイデンティティ理解増進連絡会議）

第十一条　政府は、内閣官房、内閣府、総務省、法務省、外務省、文部科学省、厚生労働省、国土交通省その他の関係行政機関の職員をもって構成する性的指向・ジェンダーアイデンティティ理解増進連絡会議を設け、性的指向及びジェンダーアイデンティティの多様性に関する国民の理解の増進に関する施策の総合的かつ効果的な推進を図るための連絡調整を行うものとする。

（措置の実施等に当たっての留意）

第十二条　この法律に定める措置の実施等に当たっては、性的指向又はジェンダーアイデンティティにかかわらず、全ての国民が安心して生活することができることとなるよう、留意するものとする。この場合において、政府は、その運用に必要な指針を策定するものとする。

附　則

（施行期日）

第一条　この法律は、公布の日から施行する。

（検討）

第二条　この法律の規定については、この法律の施行後三年を目途として、この法律の施行状況等を勘案し、検討が加えられ、その結果に基づいて必要な措置が講ぜられるものとする。

（内閣府設置法の一部改正）
第三条　内閣府設置法（平成十一年法律第八十九号）の一部を次のように改正する。

第四条第三項第四十五号の次に次の一号を加える。

四十五の二　性的指向及びジェンダーアイデンティティの多様性に関する国民の理解の増進に関する基本的な計画（性的指向及びジェンダーアイデンティティの多様性に関する国民の理解の増進に関する法律（令和五年法律第▼▼▼号）第八条第一項に規定するものをいう。）の策定及び推進に関すること。

理　由

性的指向及びジェンダーアイデンティティの多様性を受け入れる精神を涵(かん)養し、もって性的指向及びジェンダーアイデンティティの多様性に寛容な社会の実現に資するため、性的指向及びジェンダーアイデンティティの多様性に関する国民の理解の増進に関する施策の推進に関し、基本理念を定め、並びに国及び地方公共団体の役割等を明らかにするとともに、基本計画の策定その他の必要な事項を定める必要がある。これが、この法律案を提出する理由である。

e-GOV 法令検索より
https://elaws.e-gov.go.jp/document?lawid=505AC1000000068

3. LGBT差別禁止法との違いと特徴

LGBT差別禁止法とは異なり、LGBT理解増進法は具体的な罰則の存在しない理念法である。

具体的な法律を作る場合は、理念法であるLGBT理解増進法の方針に合わせて個別に後から作られることになる。

LGBT理解増進法は成立前からLGBT活動家団体からの評判はすこぶる悪かったのだが、果たしてどのような点が問題視されていたのか。LGBT活動家のライター、松岡宗嗣の記事を参考にしてLGBT理解増進法の特徴を確認しよう。

（参考）
LGBT法案、異例の「3つの案」で混迷。今国会成立の見通し立たず
https://news.yahoo.co.jp/expert/articles/a2c84ef4e665aaaa898f3f2cba0c24c216980bb4

この記事では超党派LGBT議連の法案と比較して、以下の6点が問題視されている。

・「性自認」という言葉が採用されない。
・「差別は許されない」→「不当な差別はあってはならない」に変更された。
・「調査研究」→「学術研究」に変更された。
・「学校設置者の努力」という項目名を削除されて内容を「事業者等の努力」に移動された上に、「保護者の理解と協力を得て行う心身の発達に応じた教育」という学校現場での先進的な教育に歯止めをかけかねない文言を追加してしまっている。
・「民間団体等の自発的な活動の促進」が削除されている。
・「すべての国民の安全に配慮」が新設されている。

そしてこれらの全てを満たして成立したのが、LGBT理解増進法（性的指向及びジェンダーアイデンティティの多様性に関する国民の理解の増進に関する法律）なのである。

要は、海外のようになんでもかんでも差別だと申し立てることで、他者の人権や安全が蔑ろにされないようにするための安全弁が「“不当な”差別」という文言であり、第十二条の「全ての国民が安心して生活することができることとなるよう、留意するものとする。」という条文なのであるが、この存在が非常に邪魔だと思われているということだ。逆に言えば、LGBT思想に反対する者にとっての命綱とも言えるだろう。

また「民間団体等の自発的な活動の促進」という文言がなくなったことで、民間のLGBT活動家団体へ公金が流れにくくなったのは良かったのではないだろうか。まあ、現時点でも既に自治体の事業に食い込んでいる団体は多いが……。

LGBT理解増進法の本文には第六条の2で学校教育について「家庭及び地域住民その他の関係者の協力を得つつ」という文言が入っている。つまり、学校で行われているLGBT教育については、保護者のみならず外部から異議申し立てができる余地ができたと解釈可能だろう。

他にも第八条においては国が基本計画を作るように定めてあり、今までのように各自治体で好き勝手にやるのではなく、政府が統一ルールを決めることになっている。また、そのルール作成にLGBT活動家団体は（少なくとも直接的には）関わらない。

また第十一条では、性的指向・ジェンダーアイデンティティ理解増進連絡会議というものを設置することを求めているのだが、構成メンバーは各省庁の職員が指定されており、LGBT差別禁止法と異なり「支援団体」すなわちLGBT活動家団体が入り込む余地が無いのも特徴だろう。

このように、LGBT理解増進法は可能な限りLGBT活動家からの影響を抑えつつ、国が統一ガイドラインを定めることで、全国の学校や自治体などにおける過激な教育や暴走を抑えられるのではないかと期待されている。……が、問題は法律が制定されて1年が経過した現時点で、まだガイドラインが存在しないことである。

こちらの内閣府の特設ページを見る限りは有識者からのヒアリングなどは重ねているようだ。

　性的指向・ジェンダーアイデンティティ理解増進　内閣府-共生・共助
　https://www8.cao.go.jp/rikaizoshin/index.html

一方で、政府の公式ガイドラインが出ない間に、最大手のLGBT活動家団体であるLGBT法連合会が、「地方公共団体のための性的指向及びジェンダーアイデンティティの多様性に関する国民の理解増進に関する法律を活用するための手引き～全ての個人が住人として尊重されるために～」という冊子を勝手に作って販売し、LGBT理解増進法にかこつけて自分たちの主張を自治体に浸透させようと画策している。本当に油断も隙もない相手である。

【新資料案内】「地方公共団体のための性的指向及びジェンダーアイデンティティの多様性に関する国民の理解増進に関する法律を活用するための手引き〜すべての個人が住人として尊重されるために〜」
https://lgbtetc.jp/news/3009/

LGBT法連合会 (Japan Allian... フォローする
@lgbthourengokai

ブースには、最新資料「地方公共団体のための性的指向及びジェンダーアイデンティティの多様性に関する国民の理解増進に関する法律を活用するための手引き〜すべての個人が住人として尊重されるために〜」も販売しております。

ぜひお手に取ってご覧ください！

12:35 · 2024/04/20 場所: Earth · 5.8万回表示

4. 筆者のLGBT理解増進法に対する考え

参考までに、私個人のLGBT理解増進法に対する考えを述べる。

以下は、LGBT理解増進法の成立前の2023年6月2日に、私がXに投稿した文章をまとめたものである。今もこの時から大きく考えは変わっていない。

（引用元）*https://x.com/katzepotatoes/status/1664516384355926017?s=61&t=RClZ7PtQhdiy29HSdbQpzA*

LGBT理解増進法に対する私個人のスタンスについて、まとめてみる。かなり長文。

まず大前提として、約10年前から世界的には先進国を中心として「性自認偏重主義」（トランスジェンダリズム）に傾いている事実があり、国連もそれを推進してきた。

日本は（幸いにして）その流行に乗り遅れている状態。

2012年にアルゼンチンがジェンダー・セルフID制度（自己申告で性別を変更できる）を導入したのを皮切りに、カナダやイギリス、アメリカの一部、ヨーロッパ各国など20ヶ国以上でこの制度は導入されており、2023

年現在も導入国は増え続けている。(フィンランド、スペイン、スイス、ドイツは今年導入)

しかし当然のことながら、ジェンダー・セルフID制度を導入した国では様々な混乱やトラブルが起こっている。

そのため、イギリスやアメリカなどではLGBT&アライとLGBT思想に反発する人の間で深刻な分断が起き、揺り戻し的な動き(反LGBT法の制定など)も起こっているようだ。

最近になって国連も「特にトランスジェンダーを巡る問題について、異論を唱える女性に一方的なレッテルを貼って言論弾圧をしてはいけない」という内容の声明文を出して、少し流れが変わってきている雰囲気は感じる。

(参考)
Allow women and girls to speak on sex, gender and gender identity without intimidation or fear: UN expert
https://www.ohchr.org/en/press-releases/2023/05/allow-women-and-girls-speak-sex-gender-and-gender-identity-without

この国連声明は先行国において、「ジェンダー・セルフID制度のもとで女性の安全が脅かされるのでは？」という懸念を示した女性たちが「トランスヘイターの差別主義者」とレッテルを貼られ、(言論や物理で)袋叩きにされてきた経緯があったためと思われる。

結局、女性の人権が侵害されている。

そもそも、どんな理屈でジェンダー・セルフID制度が認められたのか？その学問的根拠になってるのは、アメリカ人哲学者のジュディス・バトラーの理論。

「セックス(体の性)がジェンダーを作るのではなく、ジェンダーがセックスとセクシュアリティを生み出した。セックスとジェンダーに区別はない」

…うん、意味がわからない。

もし彼女の理論を詳しく把握したい人は、こちらの解説が世界一わかりやすいと思うのでご参照を。

（参考）ジュディス・バトラーの「セックスは常に既にジェンダーである」の解説→44ページ

バトラーの理論と一緒に数百年分の哲学の知識も身に付くのでお得。（バトラーの理論をまともに理解するには、哲学的教養が必須なため）

私なりの理解を述べる。

従来のフェミニズムは男女で肉体の違いがあることは認めつつ、ジェンダー・ロール（性別による社会的役割）を解体することによって男女平等な社会を目指してきた。

バトラーは性別という概念自体を解体することにより全人類の平等を目指している。

「性別を男と女の2つに分けるから、女性差別が生まれるのだ。性別の概念が無くなれば、男女の区別もなくなり、結果として女性差別も無くなるよね」

という感じの主張だと思っている。

理屈としては正しいかもしれないが、現実の肉体や問題を無視しすぎていて私には空理空論のように思える。例えるなら、空気抵抗を無視して弾道計算を行うようなものだ。

現実世界における複雑なパラメーターを全て無視し、高校物理みたいな理想の真空状態の想定で行った計算式を現実世界にそのまま適用すれば、うまくいかないに決まっている。

ジェンダー・セルフID制度の問題はそういうことだと思う。

しかし日本を含む世界中のフェミニストの多くは、なぜかこのバトラーの理論に心酔し、多くの国でジェンダー・セルフID制度を導入してきた。日本の主だったフェミニストや日本学術会議もバトラーの意見を支持する立場。

フェミニストの中には「バトラーの理論は肉体の性を軽視し過ぎており、むしろ女性蔑視的だ」と批判する人もいたが、彼女らの意見は無視され、時にトランス差別的な意見だと非難されてきた。

日本でも性自認偏重の風潮に異を唱えた学者は排除された。

日本ではまだまだ「性自認」の概念が一般に浸透しているとは言い難いが、海外のLGBT思想に影響を受けたLGBT活動家たちの影響は確実に広がってきている。

以下、日本の現状について記す。

全国1,718の市町村の中で、61の自治体で差別禁止条例が作られている。

まだ全体の割合としては少ないが、大阪や東京など人口が多い場所で制定されているので、人口比では思ったより多そう。

令和になってから条例を制定した自治体の数が加速度的に増えているのも気になる。

（参考）
性の多様性に関する条例
http://www.rilg.or.jp/htdocs/img/reiki/002_lgbt.htm
※2024年7月5日現在の条例数は92。

LGBT活動家による"啓発"で子供たちへの教育内容にも変化が。小学校の保健体育の教科書でもLGBTの記載が大幅に増えている。

（参考）
来春から小学校の教科書で性の多様性についての記述が大幅に増えることが明らかになりました
https://www.outjapan.co.jp/pride_japan/news/2023/03/33.html

包括的性教育を目指して作られた『性の絵本』。優れた点もある教材ではあるが、ベースはジェンダー理論に基づいている。

内容について子供には過激すぎると思う人もいそう。

既に一部の学校では性教育の副読本として採用されている。

（参考）性の絵本　*https://seinoehon.jimdofree.com/*

2023年の3月にはドラァグクィーンが静岡の小学校で講演会をしている。

（参考）*https://x.com/kikugawa_city/status/1635923509401767938?s=61&t=RClZ7PtQhdiy29HSdbQpzA*

こちらは左派の活動家団体であるLGBT法連合会のホームページに書いてある内容。

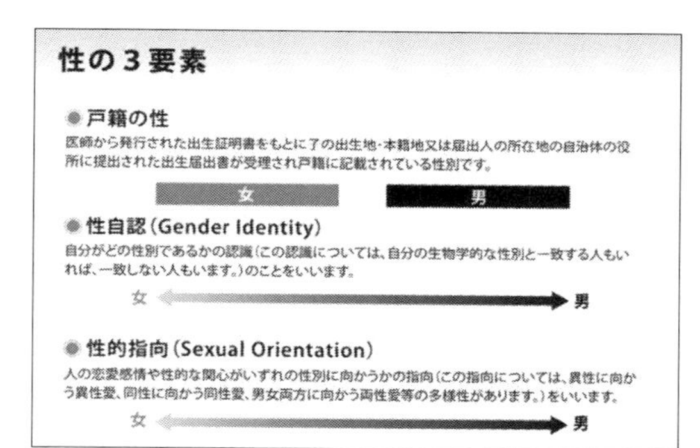

よく活動家が主張する「性の4要素（肉体、性自認、性的指向、性表現）」ではなく、「性の3要素（戸籍、性自認、性的指向）」になっており、肉体の性が消されている…。

恐ろしいのは、この団体の賛同団体に人気講師の杉山文野が所属する東京レインボープライドがあること。

東京レインボープライドのHPにはJALや電通、JRなどの大手企業から、多数の中学校や高校、自治体に杉山が講演した実績が載っている。

……まさか、「性の3要素」とか教えてないよね？

活動家団体のwork with Prideは、企業・団体が「LGBTフレンドリーかどうか」を独自の指標で評価し、それによってゴールド、シルバー、ブロンズの認定を与えている。

ジェンダーレストイレで話題の歌舞伎町タワーを建てた東急は、この団体からゴールド認定を受けている。

http://workwithpride.jp/pride-i/

公式発表によると2022年度は701社がこの団体からゴールド認定を受けたらしい。

更に2021年からはゴールド認定を受けた企業のうち、活動家の活動により協力的な企業・団体に対して、レインボー認定を与えるようになった。

同性婚、平等法（LGBT差別禁止法）、性同一性障害の特例法における手術要件の撤廃のいずれか1つ以上に企業・団体として賛同することがレインボー認定の条件。

コカ・コーラ、国立市、東京弁護士会、三井住友信託銀行などがレインボー認定を受けている。

https://workwithpride.jp/topics/wwwprideindex2022/

以上、日本におけるLGBT活動家の活動の一部を挙げてみた。

彼らの活動目標は2つあると考えられる。

①日本全国の自治体で差別禁止条例を制定させ、実質的に差別禁止法を作ったのと同じ状況にすること。

②学校や企業においてLGBT思想を教育し、若い世代がLGBT思想を受け入れる土壌を作って、将来的なジェンダー・セルフID制度の導入や同性婚、LGBT差別禁止法の制定を目指す。

活動家としては非常に真っ当である。

それ故に、現在の日本の法律で彼らの動きを妨害することはできない。つまり、今の状態だとLGBT活動家が目標達成するのを手をこまねいて見ているしかない。

そしてその結果に生まれるのは、先行国と同じ混乱と分断である。

それを憂慮した保守派の当事者が作ったのがLGBT理解増進法案。

LGBT理解増進法案の目的は、日本の伝統を守りつつ、LGBT当事者とそれ以外の人が穏やかに共生すること。

それを達成するために、教育現場におけるガイドラインを作成し、分断を煽る過激な活動家を現場から排除しようとしている。

もちろん懸念はある。

私は法案作成者である繁内のことは信用しているが、もし彼が病気や事故などでいなくなってしまった時に、法律が意図しない形で運用されないかが心配だ。

そうじゃなくても、もし政権交代が起こって、万が一にも立憲民主党などの左派政党が政権を握った場合に、法律の運用が変わったり、連絡会議に左派系の人物ばかりが配置される可能性もある。

法律を作っても作らなくても、リスクがあるのは間違いない。

あと、昔ながらのフェミニストで女性専用スペースを守りたいと思っている人にとっては、今の状況は忸怩たるものがあると思う。

なぜなら、法案の中心人物は保守派の男性。

フェミニストが打倒したい家父長制の象徴的人物である。

保守派の男性は家父長制的視点（女性という弱い存在を守ってあげよう）で女性の保護を考えてくれるかもしれないが、それはフェミニストとしては屈辱だろうし、どこまで信用できるかわからないとも考えるだろう。

だから本来であれば、この場面で女性の権利を主張するべきは日本のフェミニスト団体や学者集団だったはずだが、ほとんど皆、海外のLGBT思想に迎合しちゃったから仕方がないよね……。

国連、欧米諸国、国内外のアカデミアという巨大な圧力を前に、ジェンダー・セルフID制度導入による混乱と分断を避けるためには、現状では自民党を頼るしかないというのが私の判断である。

もちろん今回は廃案にして、国民間での活発な議論を続け、改めてより良い法案を作るとか、もしくはあえて法律は作らずに、世界の流行が変わるのを待つというのも一つの考えだとは思うが、果たして世界が変わるまでにどれだけLGBT活動家の侵食を食い止められるかは疑問ではある。

法案作成者の繁内は、今回がLGBT活動家の勢いを止められるラストチャンスだと言っていたが…。

5. LGBT理解増進法に対する懸念

以下の文章は、LGBT理解増進法が成立する前にLGBT理解増進法に反対していた人々が述べていた懸念事項と、それに対する私の考えをまとめたものである。

今から振り返っても参考にすべき部分があると思うので、Xから転載する。

- 法律の条文が曖昧すぎて、いくらでも悪用されてしまいそう。「不当な差別は許さない」という言葉を盾に、性自認主義に異議を唱える者が差別主義者として法的に訴えられる事態が起こるだろうと心配している。

→確かに理念法だから仕方がないとはいえ、細かい規定が無いのが気になるのはわかる。何でもかんでも「不当な差別だ」と活動家がこの法律を盾に訴訟を起こす可能性や、仮に裁判に勝ったとしても、それにより個人が社会的・金銭的にダメージを受ける心配をしているのだと思う。

個人的にはこの法律制定後に作られる予定のガイドラインや関連法が非常に重要だと思っているので、もし今回、LGBT理解増進法が制定された場合も、しっかり動きを注視する必要があると思う。

- 理念法で罰則はないため心配いらないと言うが、ヘイトスピーチ解消法や国旗国歌法だって、理念法だから強制されることはないと言っておきながら、結局全国で強制力がある条例が次々と作られたりして、強制されるようになった。LGBT理解増進法も同じことになると思う。

→これは他の反対派の人たちの中でも多かった意見。個人的にはLGBT理解増進法に基づいたLGBT理解増進条例であれば、LGBT差別禁止条例よりもマシではないかと思うのだが、実際どうなるかはまだわからないからな……。

ヘイトスピーチ解消法などの前科があるだけに不信感は仕方がないのかもしれない。

- LGBT差別禁止条例については撤廃に向けて動いている議員が既にいる。今、LGBT理解増進法ができてしまったらその動きを妨害する結果になる（撤廃運動自体が差別だと弾劾されると考えられるため）。LGBT理解増進法など無くても、条例はきっと撤廃できるし、活動家に対抗することはできる。

→もしこれで、既にLGBT差別禁止条例の撤廃に成功した自治体が一つでもあったなら、私も法律などいらない派に戻るのだが……。調べれば調べるほど、LGBT活動家組織の規模が大きすぎて、個人の力だけではとても太刀打ちできないように感じているのが正直なところ。

- LGBT理解増進法によって各地のLGBT差別禁止条例がお墨付きを得る形になり（なぜなら条文に差別を禁止する文言が入っているから）、条例を撤廃・改正させるのがますます困難になる。

→法案作成者の繁内はむしろ、法律を盾に条例の改正を迫れると言っていたが、どちらになるかは正直私にはわからない。

- LGBT理解増進法で学校にやらせようとしているのは、結局のところ包括的性教育（教育内容に性の多様性教育を含んでいる）なので、やることは活動家と同じでLGBT思想を広げることになる。

→法律を運用するのが保守派なのでその危険性は低いのではないかと個人的には思っている。繁内は「性自認や同性婚など議論が分かれている事柄については学校教育で教えるつもりはない」と言ってたし。信用できないと言われればそれまでだが。

- 繁内の悲願は同性婚だと私は考えている。同性婚を許せば、そこから図のように芋蔓式に代理母やセルフID制度になってしまう。

同性婚が法制化

↓

婚姻関係なのに子供を持てないのは差別

↓

代理母/子宮移植

↓

戸籍変更済（手術済）の夫婦も子供を持てるようになる

↓

子供がいるトランスジェンダーが婚姻関係を解消しなければならな

いのは差別

↓

子がいて婚姻関係保てるなら、戸籍変更時に手術必須は差別

手術不要（セルフID）

→私個人としては同性婚（パートナーシップ）が合法化されても、必ずしもそのような流れになるとは思っていないが、活動家の人たちの要求がどんどんエスカレートしていくのはあり得ると思う。

※当時はまさか、いきなり最高裁判決で手術要件の一部が違憲になるとは想像していなかった。

- 内閣委員会の答弁で「体が男性の人が女性スペースに入ることは許されない」という言質を得たというが、ジェンダー・セルフID制度を導入してしまった国々でも、法律の施行前には「法律ができても男が女性スペースに入ることはない」と説明されていた。しかし実際はそのような事件が頻発している。
  #HappenedAgain（起きないと言われたことがまた起きた）という海外のタグでどういう事例があったかが紹介されているので見てほしい。
  海外の女性たちは、日本が自国と全く同じ流れを辿っていることをとても心配している。

→これは非常に気になる情報。

#HappenedAgain のタグは、一般的な単語を使っているせいか関係ないツイートが大量に引っかかってしまいよくわからなかったが、法律施行前の懸念が実現してしまっているという声があるとのこと。情報を探って、該当国の法律などの状況を詳しく調べたいところ。

- あなたは繁内という人間を信頼して法律を支持しているようだが、私は彼を信頼できない。

→これはもう仕方がない。この法律については、最終的には繁内や自民党などの関係者を信頼して法律の運用を任せるしかないので……。法案作成者や自民党に信用がおけないなら、賛成はできないだろう。

以上が法律制定前に反対派の方から聞いた内容である。

いろいろな意見はあると思うが、個人的には反対派の懸念ももっともだと思わされる点もあった。

私自身、法律さえできれば安心だとは全く思ってはおらず、結局は運用次第であるし、それ次第では事態がますます悪化する可能性もあると思っている。

これからも政府や自治体の動きを注視し、適宜情報共有していく必要があるだろう。

6. この法律をどう活かすべきか

LGBT思想支持派の人々は、この法律に不満を訴えながらも、しっかりと利用して精力的に各地で講演会を行ったり、自分たちで勝手に作ったガイドラインを自治体に採用させようとしたりしている。

LGBT思想反対派の人々はこの法律を利用することはできるのだろうか？

やはり鍵を握るのは第十二条の「全ての国民が安心して生活することができることとなるよう、留意するものとする。」であろう。この文言は海外の差別禁止法には存在しないものだ。

特に女性スペースに関しては、要求する側だけではなく、同じ場所を共有する女性たちもまた当事者なのだということを、この法律を通して訴えることは可能ではないだろうか。

第六条の2の学校教育に関する文言「家庭及び地域住民その他の関係者の協力を得つつ」という条文によって、学校で行われている LGBT 教育についてチェックして、おかしなところがあれば指摘することは可能かもしれない。

また第九条の「学術研究」については、特にジェンダー医療の研究にこの法律を活かせないかとは思う。日本においても、ジェンダー医療を受けた人々の長期予後についてはまとまったデータが存在せず、謎に包まれているという。イギリスの The Cass Review（キャス レビュー）のような大規模調査は必要だと考える。

ひとつ困るのは、今までもずっとそうだったが、自治体や学校で講演会などを開催する場合に、LGBT 支持派の活動家団体以外で、講演を請け負ってくれる人物を探すのが難しいことである。

何といっても、どこの団体も似たような虹色を掲げているもので、そこが「性の4要素」のようなLGBT思想的なことを教える団体なのか、そうではないのかを見分ける術に乏しいのである。

というか、現時点で9割くらいは LGBT 思想支持派の団体なのではないかと思われる。

一応、繫内の LGBT 理解増進会も自治体向けの講演会は請け負っているらしいが、これはまだ無難かもしれない。

> 公務員のための LGBT 理解増進法講座　－性的指向及びジェンダーアイデンティティの多様性に関する国民の理解の増進に関する法律－
> *https://eacademy-gyosei.jp/cource/lgbtrikai/*

海外だと明確に LGBT 思想に反対している性的少数者の権利団体も存在するが、日本だとそこまで明言している団体は無いように思われる。そこまで対立が激化していないということかもしれないが。

ひとまずは、学校や自治体などで行われる講演会などについては、適宜その内容を確認し、おかしな部分がないかをチェックすることが重要だろう。

LGBTをめぐる世界と日本の動き

多くの日本人は、一体いつの間にこんなことになってしまったんだ？？？？ と思っている人が多いのではないかと思う。少なくとも1年前の私はそう思っていた。

しかし、世界の流れに改めて目を向けてみると、少なくともその潮流は20年前には既に始まっていたことがわかる。以下に、LGBTをめぐる世界と日本の動きを可能な限り時系列でまとめてみる。

年	世界	日本
1906	ドイツの性科学者マグヌス・ヒルシュフェルトにより世界初の性別適合手術(1)(2)(陰核陰茎形成術といわれる)。	
1910	ドイツの性科学者マグヌス・ヒルシュフェルトがトランスヴェスタイト(異性装者)という言葉を作る(1)(2)。	
1919	ベルリンに性科学研究所が開設される(1)(2)。	
1930	アイナー・ヴェーゲナー(リリ・エルベ)が外科的去勢手術と子宮移植術を受ける。最後の手術の3ヶ月後に死亡(1)(2)。 ドーラ・リヒターが膣形成術を受ける。世界で初めて成功した男性から女性への性別適合手術(1)(2)。	
1951	米国人のクリスティン・ヨルゲンセンが外科的去勢と女性外性器形成術を受ける(1)(2)。	
1952	米国でクリスティン・ヨルゲンセンがドイツ人性科学者のハリー・ベンジャミンの患者になる(1)(2)。	

年	世界	日本
1950年代	米国ジョンズ・ホプキンス大学の性科学者ジョン・マネーが、人間の性に関する言葉として「ジェンダー」を用い始める[3]。	
1960年頃	トランスジェンダーという言葉が生まれる。当初の意味は、トランスセクシャル（性別適合手術を行う人たち）に対して、手術を行うことなく異性として生活する人々のことだった[4]。	
1963	資産家のトランス男性、リード（リタ）・エリクソンがハリー・ベンジャミンの患者となり、エリクソン教育財団（EEF）から多額の援助を行う。ジェンダーアイデンティティに関する研究にも多額の援助を行う[1][2]。	
1965	ジョン・F・オリベンが医学書の中でトランスセクシュアリズムをトランスジェンダリズムと言い換えた[4][5]。	
1966	米国ジョンズ・ホプキンス大学が北米初のジェンダー・クリニックを開設。エリクソン教育財団（EEF）からも多額の資金援助が行われる[1][2]。 ハリー・ベンジャミンがトランスセクシャルという言葉を作る[1][2]。	
1969	★アメリカでストーンウォールの暴動が発生。これをきっかけにゲイリブ運動（性的少数者による権利獲得運動）が始まる[6]。 当事者であるヴァージニア・プリンスなども「トランスジェンダリズム」という言葉を使用[4]。	日本で性別適合手術を行った産婦人科医が、不十分な診察のもとで不適切な手術を行ったとして、麻薬取締法違反と優生保護法違反で有罪判決を受ける。（ブルーボーイ事件）[7]
1970	米国でゲイ・パレードが始まる[8]。トランスジェンダー/トランスセクシャルもいた模様。	

年	世界	日本
	世界中にゲイリブ運動が広がる(9)。	
1972	★スウェーデンが世界で初めて性別適合手術後の法的性別変更を認めた(10)。	
1978	ハリー・ベンジャミン国際ジェンダー違和協会(HBIGDA)が設立。のちのWPATH(ダブリューパス)(1)(2)。 IGA(国際ゲイ学会)が設立。のちのILGA(11)。	
1979	米国ジョンズ・ホプキンス大学のジェンダークリニックが閉鎖。治療の有効性が認められないと結論づけたため(1)(2)。 HBIGDAが最初のガイドラインであるSOCを発表(1)(2)。 ラディカル・フェミニストであるジャニス・レイモンドが『The Transsexual Empire』を書いて、トランスジェンダーを痛烈に批判する。TERF(トランス排除的ラディカルフェミニスト)の元祖と言われる(12)(13)。 性的少数者への侮蔑語として使用されていたクィアを、当事者たちが肯定的な意味で使い始める(14)。	
1980	アメリカ精神医学会が発行するDSM-3(精神疾患の診断・統計マニュアル第3版)にトランスセクシャル(性転換症)が記載される(1)(2)。 HBIGDAがSOC2を発表(1)(2)。	
1981	HBIGDAがSOC3を発表(1)(2)。	
1982		“人間と性”教育研究協議会(性教協)が設立される(15)。

年	世界	日本
1988	米国の活動家らが「LGBT」という言葉を使い始める。	
1989	★デンマークが同性カップルのパートナーシップ制度を導入(16)。 イギリスでLGBT活動家団体ストーンウォールが設立される(17)。	
1990	★テレサ・デ・ラウレティスというアメリカのジェンダー学研究者が、当時バラバラになりかけていた性的少数者を団結させる目的でクィア理論を提唱(18)。 ★哲学者ジュディス・バトラーが『Gender Trouble』を発表し、クィア理論に現代哲学的な肉付けをして、性別二元論を否定。これにより、クィア理論が成立する。性別決定において肉体の性よりも性自認を重視する理論(19)。 HBIGDAがSOC4を発表(1)(2)。	
1993	★トランス男性であるブラントン・ティーナが男たちにレイプされ殺害される事件が発生。この事件によりトランスジェンダーの人権問題に関心が集まった。この事件は1999年に『ボーイズ・ドント・クライ』というタイトルで映画化された。また、アメリカで2009年にヘイトクライム取締法（マシュー・シェパード法）が成立する理由の一つとなった(20)。 ★国際レズビアン・ゲイ協会（ILGA）が、非政府組織として国連経済社会理事会（ECOSOC）の諮問資格を取得し、世界中の3,000の組織に加わった(21)。	

年	世界	日本
1994	★DSM-4に性同一性障害（GID）が記載される[1][2]。 ★アメリカ上院議員ジェシー・ヘルムズの働きかけにより、国際レズビアン・ゲイ協会（ILGA）に北米男性/少年愛協会（NAMBLA）などの小児性愛者の団体が含まれていることを理由に、ILGAが国連経済社会理事会（ECOSOC）の諮問資格を剥奪された。ILGA内で協議し、小児性愛を支援または促進することを主な目的とするグループと判断した3団体NAMBLA、Vereniging MARTIJN、Project Truthを協会から追放した。以後、ILGAは何度も国連経済社会理事会（ECOSOC）の諮問資格の復帰を申請するが、小児性愛団体との繋がりを疑われて却下。2011年にようやく復帰した[22]。	
1995	★国連の文書で初めてジェンダー（gender）が使われる。（北京宣言）[23][24] ★アメリカで最も裕福な一族であるプリツカー家のジェームズ・プリツカー（James N Pritzker）がタワニ財団（Tawani Foundation）を設立する。本人は2013年にトランス女性であることを公表し、Jennifer Prizkerに改名。財団を通してトランスジェンダー支援を積極的に行い、トランス権利運動を強力に後押しした。[25][26]	
1996	カナダでカナダ人権法が改正され、性的指向が保護の対象になる[27]。	埼玉医科大学倫理委員会がGIDに対する手術療法を医療行為と認めた。これにより、日本で性別適合手術が合法的に行えるようになった[28]。
1998	HBIGDAがSOC5を発表[1][2]。	

年	世界	日本
1998	アメリカのゲイの大学生（マシュー・シェパード）が同性愛を理由に暴行・殺害されヘイトクライムとして注目を集める。この事件が、2009年のヘイトクライム取締法（マシュー・シェパード法）成立のきっかけとなった[29]。	
2000	★EUにおいて「雇用と職場における平等」指令によりLGBT差別が禁止される[30]。 ★EU基本権憲章に「性的指向を理由とした差別を受けない」権利が明記される[30]。 ★LGBT権利運動を支援するアーカス財団が設立され、世界中のLGBT活動家団体に資金援助を行い始める[31]。	
2001	世界で初めてオランダで同性婚が可能になる。（それ以降 ベルギー・スペイン・フランス・イギリス等各国で、同性婚を認める法案が次々に可決）[32] ★イギリスのストーンウォールが多様性チャンピオンズプログラム（企業・団体のアライ化）を開始する[33]。	
2002	★アメリカの人権団体ヒューマン・ライツ・キャンペーン（ＨＲＣ）が"Corporate Equality Index"（企業平等指数）の公表を開始。全米の企業各社がＬＧＢＴ等特定の従業員を排除せず平等に受容しているかを評価[34]。また、同団体が発行する"Buyer's Guide"で、LGBTフレンドリーな企業がランキング形式で紹介される。こうした指標は、消費者が購買行動を決定する際や、人材が企業を選択する際の一つの参考指標とされているため、企業としてはこれらを必然的に意識することとなる。	

年	世界	日本
2003	アメリカの連邦最高裁判所が、テキサス州が定めていた同性愛行為禁止法を無効とし、同性間の性行為は憲法により保護されているとの判断を下した[35]。	★「性同一性障害者の性別の取扱いの特例に関する法律」が制定される。日本において条件を満たした性同一性障害者が戸籍の性別を変更可能になる。(医師の診断書や性別適合手術などが必要)[36]
2004	★イギリスでジェンダー認識法 (GRA) が制定。世界で初めて性別適合手術なしで法的性別を変更できるようになる。(医師の診断書は必要)[37]	
2006	★ジョグジャカルタ原則 (性的指向と性同一性に関わる国際人権法の適用に関する原則) が採択される[38]。 インドネシアのジョグジャカルタ市で行われた国際会議にて、国際法律家委員会や元国際連合人権委員会構成員、および有識者たちが採択。 LGBTを含む全ての人の人権を保障し、一切の差別や弾圧を厳禁するため、全ての国家が遵守すべき国際法規の基準を提案したもの。 これが「性自認」が生物学的性別よりも優先されるという思想の基礎となった。	日本学術会議が主催で「身体・性差・ジェンダー―生物学とジェンダー学の対話―」というターニングポイントとなる講演会が開催される[39]。
2007	HBIGDAが名称をWPATH(ダブリューパス)へ変更。活動家などの非医療者のメンバーの割合が多くなる[1][2]。	「東京レズビアン&ゲイパレード (TLGP)」が「東京プライド・パレード」に名称変更。同年、「第6回」東京プライド・パレードに厚生労働省・東京都の後援が付く[40]。 包括的性教育を推進する団体ピルコンが活動開始。(2013年にNPO法人化)[41]
2008	「性的指向と性同一性に関する声明」が国連に提出される。(アラブ連盟の反対で未採択)[42]	東京プライドパレードの理事が全員辞任、「再建検討委員会」が再建

年	世界	日本
2008	米国心理学協会にアーカス財団の資金が入る。「多様な性」がGender Identityに変わり、「Gender Identityと性別多様性に関する特別委員会」が設立される[43]。	策を模索する事態になった[44]。
2009	★ユネスコが包括的性教育のガイドラインである『国際セクシュアリティ教育ガイダンス』を作成[45]。 アメリカでヘイトクライム取締法（マシュー・シェパード法）が成立[46][47]。 オーストリアで手術要件が撤廃され、手術無しで法的性別が変更可能になる[48]。	
2010	★イギリスで包括的差別禁止法（平等法）が制定される[49][50]。 ★民主党オバマ政権下のアメリカで包括的性教育が始まる[51]。 WPATH（ダブリューパス）が「トランスジェンダーの脱精神病理化」を求める声明を発表。トランスジェンダーの抱えるメンタルヘルスの問題は社会における偏見と差別による「マイノリティストレス」が原因だとも主張[1][2]。 ★ジョグジャカルタ原則のさらに具体的な解説と、当原則を踏まえて、人権活動家のために国際人権組織の活動を紹介した「Activist's Guide」が多言語版の翻訳と共に発表される。[52] ★ドイツ連邦保健教育センター（BZgA）が包括的性教育のガイドライン『欧州の性教育標準』を作成する。[53][54]	

年	世界	日本
	アメリカの大富豪ジョージ・ソロスのオープンソサエティ財団が1億ドル（当時のレートで85億円）を国際NGOのヒューマン・ライツ・ウォッチに援助することを発表。(55)	
2011	1月　★ドイツ連邦憲法裁判所が手術要件を違憲と判断し、手術要件が撤廃される(56)。 3月　★国連人権理事会が「ビジネスと人権に関する指導原則」を全会一致で承認(57)。 6月　★国連の人権理事会（UNHRC）が「世界のすべての地域において、性的指向およびジェンダー同一性を理由として個人に対して行われる暴力と差別の全ての行為に重大な懸念を表明」する決議を採択(58)。 7月　★国際レズビアン・ゲイ協会（ILGA）が国連関連団体になる。1994年に資格剥奪されて以来、17年ぶり(21)。 12月　ヒラリー・クリントン米国務長官が国連でLGBTの人権について演説し、世界が注目する(59)。	
2012	★アルゼンチンが世界で初めてジェンダー・セルフID制度を導入(60)。 ★WPATH（ダブリューパス）がSOC7を発表。思春期ブロッカーを完全に可逆的なものとして推奨。心理療法が必須ではなくなる(61)。 ロンドンオリンピック・パラリンピックでLGBTへの支援が積極的に打ち出された(62)。	大阪府泉南市で「性的指向」や「性同一性障害」に対する人権侵害を禁止する項目を含んだ条例が作られる。(泉南市男女平等参画推進条例) (63) 松中権がwork with Prideを創立。日本IBM、ヒューマン・ライツ・ウォッチ、グッド・エイジング・エールズの3者が共同で日本のLGBTQ+従業員支援に関するセミナーを企画したのが始まり(64)。

年	世界	日本
2013	★DSM-5で性同一性障害（GID）の病名が性別違和（GD）に変更される(65)。 スウェーデン、オランダで手術要件が撤廃され、手術無しで法的性別が変更可能になる(48)。 アメリカでヒラリー・クリントン国務長官により、IVLPのLGBT研修プログラムが始まる。第1回に、日本から松浦大悟、井戸まさえ、松中権、小野春が参加(66)。 ジェームズ・プリツカーがトランスジェンダーであることを公表し、ジェニファー・プリツカーに改名する(25)。 なお、オバマ政権で2013年から2017年まで商務長官を務めたペニー・プリツカー(Penny Pritzker)はいとこ(67)。	2022年のオリンピックが日本で開催されることが決定(68)。
2014	★「EU人権促進7カ年計画」で、性的マイノリティの人権について情報提供するべく、一般市民向けの研修・セミナー、NGO活動、報告書や統計作成等に対し、総計4億ユーロ（620億円）以上の予算がつけられる(30)。 オリンピック憲章で人種・宗教と並び、性別や性的指向による差別を禁止(69)。 イギリスで子供や若者のトランスジェンダーが急増し始める。特に思春期の少女がトランスジェンダーを自認するケースが増加。また、一般診療において思春期ブロッカーが使用され始める(70)。	
2015	6月　アメリカで連邦最高裁判所が、同性婚を認めない国内の州法を違憲と判断。同性婚が米国内全ての州で事実上合法化(71)。	渋谷区が全国で初めてパートナーシップ制度を導入。日本でLGBTという言葉が広がる(76)。

年	世界	日本
	国連がLGBTの人権尊重と差別撤廃に取り組む理由について「LGBTの人々を社会から排除するとどんな損失が生まれるか？」という観点でまとめた動画を発表[72]。 7月　アメリカで第2回LGBT研修。村木真紀（虹色ダイバーシティ代表）、南和行弁護士、小品ローマ（= 五十嵐 ゆり）（Rainbow Soup代表）、牧園祐也（Love Act Fukuoka代表）、石崎杏理（FRENS代表）[66][73][74] 9月　★国連がSDGsを採択[75]。	
2016	★ストーンウォールがSDGsにどのようにしてLGBTQの権利を組み込むかを発表[77]。 ★ダボス会議でSDGsを通じてLGBTQを推進する企業連合Open　Fro Businessが設立される。（マイクロソフトなどの大企業やドイツ銀行やイギリスの企業、法律事務所なども参加）[78][79] ★フェミニスト哲学者のキャサリン・ジェンキンス（Katharine Jenkins）が「女性」を「性自認が女性の人」と再定義[80]。 アメリカのフロリダ州のゲイクラブで銃乱射事件が起こる[81]。 クィアを包括した「LGBTQ」が好んで使われるようになる。（米国のメディアモニタリング組織 GLAADによる）[82] ★IOCが「性別変更と高アンドロゲン血症に関するIOC合意形成会議」を発表し、ホルモンの条件を満たせば性別適合手術を受けていないトランス女性が女子スポーツに	★日本でも企業のLGBT施策を評価する「PRIDE指標」がwork with Prideにより策定される。立ち上げメンバーは日本アイ・ビー・エム株式会社、パナソニック株式会社、ソニー株式会社、アウト・ジャパン、第一生命保険株式会社、株式会社電通、野村證券株式会社、富士通株式会社、モルガン・スタンレー、ライフネット生命保険株式会社、株式会社ラッシュジャパンなど全24社[84]。 国会にLGBT法連合会が作成したLGBT差別禁止法案（性的指向又は性自認を理由とする差別の解消等の推進に関する法律案）が提出され廃案になる[85]。 この時にLGBT理解増進法の原型も対案として作成された。

年	世界	日本
2016	参加できるようになった(69)。 民主党オバマ政権下のアメリカでトランスジェンダーの軍入隊を認める方針が発表(102)。	
2017	チェチェン共和国で「同性愛者に対する粛清」を開始(86)。 ★国連エイズ合同計画（UNAIDS）がLGBTI差別が世界経済に与える損失は年間1000億ドル（約11兆円）に上るという調査結果を発表。経済界がLGBT問題に注目(87)。 ★国連人権高等弁務官事務所（OHCHR）は、企業のLGBTIに対する差別解消の取り組みを支援するための、グローバルな行動基準「Standards of Conduct for Business」を公表。世界の企業に対し、LGBTの権利推進を要請(88)(89)。 アメリカの共和党ドナルド・トランプ大統領が軍入隊を禁止(83)。 カナダ人権法が改正され性自認も保護の対象となり、トランスジェンダーへのヘイトスピーチが禁止される(90)。 女性（シス女性）の人権と未手術トランス女性の権利の衝突を把握したジョグジャカルタ原則の起草者らから女性の人権に対する考慮不足であったとの自己批判がなされ、起草者や署名者らの一部が再集結し、追加の専門家と共に10個の原則を追加したものを再発表した。『YP+10』と略称される追加文書で、ジョグジャカルタ原則を補足するものとして、新規に第30～第38原則を追加し、新たな概念を導入し、既存原則にも追記を行っている(91)。	★「東京2020オリンピック・パラリンピック競技大会　持続可能性に配慮した調達コード」が発表され、東京五輪に提供する商品やサービスの製造・流通等に関わるすべての企業がLGBT施策の実施を求められた(93)。 ★経団連が会員企業に対してLGBTについてのダイバーシティ&インクルージョン策を実施するよう提言(94)。

年	世界	日本
	11月　★ドイツの憲法裁判所が現行制度が個人の権利を侵害し差別禁止法に違反しているとし「第3の性」を認めるか、性別登録制度を全面的に廃止することを命じた(92)。	
2018	米国でLGBTをサポートする企業を選んで投資するETF（上場投資信託）が登場(95)。 ★WHOがICD-11への改訂を発表。性同一性障害が「精神疾患」のカテゴリーから外れて、「性の健康に関する状態」へ変更。それに合わせて疾患名も性同一性障害（GID）から性別不合（GI）に変更された(96)。 ★ドイツが法的な性別として、男性と女性以外の第3の性を承認(97)。	★お茶の水女子大が2020年度からトランス女性の学生を受け入れることを発表(98)。 日本で性別適合手術が保険適用になる。厚生労働省が「性別適合手術の保険適用について」という書面を発表(99)。
2019	イギリスで「男性は女性になれない」と主張した女性マヤ・フォーステイターが職場を解雇され、裁判を起こす(100)。 イギリスでGIDS（ジェンダーアイデンティティ発達サービス）の杜撰な診断と治療により被害を受けたとして、元トランス男性のキーラ・ベルがタヴィストックに対して裁判を起こす(101)。 ★世界経済フォーラム（ダボス会議）で、世界の大手企業7社が『世界のLGBTIの平等に向けたパートナーシップ（Partnership for Global LGBTI Equality）』を設立。 発起人は、アクセンチュア、ドイツ銀行、EY、マスターカード、マイクロソフト、オムニコム、セールスフォース・ドットコム。 2020年までに同フォーラム参加企業50～100社の協賛を得ることを目標に掲げた。 2017年に国連が発表した行動基準に基づい	フェミニスト団体のWAN（Woman Action Network）が、「トランス女性に対する差別と排除とに反対するフェミニスト及びジェンダー／セクシュアリティ研究者の声明」を発表(105)。 ヒューマン・ライツ・ウォッチが、トランスジェンダーが手術や医師の診断書無しで性別を変えられるジェンダー・セルフID制度の日本への導入を提言(106)。 報告書を書き国連高等弁務官事務所特別手続部に働きかけ→国連→日本政府に書簡送付。法務省にも書簡送付。 これが政府や最高裁に影響を与えた可能性あり。 ★LGBT法連合会が毎日新聞記者と共に『LGBTQ報道ガイドライン』

年	世界	日本
2019	た取り組み(102)。 世界最大級の広告代理店FCBが、ゲイを拒絶したNIVEAとの契約を終了(103)。 ★LGBT活動家団体(IGLYO)と弁護士事務所(Dentons)とロイター通信の会社(Thomson Reuters Foundation)が、LGBTの権利運動を世界中に広げるための手引書を制作(104)。	を作成(107)。
2020	イングランドでジェンダー・セルフID制度の導入が阻止される(108)。 ★Open for Businessが、企業幹部向けにSDGsとLGBTQインクルージョンの関連性を詳しく説明し、SDGs関連施策とLGBT+インクルージョンへの取り組みをどのように結びつけるか解説するビジネス指南書を発行(109)。 ゴールドマン・サックスが、取締役会に白人異性愛男性しかいない会社とは取引しないと宣言(110)。 ワールドラグビーが女子のエリートレベルおよび国際レベルの試合へのトランス女性の出場を禁止(111)。	ヒューマン・ライツ・ウォッチがトランス女性が全ての女子大へ入学できるよう要請書を提出(112)。
2021	アメリカの民主党バイデン大統領が、前大統領のトランプの決定を覆してトランスジェンダーの軍入隊禁止を撤回(113)。 3月　ドイツが世界中のLGBTIの権利を守るためのLGBTIインクルージョン戦略を発表(114)。 イギリスの政府部門がストーンウォールの多様性チャンピオンズプログラムから撤退	GID学会が「国連諸機関による『強制・強要された、または非自発的な断種の廃絶を求める共同声明』を支持します」と発表。同時に手術やホルモンへの保険適用と、GIDの名称や法的な概念や定義の変更を求める(117)(118)。

年	世界	日本
	し始める[115]。 トランス女性の重量挙げ選手ローレル・ハバードが、初めてのトランスジェンダーのオリンピック選手として東京オリンピックに出場[116]。	
2022	1月　WHOがICD-11を発行。性同一性障害が性別不合となり、「精神疾患」のカテゴリーから外れる[119]。 3月　未手術のトランス女性水泳選手リア・トーマスが全米大学選手権の女子部門で優勝して物議を醸す[120]。 6月　世界水泳連盟が「男性としての思春期を経験したトランス女性は女子競技に参加できない」という方針を発表。オープン枠を新設[121]。 7月　イギリスが男女別トイレの設置を義務付ける方針を表明[122]。 イギリスのGIDSが閉鎖決定[123]。 9月　★WPATH（ダブリューパス）のSOC8が発表される。未成年者の年齢制限を全削除[124]。 (のちにバイデン政権高官のレイチェル・レヴィンや、米国小児科学会から年齢制限を削除するように圧力をかけるメールが送られていたことが判明)[125][126] 10月　SOC8の内容を受けて、WPATH（ダブリューパス）の方針に賛同できないと主張する医療関係者らがBeyod WPATH（WPATHを超えて）という反対声明を出し、よりエビデンスに基づいた責任あるガイドラインを求めて署	『LGBTQ報道ガイドライン』の第2版が発表される[130]。

年	世界	日本
2022	名を集め始めた[127]。 12月　アメリカで同性婚法制化[128]。 スコットランドでジェンダー・セルフID制度の導入が阻止される[129]。	
2023	3月　世界陸連が「男性としての思春期を経験したトランス女性は女子競技に参加できない」という方針を発表[131]。 6月　イギリスのマヤ・フォーステイターの事件（「男性は女性になれない」と主張したことで解雇された）で、職場に対して10.5万ポンド（2030万円）の賠償命令[132]。 7月　国際自転車連合が「男性としての思春期を経験したトランス女性は女子競技に参加できない」という方針を発表。男子カテゴリーをオープンカテゴリー化[133]。	6月　★LGBT理解増進法（性的指向及びジェンダーアイデンティティの多様性に関する国民の理解の増進に関する法律）が制定される[134]。 7月　経済産業省の職員である未手術トランス女性が「職場で使用できる女子トイレを制限されているのは違法である」と起した裁判で勝訴。同僚の女性たちが明確に女子トイレの共用を拒否している証拠（アンケートなど）が存在しなかったことが、この判決の決め手となった[135][136]。 10月　★最高裁で性同一性障害特例法の手術要件（生殖腺要件）が違憲と判断される[137]。 11月　性教協により包括的性教育推進法制定を求めるネットワークが設立される[139]。 12月　★日本民間放送連盟（民放連）が「性的指向・性自認による差別を認めない」という文言を含む「人権に関する基本姿勢」を策定[140]。
2024	1月　トランス女性の競泳選手リア・トーマスが女子カテゴリーへの参加を求めてス	日本のGID学会がGI（性別不合）学会に名称変更[150]。

年	世界	日本
	ポーツ仲裁裁判所で世界水連を提訴。(6月に棄却される)[141] 3月　★WPATHファイルが公開される[142][143]。 NHSイングランドが思春期ブロッカーの新規処方を終了[144]。 トランス女性の競泳選手リア・トーマスと競わされたり更衣室の共用を強いられた女子選手たちが、全米大学体育協会などに対して集団訴訟を起こす[145]。 4月　★未成年者へのジェンダー肯定医療に関するイギリスの大規模調査 The Cass Reviewの最終報告書が公開される[146][147]。 国連特別報告者であるリーム・アルサレムが The Cass Review に言及し、「10代の若者への壊滅的な影響が明らかになった」と指摘[148]。 欧州児童青年精神医学会 (ESCAP) が、小児および青年期のジェンダー違和に関する声明を発表。医療従事者に対して「心理社会的影響が証明されていない実験的で不必要に侵襲的な治療を推進せず、“第一に、害を及ぼさない” の原則を遵守すること」を求めた[149]。 5月　ドイツで未手術トランス女性のシャワー利用を断った女性専用ジムが差別禁止法違反であるとして1,000ユーロ(16万円)の賠償を命じられた[146]。 6月　ドイツでマクドナルドに勤務する未手術トランス女性が、同僚の女性が更衣室の共用を拒否したことを理由に、職場から	7月　広島高裁で未手術トランス女性が外観要件を満たしていると判断され、男性器があるまま戸籍の性別を女性に変更[155]。 妻がいるトランス女性が、戸籍の性別を変更するために離婚せねばならないのは憲法違反であるとして、性別変更を申し立てる。[156]

年	世界	日本
2024	女子更衣室を使用しないよう求められたことが差別禁止法違反であるとして告訴(151)。 7月　イギリス総選挙で保守党が大敗し、労働党政権となる。新政権発足直後、The Cass Reviewの内容を履行することを宣言し、思春期ブロッカーの永久禁止の方針を表明(157)。 ドイツがジェンダー・セルフID制度を導入し、ミスジェンダリングへの罰金刑も制定(153)。	

こうして見ると、この運動においては、経済界を引き込む動きが非常に強いことがわかる。

思想的な転機はもちろん、1990年に哲学者のジュディス・バトラーが『Gender Trouble』を著したことだが、政治的な転機は2000年前後に起こっているように思う。

2000年に世界中のLGBT活動家団体に経済的支援を行い、積極的なロビー活動を行うタワニ財団やアーカス財団が設立されて経済的な基盤を獲得し、2001年にイギリスのストーンウォール、2002年にはアメリカのヒューマン・ライツ・キャンペーン(HRC)が、企業がLGBTフレンドリーかどうかの認定制度を開始。これにより効率的に自分たちの主張を拡散することができるうえに、さらには認定料や研修費などで安定した収入まで確保できて一石二鳥の方策である。それで得た資金を活かして積極的なロビー活動を行い、政府や行政、メディアなどに働きかけることができたからこそ、ここまでこの政治運動を成功させることができたのだろう。

2016年に日本で設立された、松中権が代表のLGBT活動家団体 work with Pride は、もちろんストーンウォールやヒューマン・ライツ・キャンペーン（HRC）の模倣である。彼は2013年にアメリカで行われた活動家向けの研修会に参加しているので、どちらかというとHRCであろうか。
特に日本の方針に影響を与えたのは、意外なことに2021年に開催された東京オリンピックであったようだ。
2012年のロンドン五輪の時からLGBTへの積極的な支援が提唱されていたようだが、「東京2020オリンピック・パラリンピック競技大会　持続可能性に配慮した調達コード」が発表された2017年当時は、東京五輪に提供する商品やサービスの製造・流通等に関わるすべての企業がLGBT施策の実施を求められるなど、かなり強制的にLGBT支持を行わなければならなかった様子。
ちょうど同じ年に、経団連が会員企業に対してLGBTについてのダイバーシティ＆インクルージョン施策を実施するよう提言したのも決して偶然ではないだろう。
恐らくは、LGBT施策の実施と言われても何をすればいいかわからない、という企業の声に応えて経団連が手引きを作った形だったのではないかと推測する。
また、東京オリンピックに向けて、東京都を始めとした関東一円の自治体もLGBT政策を実施している。
オリンピック誘致がもたらした思いもかけない影響である。
しかし歴史上初めて、トランスジェンダー女性の選手が女子競技に出場したオリンピックでもあったことを考えると、このような影響があったのも必然だったのかもしれない。

そして同じ頃から、日本でのLGBT問題も顕在化し始める。
2018年にお茶の水女子大学がトランス女性の入学受け入れを表明したことにより、SNS上でトランスジェンダーをめぐる議論が活発化。この議論を通して、LGBT思想支持派による異論者への激しい攻撃が多数認められた。議論が激化する中、2019年にフェミニスト団体のWAN(Woman Action Network)が、「トランス女性に対する差別と排除とに反対するフェミニスト及びジェンダー／セクシュアリティ研究者の声明」を発表し、日本の主だったフェミニストはLGBT思想を支持する立場であることが明確となった。

海外からの働きかけも活発になっており、アメリカの大富豪ジョージ・ソロスから多額の援助を受け、かつ大物LGBT活動家の柳沢正和が理事を務めるヒューマン・ライツ・ウォッチ（HRW）が2019年には性同一性障害特例法の手術要件撤廃及びジェンダー・セルフID制度導入を求める要請書を政府などに、2020年にはトランス女性を全ての女子大に入学させるように求める要請書を各女子大学に対して送っている。

なお、日本最大のLGBT活動家団体であるLGBT法連合会もジョージ・ソロスからの資金援助を受けて2021年に「SOGI差別根絶ファンド」を設立している。

ジェンダー医療関係に多額の資金援助を行うことによりジェンダー医療とWPATH（世界トランスジェンダーヘルス専門家協会）の礎を築いたアメリカの資産家によるエリクソン教育財団にしろ、アメリカの大富豪ジョージ・ソロスのオープン・ソサエティ財団にしろ、アメリカの大手医療機器メーカーであるストライカー・コーポレーションによるアーカス財団にしろ、シカゴを拠点とするアメリカで最も裕福な一族の一員であり、2013年に世界初のトランスジェンダーのビリオネアと称されたジェニファー・プリツカーのタワニ財団にしろ、LGBT活動家団体の陰にはアメリカ資本の影響が色濃くあるようだ。

【参考】
(1) The WPATH Files (p.6-9)
https://static1.squarespace.com/static/56a45d683b0be33df885def6/t/6602fa875978a01601858171/1711471262073/WPATH+Report+and+Files111.pdf
(2) トランスジェンダー医学の簡単な歴史とWPATHの黎明期
https://www.jegma.jp/entry/WPATHFiles006-009

※（1）の翻訳
（3） 舘　かおる，ジェンダー概念の検討，ジェンダー研究　第1号　1998, pp 81-95.
http://www.igs.ocha.ac.jp/igs/IGS_publication/journal/01/01_07.pdf
（4） スーザン・ストライカー，「トランスジェンダー」の旅路，ジェンダー研究　第23号　2020, pp 7-25.
https://www2.igs.ocha.ac.jp/en/wp-content/uploads/2020/10/special-1.pdf
（5） 1965: Transgenderism = Transsexualism From Sexual Hygiene and Pathology, 1965 by John F. Oliven, MD:
https://research.cristanwilliams.com/2012/06/02/1965-transgenderism-transsexualism/
（6） ゲイたちの抵抗、ストーンウォールから40年目のプライド・パレード
https://www.afpbb.com/articles/-/2615839?act=all
（7） 「ブルーボーイ裁判」判例
https://web.archive.org/web/20030819092351/http://www.netlaputa.ne.jp/~eonw/source/law/blue.html
（8） 世界のプライドパレード
https://tokyorainbowpride.org/parade/world/
（9） Stonewall Riots
https://www.history.com/topics/gay-rights/the-stonewall-riots
（10） スウェーデン・性の転換に関する法律
https://www.senshu-u.ac.jp/School/horitu/researchcluster/hishiki/hishiki_db/thj0090/rex6.htm
（11） ILGA公式HPより ABOUT US
https://ilga.org/about-us/
（12） The transsexual empire : the making of the she-male
https://search.worldcat.org/ja/title/29548586?oclcNum=29548586
（13） Feminist Solidarity after Queer Theory: The Case of Transgender
https://www.journals.uchicago.edu/doi/10.1086/343132
（14） What does queer mean? Unpicking the history of the reclaimed LGBTQ+ term
https://www.thepinknews.com/2024/01/26/what-does-queer-mean/
（15） 「“人間と性”教育研究協議会」が語る子どもに伝えたい性教育とは？
https://school-post.com/column/sexeducation201610/
（16） セクシュアルマイノリティに関する法制度
https://www.japanordic.com/assets/wp-content/uploads/2017/03/10.pdf
（17） Stonewall's history

https://www.stonewall.org.uk/stonewalls-history

(18) The Normalization of Queer Theory
https://www.tandfonline.com/doi/abs/10.1300/J082v45n02_17

(19) 木村涼子編，よくわかるジェンダー・スタディーズ　人文社会科学から自然科学まで，ミネルヴァ書房，2013年．

(20) Challenging Gender Boundaries: A Trans Biography Project by Students of Catherine Jacquet
https://outhistory.org/exhibits/show/tgi-bios/brandon-teena

(21) ECOSOC: LGBT VOICES AT THE UNITED NATIONS / ECOSOC COUNCIL VOTE GRANTS CONSULTATIVE STATUS TO ILGA
https://ilga.org/news/ecosoc-lgbt-voices-at-the-united-nations-ecosoc-council-vote-grants-consultative-status-to-ilga/

(22) U.N. Suspends Group in Dispute Over Pedophilia
https://www.nytimes.com/1994/09/18/world/un-suspends-group-in-dispute-over-pedophilia.html

(23) Fourth World Conference on Women, 4-15 September 1995, Beijing, China
https://www.un.org/en/conferences/women/beijing1995

(24) 第4回世界女性会議　北京宣言
https://www.gender.go.jp/international/int_standard/int_4th_beijing/index.html

(25) Jennifer Pritzker Becomes First Transgender Billionaire
https://www.forbes.com/sites/briansolomon/2013/09/16/jennifer-pritzker-becomes-first-transgender-billionaire/

(26) タワニ財団の公式HP
https://tawanifoundation.org/

(27) Canadian Human Rights Act
https://laws-lois.justice.gc.ca/eng/acts/h-6/fulltext.html

(28) “性同一性障害と性転換手術”
https://www.jstage.jst.go.jp/article/jjcs1979/26/2/26_2_290/_pdf/-char/ja

(29) Our Story
https://www.matthewshepard.org/about-us/our-story/

(30) LGBTI人権擁護政策でも先進的なEU
https://eumag.jp/issues/c0415/

(31) arcus foundation
https://www.arcusfoundation.org

(32) The Netherlands Celebrates 20 Years Since Becoming The First Country To Legalize Same-Sex Marriage By Floating A Giant Pink Cake Down Amsterdam's Canals
https://www.forbes.com/sites/roberthart/2021/04/01/the-netherlands-celebrates-20-years-since-becoming-the-first-country-to-legalize-same-sex-marriage-by-floating-a-giant-pink-cake-down-amsterdams-canals/?sh=6243a0d14c1a
(33) The Diversity Champions Programme
https://www.stonewall.org.uk/diversity-champions-programme
(34) Corporate Equality Index 2023-2024
https://www.hrc.org/resources/corporate-equality-index
(35) Lawrence v. Texas, 539 U.S. 558 (2003)
https://supreme.justia.com/cases/federal/us/539/558/
(36) 性同一性障害特例法とその周辺
https://dl.ndl.go.jp/view/download/digidepo_10954752_po_0977.pdf?contentNo=1
(37) Search Gender Recognition Act 2004
https://www.legislation.gov.uk/ukpga/2004/7/contents
(38) THE YOGYAKARTA PRINCIPLES
http://yogyakartaprinciples.org/wp-content/uploads/2016/08/principles_en.pdf
(39) 2006/7/8 日本学術会議主催公開講演会 身体・性差・ジェンダー —生物学とジェンダー学の対話—
https://joseigakkai-jp.org/study/152/
(40) 東京プライドパレード（厚生労働省後援）
https://www.mhlw.go.jp/shingi/2007/09/dl/s0912-14b_0017.pdf
(41) 団体概要
https://pilcon.org/about_us/organization_profile
(42) 国連：総会で、性的指向と性自認についての宣言
https://www.hrw.org/ja/news/2008/12/11/235075
(43) THE BILLIONAIRES BEHIND THE LGBT MOVEMENT
https://www.firstthings.com/web-exclusives/2020/01/the-billionaires-behind-the-lgbt-movement
(44) 日本のプライドパレード
https://tokyorainbowpride.org/parade/japan/
(45) International technical guidance on sexuality education: an evidence-informed approach (jpn)
https://unesdoc.unesco.org/ark:/48223/pf0000374167

(46) Obama Signs Hate Crimes Bill
https://archive.nytimes.com/thecaucus.blogs.nytimes.com/2009/10/28/obama-signs-hate-crimes-bill/
(47) S.909 - Matthew Shepard Hate Crimes Prevention Act
https://www.congress.gov/bill/111th-congress/senate-bill/909/text
(48) TRANS LEGAL MAPPING REPORT 第3版
https://ilga.org/trans-legal-mapping-report/
(49) Equality Act 2010
https://www.legislation.gov.uk/ukpga/2010/15/contents
(50) Equality Act 2010: guidance
https://www.gov.uk/guidance/equality-act-2010-guidance
(51) Proven Sex-Ed Programs Get A Boost From Obama
https://www.npr.org/2010/06/06/127514185/proven-sex-ed-programs-get-a-boost-from-obama
(52) An Activist's Guide to The Yogyakarta Principles
http://yogyakartaprinciples.org/wp-content/uploads/2016/10/Activists_Guide_English_nov_14_2010.pdf
(53) Standards for Sexuality Education
https://www.bzga-whocc.de/en/publications/standards-for-sexuality-education/
(54) 包括的性教育の元ネタ（WHO&ユネスコ）をまとめてみた
https://note.com/fine_macaw88/n/ne604923b3634#99ce1c9e-314f-422b-a3a9-f26a024c8791
※（53）の一部を翻訳
(55) ジョージ・ソロス氏　1億ドル（約85億円）をヒューマン・ライツ・ウォッチに寄付
https://www.hrw.org/ja/news/2010/09/07/240530
(56) ドイツにおける法的性別変更――トランスセクシュアル法の現状――
https://dl.ndl.go.jp/view/download/digidepo_11538863_po_02850003.pdf?contentNo=1
(57) ビジネスと人権に関する指導原則：国際連合「保護、尊重及び救済」枠組実施のために（A/HRC/17/31）
https://www.unic.or.jp/texts_audiovisual/resolutions_reports/hr_council/ga_regular_session/3404/
(58) 国連人権理事会 総会
https://www.unic.or.jp/files/a_hrc_res_17_19.pdf
(59) 世界人権デーを記念するクリントン国務長官の講演

https://japan2.usembassy.gov/j/p/2011/tpj-20111228a.html
(60) Argentina's Gender Identity Law allows gender modification on official documents; recognizes third category, “X,” for non-binary identities (2012-ongoing)
https://www.sdg16.plus/policies/argentinas-gender-identity-law-allows-gender-modification-on-official-documents-recognizes-third-category-x-for-non-binary-identities/
(61) トランスセクシュアル、トランスジェンダー、ジェンダーに非同調な人々のためのケア基準（第7版）
https://www.wpath.org/media/cms/Documents/SOC%20v7/SOC%20V7_Japanese.pdf
(62) スポーツの力でLGBTに理解のある社会へ
https://www.tokyo-jinken.or.jp/site/tokyojinken/tj-79-feature.html
(63) 泉南市男女平等参画推進条例
https://www.city.sennan.lg.jp/kakuka/gyouseikeiei/jinkensuishinka/danjobyodosankakukakari/danjosankaku/1455068082337.html
(64) work with Prideとは
https://workwithpride.jp/about-us/
(65) Gender Dysphoria Diagnosis
https://www.psychiatry.org/psychiatrists/diversity/education/transgender-and-gender-nonconforming-patients/gender-dysphoria-diagnosis
(66) 松浦大悟, LGBTの不都合な真実, 秀和システム, 2021, pp.176-212.
(67) The fascinating life of Penny Pritzker (so far)
https://fortune.com/2014/06/02/fortune-500-pritzker/
(68) 2020年五輪、東京開催が決定　56年ぶり
https://www.nikkei.com/article/DGXNASDG07047_Y3A900C1000000/
(69) トランスジェンダーの参加をめぐるスポーツの歴史－排除から包摂へ－　來田享子
https://wan.or.jp/article/show/10696
(70) The Cass Review Independent review of gender identity services for children and young people: Final report p.70-74
https://cass.independent-review.uk/wp-content/uploads/2024/04/CassReview_Final.pdf
(71) Obergefell v. Hodges (2015)
https://constitutioncenter.org/the-constitution/supreme-court-case-library/obergefell-v-hodges

(72) Free&Equal: 排除の代償
https://youtu.be/nmPRc1CYzZ4
(73) アメリカ国務省主催・LGBTIプログラムレポート[イントロダクション]
https://rainbowsoup.net/ivlp-lgbtiprogram-introduction/
(74) アメリカLGBT研修レポートを掲載していただきました。
https://rainbowsoup.net/jase20160215-ivlp/
(75) 持続可能な開発目標（SDGs）とは
https://www.unic.or.jp/activities/economic_social_development/sustainable_development/2030agenda/
(76) 同性カップルに「結婚相当」の証明書発行：東京都渋谷区が日本初の条例制定へ
https://www.nippon.com/ja/behind/l00095/
(77) THE SUSTAINABLE DEVELOPMENT GOALSAND LGBT INCLUSION
https://www.stonewall.org.uk/system/files/sdg-guide.pdf
(78) Open For Business設立時のプレスリリース
https://static1.squarespace.com/static/5bba53a8ab1a62771504d1dd/t/5c6f0f2915fcc0e2e4b189b2/1550782265687/Press+release+-+22+Jan+2016+Davos.pdf
(79) Open For Businessの公式サイト
https://open-for-business.org
(80) Amelioration and Inclusion: Gender Identity and the Concept of Woman
https://www.journals.uchicago.edu/doi/full/10.1086/683535
(81) Orlando shooting: 49 killed, shooter pledged ISIS allegiance
https://edition.cnn.com/2016/06/12/us/orlando-nightclub-shooting/index.html
(82) GLAAD Officially Adds the 'Q' to LGBTQ
https://www.nbcnews.com/feature/nbc-out/glaad-officially-adds-q-lgbtq-n673196
(83) トランプ米大統領　トランスジェンダーの軍入隊禁止を表明
https://www.bbc.com/japanese/40737330
(84) 日本でも企業のLGBT施策を評価する「PRIDE指標」が策定されることになりました
https://www.outjapan.co.jp/pride_japan/news/2016/6/2.html
(85) 第一九〇回　衆第五七号　性的指向又は性自認を理由とする差別の解消等の推進に関する法律案
https://www.shugiin.go.jp/internet/itdb_gian.nsf/html/gian/honbun/houan/g19001057.htm
(86)「LGBTの粛清」が蔓延るロシアの「内なる外国」チェチェン

https://www.fsight.jp/articles/-/48580
(87) ダボス会議で世界的な企業7社が「世界のLGBTIの平等に向けたパートナーシップ」を設立
https://www.outjapan.co.jp/pride_japan/news/2019/2/11.html
(88) Standars of Conduct for Business
https://www.unfe.org/what-we-do/our-campaigns/standards-of-conduct-for-business
(89) (日本語) レズビアン、ゲイ、バイセクシャル、トランスジェンダーおよびインターセックスの人々に対する差別への取組み　企業のための行動基準
https://www.unic.or.jp/files/LGBTI_UN_Broch_JP.pdf
(90) カナダにおけるLGBTの就労をめぐる状況
https://www.jil.go.jp/foreign/labor_system/2017/11/canada.html
(91) The Yogyakarta Principles plus 10 (YP plus 10)
http://yogyakartaprinciples.org/principles-en/
(92) 男女以外の「第３の性」、ドイツで認定へ　最高裁判決
https://www.cnn.co.jp/world/35110117.html
(93) 持続可能性に配慮した調達コードについて
https://www.kantei.go.jp/jp/singi/tokyo2020_suishin_honbu/shokubunka/setumeikai/code.pdf
(94) ダイバーシティ・インクルージョン社会の実現に向けて
https://www.keidanren.or.jp/policy/2017/039.html
(95) 米国でLGBTをサポートする企業を選んで投資するETF（上場投資信託）が登場
https://www.outjapan.co.jp/pride_japan/news/2018/1/4.html
(96) WHOの「国際疾病分類」が改訂され、性同一性障害が「精神疾患」から外れることになりました
https://www.outjapan.co.jp/pride_japan/news/2018/6/8.html
(97) ドイツ政府が第三の性を承認、公的書類の性別欄に「ディバース」が追加されることに
https://www.outjapan.co.jp/pride_japan/news/2018/8/7.html
(98) トランスジェンダー学生の受入れについて
https://www.ao.ocha.ac.jp/menu/001/040/d006117.html
(99) 性別適合手術の健康保険適用について
https://gid.jp/article/article2018113001/
(100) Maya Forstater: Who is woman in employment tribunal over transgender comments?
https://www.independent.co.uk/news/uk/home-news/maya-forstater-transgender-twitter-jk-rowling-b1838151.html

(101) Keira Bell: My Story
https://www.persuasion.community/p/keira-bell-my-story
(102) 世界大手7社、LGBTIの人権擁護呼び掛け　ダボス会議で画期的宣言
https://forbesjapan.com/articles/detail/25570?read_more=1
(103) 世界最大級の広告代理店が、ゲイを拒絶したNIVEAとの契約を終了
https://www.outjapan.co.jp/pride_japan/news/2019/7/2.html
(104) ONLY ADULTS? GOOD PRACTICES IN LEGAL GENDER RECOGNITION FOR YOUTH
A REPORT ON THE CURRENT STATE OF LAWS AND NGO ADVOCACY IN EIGHT COUNTRIES IN EUROPE, WITH A FOCUS ON RIGHTS OF YOUNG PEOPLE NOVEMBER 2019
https://www.trust.org/contentAsset/raw-data/8cf56139-c7bb-447c-babf-dd5ae56cd177/file
(105) 賛同の呼びかけ：トランス女性に対する差別と排除とに反対するフェミニストおよびジェンダー／セクシュアリティ研究者の声明
https://wan.or.jp/article/show/8254
(106) 高すぎるハードル　日本の法律上の性別認定制度におけるトランスジェンダーへの人権侵害
https://www.hrw.org/ja/report/2019/03/20/327931
(107)「LGBT 報道ガイドライン — 性的指向・性自認の視点から —」策定
https://lgbtetc.jp/news/1354/
(108) EHRC statement on Gender Recognition Act
https://www.politicshome.com/members/article/ehrc-statement-on-gender-recognition-act
(109) BUSINESS PRIMER LGBT+ Inclusion and the UN Sustainable Development Goals
https://static1.squarespace.com/static/5bba53a8ab1a62771504d1dd/t/5f6b4f3a978b0513584d2280/1600868211690/SDG-LGBT+inclusion.pdf
(110) ゴールドマン・サックスが、取締役会に白人異性愛男性しかいない会社とは取引しないと宣言
https://www.outjapan.co.jp/pride_japan/news/2020/1/13.html
(111) ワールドラグビー 、トランスジェンダー選手のためのガイドラインの改定策を承認
https://www.world.rugby/news/591776/world-rugby-approves-updated-transgender-participation-guidelines
(112) トランスジェンダー女性について、すべての公立女子大学への入学を認めるよう求める要請書

https://www.hrw.org/ja/news/2020/10/19/376803
(113) バイデン氏、トランスジェンダーの米軍入隊禁止を撤回　トランプ氏の決定覆す
https://www.bbc.com/japanese/55793515.amp
(114) ドイツ外交：世界中のLGBTIの権利を守るための新政策
https://www.hrw.org/ja/news/2021/03/31/378383
(115) So-called equalities minister Liz Truss urges Tory government to pull out of Stonewall's leading LGBT+ employment scheme
https://www.thepinknews.com/2021/05/31/stonewall-diversity-champions-liz-truss-government-trans-rights/
(116) 【東京五輪】初のトランスジェンダー選手、重量挙げで記録なし　英選手が銀
https://www.bbc.com/japanese/58059610
(117) GID（性同一性障害）学会は、国連諸機関による「強制・強要された、または非自発的な断種の廃絶を求める共同声明」を支持します。
http://www.okayama-u.ac.jp/user/jsgid/210329_seimei_kokuren.pdf
(118)「性同一性障害者の性別の取扱いの特例に関する法律」の改正に向けたGID（性同一性障害）学会からの提言
http://www.okayama-u.ac.jp/user/jsgid/210521_seimei.pdf
(119) Gender incongruence and transgender health in the ICD
https://www.who.int/standards/classifications/frequently-asked-questions/gender-incongruence-and-transgender-health-in-the-icd
(120) トランスジェンダー競泳女子選手、全米大学選手権でも優勝
https://www.afpbb.com/articles/-/3395646
(121) 国際水連、トランスジェンダー選手の女子競技への出場を禁止
https://www.bbc.com/japanese/61862354.amp
(122) All public buildings to have separate male and female toilets
https://www.gov.uk/government/news/all-public-buildings-to-have-separate-male-and-female-toilets
(123) Why the Tavistock gender identity clinic was forced to shut ... and what happens next
https://www.theguardian.com/society/2024/mar/31/why-the-tavistock-gender-identity-clinic-was-forced-to-shut-and-what-happens-next
(124) Standards of Care for the Health of Transgender and Gender Diverse People, Version 8
https://www.tandfonline.com/doi/pdf/10.1080/26895269.2022.2100644
(125) Biden Officials Pushed to Remove Age Limits for Trans Surgery, Documents Show
https://www.nytimes.com/2024/06/25/health/transgender-minors-

surgeries.html

(126) 部分翻訳：バイデン政権関係者がジェンダー移行手術の年齢制限撤廃を推進したことが文書で明らかに
https://www.jegma.jp/entry/2024/06/27
※（125）の一部を翻訳

(127) Beyond WPATH
https://beyondwpath.org

(128) U.S. Congress passes landmark bill protecting same-sex marriage
https://www.reuters.com/world/us/us-congress-expected-pass-bill-protecting-same-sex-marriage-2022-12-08/

(129) Court battle looms as UK ministers block Scottish gender recognition law
https://www.theguardian.com/uk-news/2023/jan/17/uk-government-formally-blocks-scotlands-gender-recognition-legislation

(130)「LGBTQ 報道ガイドライン –多様な性のあり方の視点から -」第2版策定
https://lgbtetc.jp/news/2467/

(131) 世界陸連、トランスジェンダー女性の女子種目出場を禁止
https://www.bbc.com/japanese/65060990.amp

(132) Maya Forstater: gender-critical campaigner wins ￡100,000
https://www.thetimes.com/uk/law/article/maya-forstater-trans-views-gender-critical-compensation-nhsk8x0xm

(133) The UCI adapts its rules on the participation of transgender athletes in international competitions
https://www.uci.org/pressrelease/the-uci-adapts-its-rules-on-the-participation-of-transgender-athletes-in/6FnXDIzvzxtWFOvbOEnKbC

(134) 性的指向・ジェンダーアイデンティティ理解増進
https://www8.cao.go.jp/rikaizoshin/index.html

(135) トランスジェンダーの経産省職員に対するトイレ使用制限、最高裁が違法と判断
https://www.cnn.co.jp/world/35206472.html

(136) 行政措置要求判定取消、国家賠償請求事件（判決文）
https://www.courts.go.jp/app/hanrei_jp/detail2?id=92191

(137) 性別変更の手術要件めぐり 特例法の規定は憲法違反 最高裁
https://www3.nhk.or.jp/news/html/20231025/amp/k10014236581000.html

(138) 性別の取扱いの変更申立て却下審判に対する抗告棄却決定に対する特別抗告事件（判決文）
https://www.courts.go.jp/app/hanrei_jp/detail2?id=92527

(139)「包括的性教育」推進へ、法制化めざすネットワーク設立　その狙いは

https://www.asahi.com/sp/articles/ASRDM44M7RDCUTIL017.html
(140) 民放連が「性的指向・性自認による差別を認めない」と謳う「人権に関する基本姿勢」を策定しました
https://gladxx.jp/news/2023/12/9154.html
(141) The International Olympic Committee framework on fairness, inclusion and nondiscrimination on the basis of gender identity and sex variations does not protect fairness for female athletes
https://onlinelibrary.wiley.com/doi/full/10.1111/sms.14581
(142) The WPATH Files
https://environmentalprogress.org/big-news/wpath-files
(143) PDF：翻訳・WPATH Files（解説文）
https://note.com/room_of_jegma/n/nbae16d186b40
(144) England's health service to stop prescribing puberty blockers to transgender kids
https://edition.cnn.com/2024/03/13/uk/england-nhs-puberty-blockers-trans-children-intl-gbr/index.html
(145) 米大学選手ら、トランス女性の女子種目出場や女子更衣室使用めぐり提訴
https://forbesjapan.com/articles/detail/69763?read_more=1
(146) The Cass Review Independent review of gender identity services for children and young people
https://cass.independent-review.uk/home/publications/final-report/
(147) キャス・レビュー：子どもと若者のための ジェンダー・アイデンティティ医療に関する独立審査報告書
https://www.jegma.jp/entry/CassReview
(148) Gender therapy review reveals devastating impacts on teens
https://news.un.org/en/story/2024/04/1148986
(149) ESCAP statement on the care for children and adolescents with gender dysphoria: an urgent need for safeguarding clinical, scientific, and ethical standards
https://link.springer.com/article/10.1007/s00787-024-02440-8
(150) GERMANY: Women's Gym Fined €1,000 After Denying Balding Trans-Identified Male Access to Showers
https://reduxx.info/germany-womens-gym-fined-e1000-after-denying-balding-trans-identified-male-access-to-showers/
(151) Trans Frau verklagt McDonald's wegen Diskriminierung am Arbeitsplatz
https://www.siegessaeule.de/magazin/trans-frau-verklagt-mcdonalds-wegen-diskrimierung-am-arbeitsplatz/?fbclid=IwZXh0bgNhZW0CMTEAAR0JgcBFj

iwnu1TKrhDoBg6jCI4l0EHJkebCPx5MdrU9tbkoiO2MbFegceA_aem_jluchLGxi7CvGYjRrfPJ0A

(152) Labour Government may make puberty blocker ban permanent, High Court told
https://www.standard.co.uk/news/politics/high-court-nhs-secretary-of-state-victoria-atkins-government-b1170434.html

(153) Germany eases gender change rules
https://www.bbc.com/news/world-europe-68801392

(154) GID学会→日本GI学会に名称変更　性同一性障害の改称に合わせ
https://www.asahi.com/sp/articles/ASS3C5TZCS3CUTFL00F.html

(155) 男性から女性 戸籍上の性別変更 手術なしで認める決定 高裁
https://www3.nhk.or.jp/news/html/20240710/k10014507081000.html

(156) なぜ離婚しなければならないのか——特例法非婚要件は違憲だと申し立てられました
https://www.outjapan.co.jp/pride_japan/news/2024/07/14.html

イギリスとドイツの比較

ヨーロッパにおいて、対照的なLGBT政策を行っているのがイギリスとドイツだ。

ドイツは1906年に世界で初めて性別適合手術を行った国、イギリスは2004年に世界で初めて性別適合手術なしでの法的性別変更を認めた国であるが、現在の状況は全く異なっている。

イギリスは女性たちを中心とした活発な市民運動を受けて、肉体の性別を重視する方向へと立ち戻ろうとしている。

一方のドイツは、2011年に憲法裁判所が手術要件を違憲とするまでは法的性別の変更に性別適合手術が必要だったが、その後は「第3の性」を法的性別として認めるなど、どんどん"先進的"になっていき、2024年にはついにジェンダー・セルフID制度が導入されるに至ってしまった。

いったい何がこの違いを生んでいるのか。

それを探るために、各国で起こった出来事を、時系列で見てみたいと思う。

文献については269ページの「LGBTをめぐる世界と日本の動き」や102ページの「異論者に対するキャンセル行動」を参照して欲しい。

年	世界	イギリス	ドイツ
1906			世界で初めての性別適合手術が行われる。
1919			世界初の性科学研究所が作られ性転換の研究が行われる。
1930			世界で初めて男性から女性への性別適合手術に成功する。
1969	アメリカでストーンウォールの暴動が発生。これをきっかけに世界中でゲイリブ運動（性的少数者による		

年	世界	イギリス	ドイツ
1969	権利獲得運動）が始まる。		
1972	スウェーデンが世界で初めて性別適合手術後の法的性別変更を認めた。		
1978	HBIGDA（WPATH（ダブリューパス）の前身）が設立される。		
1980	DSM-3にトランスセクシャル(性転換症)が記載される。		
1981			性別適合手術後の法的性別変更を認める。
1989	デンマークが同性カップルのパートナーシップ制度を導入。	LGBT活動家団体のストーンウォールが設立される。	
1990	クィア理論が提唱される。アメリカの哲学者ジュディス・バトラーが『ジェンダー・トラブル』を著し、「ジェンダーアイデンティティ＝性別」という思想の基礎を作る。		
1994	DSM-4に性同一性障害(GID）が記載される。		
1997		労働党政権下でストーンウォールが政策に深く関わり始める。	
2000	EUにおいて「雇用と職場における平等」指令によりLGBT差別が禁止される。		

年	世界	イギリス	ドイツ
	EU基本権憲章に「性的指向を理由とした差別を受けない」権利が明記される。 LGBT権利運動を支援するアーカス財団が設立され、世界中のLGBT活動家団体に資金援助を行い始める。		
2001	世界で初めてオランダで同性婚が可能になる。	ストーンウォールが多様性チャンピオンズプログラム（企業・団体のアライ化）を開始する。	同性カップルへのパートナーシップ制度を制定。 売春法によって売春が合法化。（もともと明確に禁止されていなかった）
2002	アメリカの人権団体ヒューマン・ライツ・キャンペーン（HRC）が企業平等指数の公表を開始。LGBTフレンドリーかどうかを点数づけ。		
2004		ジェンダー認識法（GRA）が制定され、性別適合手術なしで医師の診断書のみで法的性別を変更できるようになる。	
2005		イギリス海軍がストーンウォールの多様性チャンピオンズプログラムに参加。以後、空軍と陸軍、MI5も参加する。 ストーンウォールが学校での教育に関与し始める。	
2006	ジョグジャカルタ原則（性		包括的な差別禁止法（一般

年	世界	イギリス	ドイツ
2006	的指向と性同一性に関わる国際人権法の適用に関する原則）が採択され、性自認を尊重すべきという国際ルールの根拠とされる。		平等法）を制定。 差別問題対策局（ADS）を創設。
2009	ユネスコが包括的性教育のガイドライン『国際セクシュアリティ教育ガイダンス』を作成する。		
2010	アメリカが包括的性教育を始める。 WPATH（ダブリューパス）が「トランスジェンダーの脱精神病理化」を求める声明。トランスジェンダーの抱えるメンタルヘルスの問題は社会における偏見と差別による「マイノリティストレス」が原因だとも主張。	包括的差別禁止法（平等法）が制定される。既存の９つの差別禁止法を整理・統合。	連邦保健教育センター（BZgA）が包括的性教育のガイドライン『欧州の性教育標準』を作成する。
2011	3月　国連人権理事会が「ビジネスと人権に関する指導原則」を全会一致で承認。 6月　国連の人権理事会（UNHRC）が「世界のすべての地域において、性的指向およびジェンダー同一性を理由として個人に対して行われる暴力と差別の全ての行為に重大な懸念を表明」する決議を採択。 7月　国際レズビアン・ゲ	GIDS（ジェンダーアイデンティティ発達サービス）が思春期ブロッカーの処方を始める。	1月　連邦憲法裁判所が手術要件を違憲と判断し、手術要件が撤廃される。

年	世界	イギリス	ドイツ
	イ協会（ILGA）が国連関連団体になる。		
2012	アルゼンチンが世界で初めてジェンダー・セルフID制度を導入。 WPATHがSOC7を発表。思春期ブロッカーを完全に可逆的なものとして推奨。心理療法が必須でなくなる。	ロンドンオリンピック・パラリンピックでLGBTへの支援が積極的に打ち出された。	
2013	DSM-5で性同一性障害（GID）の病名が性別違和（GD）に変更される。	同性婚法が制定される。	
2014	「EU人権促進７ヵ年計画」でLGBTのための多額の予算（4億ユーロ＝620億円） オリンピック憲章で人種・宗教と並び、性別や性的指向による差別を禁止。	イギリスでトランスジェンダーを自認する若者が急増し始める（特に思春期の女子）。	
2015	6月　アメリカで同性婚が合法化 9月　国連がSDGsを採択	ストーンウォール局長のルース・ハントにより、トランスジェンダーの平等のためのキャンペーンが開始される。 トランスジェンダーの若者を支援する活動家団体マーメイドが設立される。	
2016	ダボス会議でSDGsを通じてLGBTQを推進する企業連合Open For Businessが設立される。	ストーンウォールがSDGsがLGBTQにどのように適用されるかを報告書として発表。	7月　売春者保護法が制定。

年	世界	イギリス	ドイツ
2017	国連エイズ合同計画（UNAIDS）がLGBTI差別が世界経済に与える損失は年間1000億ドル（約11兆円）に上るという調査結果を発表し経済界が注目。 国連人権高等弁務官事務所（OHCHR）は、企業のLGBTIに対する差別解消の取り組みを支援するための、グローバルな行動基準「Standards of Conduct for Business」を公表。世界の企業に対し、LGBTの権利推進を要請。	7月　政府がジェンダー認識法（GRA）を改革し、ジェンダー・セルフID制度を導入することを検討。これに対して女性たちから多くの反発の声が挙がる。	6月　同性婚が合法化。 SNS対策法が制定されSNSでのヘイト投稿を24時間以内に削除するよう義務づけ。 11月　憲法裁判所が現行制度が個人の権利を侵害し差別禁止法に違反しているとし「第3の性」を認めるか、性別登録制度を全面的に廃止することを命じた。
2018	WHOがICD-11への改訂を発表。性同一性障害が「精神疾患」のカテゴリーから外れて、「性の健康に関する状態」へ変更。それに合わせて疾患名も性同一性障害（GID）から性別不合（GI）に変更された。	6月　ジェンダー認識法（GRA）の改正に反対して、For Women Scotland（FWS）が設立される。 「性別は2つしかなく、人の性別は選択可能ではなく、変えることもできない」という信念を掲げる。 2018年に委員会のメンバーの半分を女性にすることを目的として制定された、公共委員会におけるジェンダー代表法（スコットランド）（Gender Representation on Public Boards (Scotland) Act 2018）の中で、女性にはジェンダー認識法によって法的性別を女性に変更した人も含むと定義されていたことに関して、「女性の定義」につ	法的な性別として、男性と女性以外の第3の性を承認。

年	世界	イギリス	ドイツ
		いて司法審査を申し立てた。 7月　サセックス大学の哲学科教授キャスリーン・ストックがジェンダー認識法（GRA）の改正に反対を表明。これにより激しい攻撃や脅迫を受け始め、最終的に2021年に大学を辞した。 9月　シンクタンクの客員研究員であるマヤ・フォーステイターがSNSで「男性は生物学的に女性にはなれない」と投稿し、強い批判を浴びる。その後、2019年に職場を解雇されたため、不当解雇として職場を訴えた。（最終的に2023年6月に職場に対して10万ポンド（2000万円）の賠償命令）。 性別移行を希望する若年女性が4400%増加したと報道。 10月　トランス活動家団体マーメイドの監修のもと、トランスジェンダーを主人公としたテレビドラマ『バタフライ』作成。 ストーンウォールがトランスフォビアに反対する政策の一環として「トランス女性は女性です」などのスローガンを掲げたTシャツを販売。	

年	世界	イギリス	ドイツ
2019		2月　ストーンウォール局長のルース・ハントがトランスジェンダーの権利をめぐる論争により辞任。 9月　ストーンウォールの方針に反対する性的少数者により権利団体LGBアライアンスが設立される。 10月　女性弁護士のアリソン・ベイリーがSNSでLGBアライアンスを支持したところ、ルース・ハントがベイリーの職場に彼女を解雇するように圧力をかけ、職場はベイリーに対して調査を行った。ベイリーは言論の自由に対する不当な圧力であるとして職場に対して裁判を起こした。(2023年7月に職場に対して賠償命令) GIDS（ジェンダーアイデンティティ発達サービス）の杜撰な診断と治療により被害を受けたとして、元トランス男性のキーラ・ベルがタヴィストックに対して裁判を起こす。 11月　GIDSのスタッフであるソニア・アップルビーが患者の安全を懸念して内部告発を行った時に不当な扱いを受けたとして、雇用主で	

年	世界	イギリス	ドイツ
		あったNHSを告訴。(2021年にNHSに対して賠償命令) 12月　マヤ・フォーステイターが裁判で敗訴。雇用裁判所は「トランス女性が生物学的に男性であり女性にはなれないと表明することは、社会通念的に許されず、法律で保障された言論の自由に当たらない」と判断。フォーステイターは控訴した。 作家のJ.K.ローリングがSNSでマヤ・フォーステイターを支持する投稿を行い、強いバッシングを浴びる。	
2020		1月　NHSイングランドにより若年者へのジェンダー肯定医療に関する大規模調査が委託される(The Cass Review)。 9月　イングランド政府がジェンダー認識法(GRA)の改革を断念。ジェンダー・セルフID制度の導入が阻止される。 12月　ベル対タヴィストックの裁判で、16歳未満への思春期ブロッカー投与の妥当性に懸念が示された。GIDSは控訴。	
2021		1月　For Woman Scotland (FWS) が申し立てた「女性	3月　ドイツが世界中のLGBTIの権利を守るための

年	世界	イギリス	ドイツ
2021		の定義」をめぐる裁判で、裁判所は「法的性別を女性に変更した人物を女性と認める」と判断。FWSは控訴。 4月　スコットランドで『憎悪犯罪と公共秩序法（Hate Crime and Public order）2021』が可決される。従来の公共秩序法の範囲を年齢や宗教、性自認などにまで広げたもので、言論の自由を抑圧するのではないかと懸念。 5月　平等と人権委員会が多様性チャンピオンズプログラムからの撤退を表明。平等大臣リズ・トラス議員は全ての政府部門が撤退するべきだと提言した。 6月　雇用控訴裁判所でマヤ・フォーステイターが勝訴。彼女の「トランス女性は生物学的に男性であり女性にはなれない」という信念は、尊重されるべきものだとの判断を裁判所が下した。 犯罪学者のジョー・フェニックスが、オープン大学でジェンダー・クリティカル・リサーチ・ネットワークを設立。学問の自由のもとイデオロギーによる制限を受けることなく、証拠に基づいた学問を	LGBTIインクルージョン戦略を発表。

年	世界	イギリス	ドイツ
		行うことが目的。しかしこれによって、フェニックスは激しい攻撃を受けた。大学側も彼女を守らず、辞めざるをえなくなった。これに対してフェニックスは大学を雇用裁判所で訴えた。(2024年1月に勝訴、大学は謝罪) 10月　ポッドキャストの番組でBBCがストーンウォールの多様性チャンピオンズプログラムに参加していることが暴露される。 11月　BBCが多様性チャンピオンズプログラムから撤退。 12月　ロンドン大学が学問の自由と、ジェンダーに関する議論が妨げられることを理由に、多様性チャンピオンズプログラムから撤退。 チャンネル4(英国の公共放送)、法務省、保健省、通信局、内閣府が多様性チャンピオンズプログラムから撤退した。	
2022	1月　WHOで ICD-11が発行される。性同一性障害が性別不合となり、「精神疾患」のカテゴリーから外れる。	3月　The Cass Reviewの中間報告が発表。GIDSのシステムの欠陥を指摘。また思春期ブロッカーに対する懸念が表明される。	

年	世界	イギリス	ドイツ
2022	9月　WPATH（ダブリューパス）のSOC8が発表される。未成年者の年齢制限を全削除。 (後にバイデン政権高官のレイチェル・レヴィンや、米国小児科学会から年齢制限を削除するように圧力をかけるメールが送られていたことが判明) 10月　SOC8の内容を受けて、WPATH（ダブリューパス）の方針に賛同できないと主張する医療関係者らがBeyod（ビヨンド） WPATH（WPATHを越えて）という反対声明を出し、よりエビデンスに基づいた責任あるガイドラインを求めて署名を集め始めた。 12月　アメリカで同性婚法制化。	7月　教育省がストーンウォールから分離。 マヤ・フォーステイターの事件において、雇用裁判所は、彼女がジェンダー批判的な信念を持っていることにより差別を受けたと判断。 GIDSの閉鎖が決定。 12月　J.K.ローリングらが生物学的女性に限定したレイプヘルプセンターを設立する。 市民が反発する中、スコットランド議会でジェンダー認識法（GRA）の改正案が可決され、ジェンダー・セルフID制度の導入が決定する。しかし英国王室が法律を承認せず（史上初）、阻止される。それに対してスコットランド政府は司法審査を要求。(2023年12月に訴訟却下の判決)	
2023		2月　スコットランド首相のニコラ・スタージュンが辞任。 4月　ケミ・バデノック平等大臣が女性の法的保護のために平等法の書き換えを検討。 男子校や女子校にトランスジェンダーの学生を受け入れないことを許可。	5月　トルコ系公衆浴場に未手術のトランス女性が入って騒ぎになる。(施設はトランス女性に対して謝罪) 8月　自己決定法（Slbsst bestimmungsgesetz）が可決され、翌年11月にジェンダー・セルフID制度が導入されることが決定する。

年	世界	イギリス	ドイツ
		公共テレビ・チャンネル4で性教育番組『Naked Education』が放送開始。子供たちに複数人の大人の全裸を実際に見せながら解説する番組。 5月　リシ・スナク首相が包括的性教育の見直しを提言。 英国自転車競技会がトランス女性の女子競技への参加を禁止。 ジェンダー批判的とされる哲学者のキャスリーン・ストックがオックスフォード大学で講演することに対して、多数のLGBT活動家が抗議。それに対してリチャード・ドーキンスなどの学者がストックを支持することに署名。講演は予定通りに開始されたが、抗議者の妨害活動によって開始直後に中断された。 6月　マヤ・フォーステイターの事件において、雇用裁判所は、彼女がジェンダー批判的な信念を持っていることにより差別を受けたと判断。職場に対して10.5万ポンド（2030万円）の賠償命令。	11月　ドイツ連邦議会が小児性愛者の権利団体からの請願書（子供の自己決定権に関するもの）を受け入れた。

年	世界	イギリス	ドイツ
2023		J.K.ローリングが「シスジェンダーはイデオロギー用語である」と主張。 10月　政府が公的機関によるジェンダーデータの収集に関する調査を開始。sexとgenderに関する全ての公的機関による研究と統計を収集分析し、具体的な勧告を行う予定。 スティーブ・バークレイ保健長官やスエラ・ブレイバーマン内務大臣が、トランス女性の女性スペースへの立ち入りを制限する方針を発表。 スエラ・ブレイバーマン内務大臣が、性犯罪者が名前や法的性別を変更することを生涯禁止することを発表。 リシ・スナク首相が、「男は男、女は女。それが常識だ」とスピーチ。 11月　英国検察庁がストーンウォールの影響を受けていると報道。 「トランス女性は男性だ」とSNSに投稿した女性が、警察から不当な取り調べを受ける事件が発生。ジェンダー・イデオロギーに反対する団	

年	世界	イギリス	ドイツ
		体FAIR COPが女性側を支援し、警察本部に抗議。法廷闘争も辞さない構え。 For Women Scotland (FWS) が申し立てた「女性の定義」をめぐる裁判で、FWSの控訴が認められず、「法的性別を女性に変更した人物を女性と認める」という裁判所の判断が確定。……かと思いきや、後に最高裁判所に上訴することを認められた。J.K.ローリングなどから資金援助を受けている。 12月　NHSがジェンダークリニックへの紹介には親の同意が必要であると規則を改正。 リズ・トラス元首相が平等法の改正案（男女別スペースの保護、学校などが18歳未満に社会的移行させることを禁止、18歳未満へのホルモン製剤の使用を禁止）を議会に提出。（野党の抵抗により可決はならず） ケミ・バデノック平等大臣が「ストーンウォールがこの国のルールを決めるわけではありません」と議会で発言し、歓声を浴びる。 ケミ・バデノック平等大臣	

年	世界	イギリス	ドイツ
2023		が議会でジェンダー肯定医療に言及。ジェンダー違和を訴える若者が急増し、取り返しのつかない医療処置を後悔する若者が増加していることについて「Epidemic（伝染、流行）」と表現。 レイチェル・マクリーン議員が他党の候補者であるメリッサ・ポールトン（1年前にトランスしたトランス女性レズビアン）を「かつらを被った男性」と表現して批判を受ける。 ケミ・バデノック平等大臣が公的機関の長に向けて文書を発行。平等法で守られるべき属性について明確化した。（sexや性的指向は含まれているがgender/gender identityは含まれていない！） スコットランドのジェンダー認識法（GRA）改正案が英国王室により阻止されたことをスコットランド政府が司法審査にかけたことについて、エディンバラ司法裁判所が訴訟を却下。これによりスコットランドへのジェンダー・セルフID制度の導入が完全阻止された。	

年	世界	イギリス	ドイツ
		ジェンダー認識法 (GRA) に反対するケリー・ジェイ・キーンによって政党Party of Women (女性党) が結党される。	
2024	2月　アメリカの大学や専門学校で教員をしている男性が、J.K.ローリングを理路整然と擁護する内容の動画を投稿し大反響を呼ぶ。しかしその後、職場の1つを解雇される。 3月　WPATHファイルが公開される 4月　国連特別報告者であるリーム・アルサレムがThe Cass Review に言及し、「10代の若者への壊滅的な影響が明らかになった」と指摘。 欧州児童青年精神医学会 (ESCAP) が、小児および青年期のジェンダー違和に関する声明を発表。医療従事者に対して「心理社会的影響が証明されていない実験的で不必要に侵襲的な治療を推進せず、“第一に、害を及ぼさない” の原則を遵守すること」を求めた。	1月　ジェンダー批判的な犯罪学者であるジョー・フェニックスが、オープン大学が職員を守らず不当解雇したとして訴えた裁判で勝訴。オープン大学はフェニックスに対して謝罪。 2月　保健福祉省によりNHSがストーンウォールの多様性チャンピオンズプログラムから脱退したと報道。 NHSがトランス女性の薬剤投与によって分泌した乳汁を、乳児にとって理想的なhuman milk だと述べる。 NHSが家庭医に対して怪しげなジェンダークリニックと連携しないよう警告。 For Women Scotland (FWS) が申し立てた「女性の定義」をめぐる裁判について、英国最高裁判所への上訴が認められる。 3月　国連女性機関 (UN Women) がイギリスの女性代表としてトランス女性	5月　児童ポルノの所持が軽犯罪化される。 女性専用ジムが未手術トランス女性のシャワー利用を拒否したことで訴えられ、賠償金1,000ユーロ (17万円) の支払いを命じられた。なおこのトランス女性はドイツの女子サッカーリーグに所属する初のトランス女性。 ドイツ医師会が未成年者の「医療移行」を管理された臨床試験に限定し、性別の自己識別を成人に限定する決議を可決。 6月　他の女子従業員の拒否を理由に女子更衣室の使用を断られた未手術トランス女性のマクドナルド従業員が職場を差別禁止法違反で告訴。 ミュンヘン市でオールジェンダートイレの設置が義務付けられ、女子トイレがオールジェンダートイレに変更される。

年	世界	イギリス	ドイツ
2024		のケイティ・ニーブスを選出。後に子供に思春期ブロッカーを投与させるためのクラファンを立ち上げたり代理出産のPRをする。 トランス女性のインディア・ロビーが、「ネット上で私のことを男性だと呼びミスジェンリングした」として、J.K.ローリングを警察に通報。警察は「犯罪の基準を満たしていない」として逮捕せず。 NHSイングランドがジェンダークリニックでの思春期ブロッカーの新規処方を終了。 GIDSが閉鎖。 スコットランド議会が多様性チャンピオンズプログラムからの撤退を表明。 4月　スコットランドで『憎悪犯罪と公共秩序法（Hate Crime and Public order) 2021』が施行される。初日にJ.K.ローリングはトランス女性の犯罪者などに関する投稿を行い、彼らが男性であることを指摘。これについてスコットランド警察は犯罪には当たらないと声明を出した。	ジェンダー・セルフID制度を導入。 ミスジェンダリング（本人の自認の性別と異なる扱いをすること）に対する罰金刑も導入。

年	世界	イギリス	ドイツ
		The Cass Review(キャス レビュー)の最終報告書が公開される。 イギリスの平等・人権委員会がThe Cass Review(キャス レビュー)を支持する声明を発表。同日、イギリスにおける思春期ブロッカーの処方が禁止される。 スコットランドが思春期ブロッカーの一時停止を発表。 プールの男女共用更衣室で5000人以上の女性の着替えを盗撮し販売していた男性が逮捕。 NHSがbreast feedingをchest feedingと言い換えることを禁止。 NHSイングランドが女性専用病棟には生物学的女性のみを割り当てることを発表。 5月　2024年後半から男女別トイレの設置義務化のルールが適用されることが発表される。 6月　For Women Scotland(FWS)などの働きかけを受け、スコットランド議会は公共委員会におけるジェンダー代表法(Gender Representation on Public Boards (Scotland) Act	

年	世界	イギリス	ドイツ
2024		2018）の中の、「女性の定義」について言及した部分を削除した。スコットランド保守党副党首のメーガン・ギャラチャーは、FWSに言及して「スコットランド全土に、自分たちの権利が侵食されるのを容認しない、激しく、回復力のある、勇敢な女性がいることを嬉しく思います」と話した。 リシ・スナク首相がSNSに「子供たちは学校でジェンダー・イデオロギーを教えられるべきではない」と投稿。 7月 イギリス総選挙で保守党が大敗し、労働党政権となる。新政権発足直後、The Cass Review（キャス レビュー）の内容を履行することを宣言し、思春期ブロッカーの永久禁止の方針を表明。	

あまりにもかけ離れたイギリスとドイツの動き。

両者ともに、包括的差別禁止法が存在する（イギリス：平等法、ドイツ：一般平等法）にも関わらず、どうしてここまで違いが出たのか。

その一番のポイントは、ドイツで2017年に制定されたSNS対策法だろう。

この法律はプラットフォームの運営者に対して、24時間以内に差別的な投稿を削除することを求める法律である。違反すれば運営者に対して罰金刑が科せられる。

これにより、LGBT思想（ジェンダー・イデオロギー）に反対するような投稿は「差別的である」としてすぐに削除されてしまい、SNSで拡散されず、影響力を持つことができない。

もしも2017年にイギリスでジェンダー認識法を改正して、ジェンダー・セルフID制度を導入することが検討されていた時、イギリスにもこのSNS対策法があったとしたら、マヤ・フォーステイターの投稿はすぐに削除されて話題にもならず、結果的にJ.K.ローリングもこの問題に関わることはなかったかもしれない。そしてそのまま、イギリスはジェンダー・セルフID制度を導入してしまっていたかもしれない。

そう考えると、いかに言論の自由が大切であるか、ヘイトスピーチ規制法がいかに危険であるかがよくわかる。

それにしても、イギリスの女性たちの奮闘には目を見張るものがある。

その戦い方には主に以下の3つが挙げられるだろう。

①情報を発信する
②組織を作る
③不当な扱いに対して、裁判を起こす

①情報を発信する

各自がそれぞれ、有益な情報を投稿し、それをJ.K.ローリングのような拡散力のある人物が広める。これによって、LGBT思想（ジェンダーイデオロギー）の問題点を多くの人に知らせ、世論を動かす。

②組織を作る

政治に働きかけるためには、団体を作ることは重要だ。

少なくともLGBT活動家は、それによって絶大な影響力を及ぼしてきた。イギリスのストーンウォールを見れば一目瞭然だろう。

それに対して反対派も団体や組織を作って対抗している。

ストーンウォールの方針に反対する性的少数者たちで構成されたLGBアライアンス。

「女性の定義」、ひいては性別の定義を守るために作られたFor Women Scotland (FWS)。

学問の自由を確立するために作られたジェンダー・クリティカル・リサーチ・ネットワーク。

ジェンダー認識法に反対するメンバーで構成された政党 Party of Women (女性党)。

LGBT活動家たちから激しい攻撃を受ける中、女性たちがあらゆる手を尽くして、多大な金も時間もエネルギーも注ぎ込んで、必死に戦い続けている姿に涙が出そうになるのを感じる。

その結果、2020年にはイングランドで、2024年にはスコットランドでジェンダー・セルフID制度の導入を阻止し、そして2024年6月にはスコットランドの法律から女性の定義(ジェンダー認識法によって法的性別を男性から女性に変更した者も女性に含むとしていた)を削除させたのだから、本当にすごいと思う。

特にスコットランドでジェンダー・セルフID制度の導入を阻止した時なんて、スコットランド議会では可決されてしまって、あとは英国王室の認可をもらって施行するだけ、というタイミングで大きく世論を動かし、歴史上初めて、スコットランドから提出された法案に対して英国王室からの認可を与えないという前代未聞の事態を引き起こしたのだから、実に驚くべきことだ。

しかし、もしここでSNS対策法があったら、情報を広げることはできずに、この結果を出すことは難しかったんじゃないかと思う。本当に恐ろしい法律である。

③不当な扱いに対して、裁判を起こす

SNSで「男性は生物学的に女性にはなれない」と書いたことで不当解雇されたことを訴え、多額の賠償金(2030万円)を勝ち取ったマヤ・フォーステイター。

杜撰な診断と治療の末に取り返しのつかない身体となってしまい、NHSを相手に裁判を起こした元トランス男性のキーラ・ベル。これがジェンダー肯定医療の欺瞞を暴くきっかけとなった。

ジェンダークリニックの実情を告発したことで不当な扱いを受けたとして、NHSを告訴し勝訴したソニア・アップルビー。

学問の自由を守るためにアカデミックなネットワーク（ジェンダー・クリティカル・リサーチ・ネットワーク）を設立したことで、大学の内外から激しく攻撃を受けて辞めることとなり、それについて、職員を守らなかったとして職場であったオープン大学を提訴し勝訴した犯罪学者のジョー・フェニックス。オープン大学は彼女に謝罪をした。

アメリカでも、未手術のトランス女性の水泳選手であるリア・トーマスと競わされたり、女子更衣室の共用を強制された元選手たちが大学などを相手に集団訴訟を起こしたり、アメリカの杜撰なジェンダー肯定医療で傷ついた脱トランス者たちが次々と医療訴訟を起こしているが、法治国家において、傷つけられた人権や尊厳を回復する最も有効な方法はやはり裁判なのだと改めて考えさせられる。

どんな結果が出るにしろ、報道によって大勢が注目することになるから、問題を周知させるためにも有効な手法だ。

あと、2019年に日本の最高裁で合憲とされていた手術要件が、2023年に違憲とされてしまったように、たとえ最高裁の判決であっても覆すことは可能なのだということは、LGBT活動家が教えてくれた。一度チャレンジして駄目でも、システムや法律を覆すという目的を達成するまで原告を替えて何度でも訴訟を繰り返すことも手法としてはアリなのかもしれない。今まさにLGBT活動家団体の Marriage For All Japan が、同性婚訴訟を全国で同時多発的にやっている感じで。

自分たちの要求を通すまで、何度でも同じ訴訟を繰り返す。その間にロビー活動や広報活動を行って世間や政治家、裁判官などの意識を変えさせることも狙いつつ。そして違憲判決さえ勝ち取れば、あとはなし崩しに立法に漕ぎ着けることができる。

そのような戦略を、LGBT活動家は世界中で用いてきた。ドイツ、日本、台湾でも。

法治国家の裏技。バグとも言えるかもしれない。逆に、われわれもその手法を用いることはできるということだ。同じやり方で逆襲するのも一つの手だろう。

まさにそれをやっているのが、ジェンダー認識法（GRA）に反対しているスコットランドのFor Women Scotland（FWS）という団体であり、「女性の定義」を明確にする裁判を起こすことによって法律で保護される属性としての「女性」から、トランス女性を排除しようとしている。そしてその行動は、2024年6月の法律の一部改正（女性には行政手続きによって法的性別を男性から女性に変更した者も含むと記されていた部分を削除）という形で実を結んだ。今後は最高裁判所で「女性の定義」についてどのような判決が下されるのか、大いに注目されるところである。結果次第ではその影響は世界中に波及するかもしれない。

ドイツは包括的差別禁止法とSNS対策法によって、反論の言葉を奪われた状態で、LGBT活動家が裁判を通して権利をどんどん拡張している状態だ。

2011年に手術要件が違憲と判断されたことで、手術無しで性別変更が可能になった。

2017年11月に「男と女以外の性別が選べないのは違憲である」と裁判所が判断したせいで、2018年に第3の性ディバース（divers: 多様）が法的性別として認められた。

そして多くの人が口を塞がれたままの状態で、2024年にジェンダー・セルフID制度が導入されることが決まってしまった。さらにはミスジェンダリング（本人の自認の性と異なる扱いをすること）に対して多額の罰金まで科せられることになってしまった。

本当に恐ろしい事態である。

LGBT活動家が裁判で違憲判決を勝ち取ることで、どんどん権利を拡張しようとしているという点では、日本も同じ状況である。イギリスのように全力で戦い抗わなければ、一気にジェンダー・セルフID制度になってしまう可能性はあるだろう。

幸いなことに、日本には差別禁止法も、SNS対策法も存在しない。まだ言論の自由は守られている状態だ。

それらの恐ろしい法律を作られてしまわないように最大限に警戒しつつ、イギリスのやり方に倣って戦い続ける必要があるだろう。

すなわち、①情報を発信し、②組織を作り、③不当な扱いに対して裁判を起こすことだ。

ドイツの惨状を見ると、かなり全力で抗わないとヤバいようだと感じる。

とりあえず、差別禁止法とSNS対策法の2つを作られたらそこで詰みだ。言論の自由だけは死守すべきだろう。

付　録

ターフ・ウォーズの記録
(THE ANNALS OF THE TERF-WARS)

翻訳者による紹介

フェミニスト目線で、2010年頃から2018年のイギリスの状況を綴った『THE ANNALS　OF THE TERF-WARS』という英語のブログ記事が大変面白く、分かりやすかったので、翻訳してみました。

今回、作者から許可をいただいたので、全文を翻訳して掲載させていただきます。

今の日本の状況と重なる部分が多く、非常に参考になると思います。

ジェーン・クレア・ジョーンズ
(Dr Jane Clare Jones)

作者は Dr Jane Clare Jones という、フェミニスト哲学者であり、作家でもある方。

2019年に、フェミニスト思想センター(The Centre for Feminist Thought) を創設し、フェミニストの歴史と思考のコースを提供するオンラインスクールを開催。2020年には、フェミニスト雑誌である『The Radical Notion（ラディカルな意見)』を創刊するなど、超バリバリのフェミニストです。

『THE ANNALS OF THE TERF-WARS』の原文はこちらです。

https://janeclarejones.com/2018/11/13/the-annals-of-the-terf-wars/

また、2022年にはこの『THE ANNALS OF THE TERF-WARS』を含む様々な記事やエッセイなどをまとめた『The Annals of the Terf Wars and Other Writing』が発売されています。

https://www.amazon.co.jp/-/en/Jane-Clare-Jones-ebook/dp/B0B3P6M8B6

当時のイギリスの状況

この物語を読むにあたって、当時のイギリスの状況を知っておくと、より理解がしやすいかもしれません。

以下に1997年～2020年までのイギリスで起こった出来事のうち、特に重要なものを時系列で示します。さらなる詳細は301ページの「イギリスとドイツの比較」を参考にしてください。

年	出来事
1997年	・労働党政権下において、大手LGBT活動家団体ストーンウォールが政治に深く関わり始める。
2001年	・ストーンウォールが多様性チャンピオンズプログラム（企業・団体がLGBTフレンドリーかどうかの認定制度）を開始する。
2004年	・ジェンダー認識法（GRA）を制定。イギリスで法的性別変更が可能となる法律が作られる。その条件には性別適合手術は含まれておらず、医師の診断書のみ。 (性別適合手術無しで法的性別変更を可能とする世界初の法律)
2005年	・ストーンウォールが学校教育に関与し始める。
2010年	・包括的差別禁止法（平等法）が制定される。
2015年	・ストーンウォールによるトランスジェンダー支援キャンペーンが開始される。
2017年	・政府がジェンダー認識法（GRA）を改正して、医師の診断書もなく、本人の自己申告だけで法的性別を変更できるような制度（ジェンダー・セルフID制度）への変更を検討開始。
2018年	・メディアがジェンダー認識法（GRA）改正について報じ、大きな議論が起こる。 多くの学者や著名人が、ジェンダー認識法（GRA)改正に反対する。
2020年	・政府がジェンダー認識法（GRA)改正の断念を発表。

ターフ・ウォーズの記録
(THE ANNALS OF THE TERF-WARS)

作者による前書き

それで昨日、これが私のフィードに表示されたんですけど、何か、その、間違った表現だと思ったんです……それで何となく、この一部始終を私バージョンで書いてみました……。

Owl @UglaStefania · 1d

Trans people: We just want some basic huma-

Bigots: YOU ARE SILENCING WOMEN

Trans people: No, all women can co-exist and-

Bigots: *goes on every national media platform in the country* I AM BEING SILENCED

Trans people: But-

Bigots: *on a megaphone* SILENCED

14　437　1,488

（※画像の文章の翻訳）
トランスの人々：私たちは基本的人権が欲しいだけ……
差別主義者たち: あなたたちは女性を黙らせている！
トランスの人々：いいえ、全ての女性は共存できます、それに……
差別主義者たち:（この国のあらゆるメディアで報道されながら）私は黙らせられている！
トランスの人々：でも……
差別主義者たち:（メガホンを使いながら）黙らせられている！

プロローグ：遠い昔、はるか彼方の銀河系で……

トランスセクシャルの女性たち：私たちは基本的人権が欲しいだけです。

※トランスセクシャル：強い身体違和があり手術などで肉体を異性に近づけたいと望む人々。

女性たち：わかったわ。

トランスセクシャルの女性たち：私たちは性同一性障害という病気で、本当に辛いんです。性同一性障害の治療として、もう一方の性として生きるために移行する必要があるんです。

女性たち：ええ、それは大変そうね。いいわよ、あなたがそうする必要があるなら。

トランスセクシャルの女性たち：あなたに私たちを女性として扱ってほ

しい。

ほとんどの女性：うーん……いいわよ。もちろん、そうしましょう、それが助けになるなら。

前日譚：遠い昔、今はもう存在しないレズビアン・バーで

レズビアンたち：性的な意味で私たちがあなたたちを女性として扱う必要はないでしょう？

多くのトランスセクシャル女性：ええ、その通り。

新進のトランス活動家たち：あー、実際のところ、もしあなたが私たちとヤりたくないのなら、それは私たちの女性性を無効化してるし、それはミスジェンダリングだし、人権侵害。あなたは私たちとヤりたがるべき。

レズビアンたち：私たちがあなたとファックしたくないのは人権侵害？何言ってんの？

新進のトランス活動家たち：そう、私たちとヤりたがるべき。

レズビアンたち：まだチンコがあっても？

新進のトランス活動家たち：まだチンコがあっても。

レズビアンたち：ええと、ごめん、私たちはチンコがある人とはヤらないの。私たちはレズビアンよ。

新進のトランス活動家たち：あなたたちは無意識の偏見（アンコンシャス・バイアス）を持つヴァギナフェチで、ヴァギナへの門戸を閉ざしている。私たちは女性であり、私たちのチンコは女性のチンコです。 私たちとファックしたくないなら、あなたたちは差別主義者（bigot）よ。

（訳者注：bigot は直訳すると「偏屈者」であるが、その言葉のニュアンスや、同様のシチュエーションにおいて日本で頻用される単語を考慮し、ここではあえて「差別主義者」と訳した。）

レズビアンたち：私たちは差別主義者じゃない、ただあなたは男性で、

私たちは女性とファックするだけ。

新進のトランス活動家たち：文字通りの暴力！ 私たちは女性！ あなたは私たちとファックしたがるべき！

レズビアンたち：ええと、正直言って、今はそんなふうに思えない。

新進のトランス活動家たち：TERF！ TERF！ TERF！ TERF！ TERF！

レズビアンたち：ねえ、みんな！ この人たちは、自分たちが女性だと言って、私たちの性的境界線に圧力をかけてくるけど、そのやり方は、私たちに彼らが女性であることを感じさせないわ……それどころか、男性であるように感じさせるし、私たちは男性とはファックしない。私たちはレズビアンで、男性とはファックしない。だから私たちはデモ行進をしたんでしょ？ だからそれでいいのよね？ そうでしょ!?

（新進のトランス活動家たち：TERF！ TERF！ TERF！ TERF！ TERF！ TERF！）

レズビアンたち：ねえ、みんな！！！ ちょっと助けてくれない？

他のLGBTコミュニティと世界：誰か何か言った？

エピソード1：最初の戦争が始まる

シーン1：サイバースペース - おそらく2013年頃

トランス活動家たち：だからそう、私たちは私たちを女性のように扱ってほしいと言ったが、それは正しくなかった。なぜなら、実際に、私たちは女性であり、私たちが女性であるからこそ、私たちを女性のように扱ってほしいのだし、私たちを全ての女性の事柄から暴力的に排除することをやめてほしいのだ。

女性たち：ええと、私たちは、あなたたちが性別違和を改善するために移行しなければならない男性だと思っていたのですが？

トランス活動家たち：いいえ、それは時代遅れで病理化しています。女性とは、その人を女性たらしめるジェンダーアイデンティティを持つからこそ女性なのです。
女性たち：あの、私たちは女性（female）だから女性（woman）だと思っていたのですが？
トランス活動家たち：いいえ、あなたが女性であるのは、あなたを女性たらしめている魔法的な女性的本質（magic womanish essence）を持っているからです。私たちもあなたと同じ、魔法的な女性的本質を持っています。ただ間違った体に入ってるだけで。
フェミニストたち：それは性差別的に聞こえますね。その女性的本質とは何なのか、そしてそれがどのようにして間違った身体に入り込んでしまったのか、教えていただけませんか？ なぜならそれは、奇妙で形而上学的な……
トランス活動家たち：それは科学です。
フェミニストたち：科学が「魔法的な女性的本質」があると言っている？？？ 本気なの？ だってフェミニズムは……
トランス活動家たち：黙れ、差別主義者。
フェミニストたち：ごめんなさい、何て？
トランス活動家たち：あなたたちは私たちを抑圧しており、あなたたちに発言する機会はない。あなたたちが発言すれば、私たちは抑圧され、文字通り殺されるのです。
フェミニストたち：何ですって？
トランス活動家たち：あなたたちはシス女性で、シスの人々は私たちの抑圧者です。
フェミニストたち：私たちが何？
トランス活動家たち：それがあなた方の新しい名前です。ラテン語から来ていて、自分の体に一致した魔法的なジェンダーの本質（magic gender essence）を持っていることを意味します。そしてあなたの魔法的なジェンダーの本質があなたの体と一致しているから、あなたは特権を受けていて……

フェミニストたち：ちょっと待ってください、女性は女性であるがゆえに抑圧されているのです。それが特権だとは……

トランス活動家たち：ジェンダーアイデンティティが体と一致しているから、あなたは特権を受けているのです！ 間違った身体に閉じ込められた苦しみを誰も知らない。それは全人類に起こったあらゆる苦痛の中で最大の苦痛であり、この苦痛を知らない人はみな特権階級であり、したがって私たちの抑圧者なのです。

フェミニストたち：あー、私たちがあなた方を抑圧しているというのはよく分かりませんね、私たちはあなたを抑圧するような社会的権力はあまり持っていませんし。このジェンダーアイデンティティとかいうものについていくつか質問があるのですが……

トランス活動家たち：私たちが存在する権利について議論しているのですか？？？

フェミニストたち：何ですって？ いいえ、ただ尋ねたかっただけで……

トランス活動家：あなたは私たちの生存権について議論しているのです！ これは文字通りの暴力だ！

フェミニストたち：いやいや、ちょっと待って、私たちはただ質問しようと……

トランス活動家：私たちの存在する権利について議論するつもりはない！ あなたたちは私たちを絶滅させようとしている！ あなたたちは大量虐殺をする人種差別主義者と同じだ！

フェミニストたち：はあ？？？ 私たちが大量虐殺をする何だって？？？ こいつクソやばいな。ちょっと落ち着いて、これについて話し合いましょうよ。

トランス活動家たち：いいえ！ 議論はなし！ 議論は文字通りの暴力であり、私たちを危険にさらすものです。私たちの後に続けて繰り返して――トランス女性は女性です。トランス女性は、シス女性と同じように、女性の本質を持っているから女性なのです。あなたたちは肉体ゆえに女性なのではない。身体と女性であることは関係ない。
フェミニストたち：さて、これはもう頭がおかしくなりそうだ、私たちは、私たちが女性であることと、私たちの身体は大いに関係があると考えているのですから。
トランス活動家たち：生物学的本質主義！
フェミニストたち：何？ 本質主義が悪いというのは同意するけど、それはつまり、ある種の身体を持つ人々が……
トランス活動家たち：違う、本質主義とは男性や女性が存在すると考えることです。
フェミニストたち：でも男性も女性も存在するでしょう。
トランス活動家：くたばれ、TERF！ 火に焼かれて死ね！
フェミニストたち：うわぁ
トランス活動家たち：このシス野郎、何回言わせるんだ？ あなたの体は、あなたが女性であることとは何の関係もない。女性の生物学なんて存在しない。
フェミニストたち：何言ってんの？？？
トランス活動家たち：ジェンダー・バイナリーは、白人のヘテロ家父長制的植民地主義によって作られたものだ。
フェミニストたち：マジで何言ってんの？？？？ 本気で言ってることの意味がわからないんだけど？？ どの「植民地主義」って？？？？
世界の他の地域の存在を知らないアメリカのトランス活動家たち：植民地主義は植民地主義に決まってるだろ。
フェミニストたち：北アメリカ大陸の植民地化が、男性と女性の創造に一体どんな関係があるというのでしょうか？ それに、人種差別的と思われるかもしれませんが……
トランス活動家たち：トゥースピリットの人々……ベラベラベラ……性別はスペクトラム……ベラベラベラ……クマノミ……ベラベラベラ……インターセックスの人々……ベラベラベラ……一部の女性は卵巣

を持たない……ベラベラベラ……社会的構築物……ベラベラベラ……ジュディス・バトラー

（クールガール症候群の学者と、エッジロードとウェイクブロスの詰め合わせ：ジュディス・バトラー！！！！）

トランス活動家たち：……ベラベラベラ、女性の生物学なんて存在しないし、女性は魔法的なジェンダー的本質を持っているから女性なのであり、だからペニスがある女性もいるのだ！

フェミニストたち：オーケー、こいつはとんでもない。私たちは本当にこのことについて話し合う必要がある。

トランス活動家たち：私たちの存在する権利について議論するつもりはない！

エピソード1：第一次大戦は続く

シーン2：サイバースペース - 2013-14年頃

（*画面の上下左右からインターセクショナル・フェミニスト……を入力する*）

インターセクショナル・フェミニストたち：彼らは自分の存在する権利について議論するつもりはないのよ、この差別主義者！

フェミニストたち：待って、あなたたちはフェミニストだと思ってた。あなたたちは女性たち（female people）のことを気にかけているものだと。

インターセクショナル・フェミニストたち：女性（female people）とは前世紀的ね。白人フェミニストだけが女性（female people）のことを気にかけている。

フェミニストたち：白人の何て？

インターセクショナル・フェミニストたち：私たち以前のフェミニストはみんな白人中流階級の女性で、白人中流階級の女性が気にすることにしか関心がなく、白人中流階級の女性に良い仕事を与えることにしか興味がなく、黒人女性には関心がなく、セックスワークが解放的であることに気づかず、主にトランスの人たちを殺したいと思っている、淫行恐怖症の堅物な人たちだった。

フェミニストたち：まるで気違いじみた風刺画みたいね。

インターセクショナル・フェミニストたち：そう言うでしょうね、抑圧的な老いぼれは。権力を維持するためにそう言っているだけでしょ。

フェミニストたち：いや、そんなことはない。私たちには大した力はない。デタラメに聞こえるから言っているんです。(*第二波フェミニズムが女性を助けるためにしたすべてのことを説明しようとしている)

インターセクショナル・フェミニストたち：私たちはあなたたちの話など聞いていない、抑圧的なビッチたちめ。私たちは若い人たちの心を守るために、図書館にあるあなたたちの本をすべて隠しました。あなたたちは同性愛嫌悪者であり、トランスフォビア（トランス恐怖症）であり、人種差別主義者です。私たちはインターセクショナル。私たちだけがタンブラー・オラクルからすべての異なる抑圧が、誰が最も抑圧されているかという尺度の上で、どのように異なる点を持つかを学びました。そしてあなたたちは白人であり（そして私たちのほとんどもそうですが、私たちがあなたたちを指さすのはそれがどういうわけか意味があるからです、たぶん私たちが左右非対称なヘアカットをしていて、私たちのプロフィールの写真が素晴らしい横目をしているからでしょう）、そしてあなたたちは女性で、それはあなたたちが最も抑圧されていないということであり、それはあなたたちのフェミニズムがクソだということであり、それはあなたたちのフェミニズムにおいて他のすべてのこれらの人々を中心に据える必要があるということであり、もしあなたたちがそれを拒否するなら、それはあなたたちが抑圧者であり、最も抑圧されているのはトランス女性たちであり、これからは彼女たちがフェミニズムの中心にならなければならないということなのです。

フェミニストたち：男性として生まれた人たちを私たちのフェミニズム

の中心に据えて欲しいと？

インターセクショナル・フェミニストたち：その通りだ、ビッチども！そして「男性に生まれた人々」なんてものは存在しない。それはシスセクシズムであり、文字通りの暴力です。あなたたちは自分自身を教育する必要がある。私たちにはスプーンがありません。

（※訳者注：スプーン=エネルギーの意。異論者に詳しく説明し説得するには多くのエネルギーが必要なので、そこまでのエネルギーは注げないと主張している）

参考→スプーン理論 *https://en.wikipedia.org/wiki/Spoon_theory*

フェミニストたち：うーん、そうですね、私たちはフェミニズムの歴史と実践についてかなり詳しいですし、かなりそれについて真剣に考えました。そしてもしよければ、これからも女性中心でやっていこうと思います。

インターセクショナル・フェミニストたち：抑圧者たちめ！

フェミニストたち：女性たちは抑圧され、私たちの政治運動は……

インターセクショナル・フェミニストたち：SWERFでTERF！ SWERFでTERF！ SWERFでTERF！

（※訳者注：SWERF=Sex Worker Exclusive Radical Feminist　セックスワーカー排除的ラディカルフェミニスト）

（追伸：私のアソコの酵母で作ったサワードウパンはいかがですか？）

フェミニストたち：オーケー。これはもう本当にマジでめちゃくちゃだ。

インターセクショナル・フェミニストたち：退散せよ、そして白人フェミニズム（TM）の涙を流せ、干からびて年老いた魔女どもめ。そして、私たちを辱めるようなことをするな、さもなくば刃物で刺してやる。

フェミニストたち：あー、このフェミニズムはあまり……

新しい青い髪のインターセクショナル・フェミニストたち：デカちんエネルギー！

（*TERF-ブロッカーが降下*）

エピソード1：第一次大戦の終結

シーン3：サイバースペースと公共圏、2014-5年

フェミニストたち：(*自己学習*)（ *ますます恐怖を感じる*)（ *誰も読まない記事を書き始める*)

やあ、みんな！ この戯言はどうかしてる。女性 (female) であることと女性 (woman) であることは何の関係もないと言っているこれらの人たちがいて、魔法的なジェンダーの本質を持っているから彼らが女性なんだと言っている。これはかなり性差別的に聞こえるし、sex（性別）は存在しないとも言っていて、それこそが抑圧されている理由だと常に考えてきた私たちは、これが女性やフェミニズムにとって悪い考えなのではないかとかなり心配している。そして今、フェミニストだという他の人たちが、女性 (female) でない人たちを私たちのフェミニズムの中心に置かなければならない、さもなければ私たちが抑圧者だと言っている。そして彼らはいかに私たちが売春婦恐怖症の差別主義者だから何も発言すべきではないかについて延々と言い続けていて、ちょっとおかしい。人々はレズビアンにペニスがある人とセックスしろと虐めているし、彼らは若者にどんな効果があるかわからないようなホルモンの摂取を勧めていて、正直言ってこの件は全て腑に落ちないものだと考えている。いったい何が起こっているんだ？

トランス活動家とインターセクショナル・フェミニストたち：あそこで話している女性は、人々を危険にさらしている。なぜなら、彼女は邪悪な差別主義者であり、トランスの人々は世界で最も弱い立場にある人々であり、彼女は抑圧者であり、彼女が話すことによって私たちを抑圧しているのだ。そしてもし彼女が話せば、それは文字通りの暴力であり、人々に私たちを傷つけさせ、私たちもまた自らを傷つけてしまう。だからあなたは彼女の話を止めなければならない。もし彼女の話を止めなければ、あなたも邪悪な差別主義者であり、私たちはあな

たがどんな邪悪なクソ差別主義者であるかを皆に伝えるつもりだ。それが嫌なら今すぐさっさと彼女を止めたほうがいい。

市民団体：ええと、今度は何ですか？

トランス活動家たち：(*デモ隊*)（*手紙とEメールと電話で殺到する*）(*Twitterで大量の人々を集めて団体に攻撃する*)

市民団体の広報：こんなことをされたら私たちの印象が悪くなってしまう。

市民団体：わかりました、差別主義者には話させません。つまり、彼女はただのフェミニストですよね？

トランス活動家たち：万歳、私たちは安全です！ クソッタレな魔女は死んだ！

フェミニストたち：いったい何なの？　皆さん！　私はただ、ここにいくつかの疑問があり、私たちはそれについて本当に話し合うべきだと思うので、発言しようとしただけです。ただ魔法的な女性の本質を持っているという理由で人々が女性であるとは思えないし、そう考えることで良くない結果もあり得ると思う。

トランス活動家と市民団体：差別主義者は黙れ！

左翼系の大手新聞にコラムを寄稿しているミソジニストの子供：差別主義者は黙れ！ あなたたちは、ゲイの人たちをみんな子供にいたずらをする変質者だと考えていたような類の人たちなのだから！

フェミニストたち：あの、私たちの多くは実際にレズビアンだし、残りの人たちは同性愛者の権利を完全に支持していた。私たちは常に同盟を結んできていたのに、何を言ってるの？

左翼系の大手新聞にコラムを寄稿しているミソジニストの子供：(*異論を唱える女性たちを全てブロックする*) 歴史の間違った側にいるビッチどもめ！

目覚めた（woke）兄弟と左翼のミソジニストたち：(*興奮で飛び跳ねながら*) 歴史の間違った側にいる高慢なビッチども！

トランス活動家たちと市民団体と左翼系新聞：私たちの後に続けて繰り返して！ ──トランス女性は女性です。トランス女性は女性なのだから、トランス女性は他の女性に与えられている社会的資源をすべて与えられるべきであり、もしこれを受け入れないのであれば、あなたたちは排他的な差別主義者であり、あなたたちがいかにひどい恐ろしい人間であるか、そしていかにあなたたちが公の場で生活したり、働いたり、話したり、執筆したりすることを許されるべきではないかを、私たちは皆に知らしめることになる。わかったな？？？

フェミニストたち：あなたたちは私たちを脅迫し、沈黙させている。

トランス活動家たちと左翼系新聞：ちがう、そんなことはしてない。あなたたちは存在し、質問し、間違った意見を持つことで、人々を煽動している。みんなを安全にするために、あなたたちは黙る必要がある。今すぐに！

エピソード2：戦間期

シーン1：公共圏、2015年～2017年

フェミニストたち：私たちはここでかなり意気消沈しています…

トランス活動家たち：素晴らしい！ あなたはそこに座って、その小さな女性の口を閉じていなさい。

(*もっと組織化しろ*)（*ストーンウォールやすべてのLGBT+の団体を乗っ取れ*）(*学校や団体に人を送り込み、人には魔法的なジェンダーの本質があり、それが時々間違った体に閉じ込められてしまうことを説明させろ*)（*いじめろ、嫌がらせしろ、そして発言する女性のプラットフォームを作るな*)

やあ、政府。私たちはこの素晴らしいアイデアを持っている。あなたたちはいかに自分が、経済をどん底に突き落とし、弱者を飢えさせる一方で金持ちの懐を肥やしてきた、ろくでなしの集団だと思われてい

るかを知ってるでしょう。そんなあなたたちにぴったりのチケットがある。

政府：(*耳が立ち上がる*) もっと教えてください。

トランス活動家たち：いいですよ、あなたたちがしなければならないのはこの法律を変えることだけです、そうすれば、私たちはもっと簡単に性転換できるようになる。現行の法律は本当に負担が大きいし、私たちは本当に弱い立場にいる。そうすれば私たちは本当に助かるし、あなたたちがすべてを犠牲にしつつ、社会から疎外された人々のことを気にかけているように見せることができるでしょう。

政府：ほう、それは恩恵のように聞こえます。何か裏があるのですか？

トランス活動家たち：いいえ、ありません。それは実際には事務的なプロセスを合理化するだけです。

政府：よし、来てそれについて全部話してくれ。他に話すべき人はいますか？

トランス活動家たち：いいえ、誰にも何の影響もありません。ただの事務処理です。ただ、向こうのお高くとまった女性たちには話さないように気をつけて下さい！　彼女たちはみんな、私たちを殺したい邪悪な差別主義者ですから！

政府：そうですね、話を聞くとひどい人たちみたいだ。あなたにとってはひどく恐ろしいでしょうね。

トランス活動家たち：ええ、本当に恐ろしい人たちです。ついでに、平等法から、彼女たちの男女別スペースへの権利を削除することも検討したほうがいいかもしれません。それは私たちを差別するものなので。

政府：興味深い。では、いつ来れますか？

エピソード2：戦間期

シーン2：乗っ取りは続く、労働党、2016-17年

左翼の中の左翼：緊縮財政は最悪だ！ 新自由主義は最悪だ！　私たちは今こそ、社会民主主義を求めている！！

フェミニストの一部：ええ、私たちもそれを望んでいます。

他のフェミニストたち：この人たち変人かもよ。

フェミニストの一部：わかった。彼らが何を言うか見てみましょう……。

活動家：われわれは、今こそ、社会民主主義を、求めている！

労働党の新しいリーダー：われわれは、今こそ、社会民主主義を、求めている！

フェミニストの一部：オーケー、素晴らしい……

活動家：今すぐに、社会民主主義を望まない者は、資本主義のサクラである！

フェミニストの一部：うーん、言いたいことはわかるけど……。

活動家：資本主義のサクラ！　資本主義のサクラ！　協力的な中道派のクソどもめ！

フェミニストの一部：これはなんだか親しみを感じる……。

活動家：……ついでに言っておくと、トランス女性は、女性である！

労働党の新しいリーダー：トランス女性は、まさに、女性である！

活動家：トランス女性は、女性である！ トランス女性は、女性である！ それに疑問を持つものは、差別主義者である！

フェミニストの一部：ああ……くそったれ……。

他のフェミニストたち：言ったでしょう、彼らは変人だって。

左翼系の大手新聞にコラムを寄稿しているミソジニストの子供：トランス女性は女性であり、私に反対しているのは、あそこにいる中道派の協力者たちだけである……。

フェミニストの一部：えっ、そんなのでたらめだ。

活動家、労働党指導部、ミソジニストの子供、ブロシャリストのコーラス：トランス女性は女性である！ トランス女性は女性である！ 資本主義の差別的なサクラめ！ 差別的なサクラめ！ 奴らを燃やせ！ 奴らを燃やせ！

（※訳者注　ブロシャリスト（brocialist）：女性やクィアを無視する社会主義者の男性。日本語で言うなら男尊左翼が近いか？）

バカ：完全に自動化されたラグジュアリー……

フェミニストの一部：うん。変人だわ。

他のフェミニスト：言ったでしょ。

労働党の女性たち：あの、このトランス女性は女性であるということについては、ちょっと……。

活動家、ミソジニストの子供、ブロシャリストのコーラス：黙れ、このクソ TERF の差別主義者め！

労働党の女性たち：TERF って何？

活動家、ミソジニストの子供、ブロシャリストのコーラス：お前たちは「トランス排他的ラディカル・フェミニスト」だ。つまり、お前たちは邪悪であり、魔女であり、人々はお前らを殴ってもいいし、それは女性に対する暴力ではない。なぜならお前たちは魔女だからだ。

労働党の女性たち：ええと、私たちがラディカル・フェミニストなのか、誰かを排除しているかはわからないけれど、誰も女性を殴るべきだとは絶対に思わないし、私たちはただ……。

活動家、ミソジニストの子供、ブロシャリストのコーラス：黙れ！

労働党の女性たち：（*舞台袖で集まって、静かにささやきあう*）いったい何なの？？？？

ねえ、皆さん！ 私たちは労働党員であり、民主的な政党です。思うに私たちは……

活動家、ミソジニストの子供、ブロシャリストのコーラス：われわれはお前たちに、黙れと言ったぞ！

労働党の女性たち：しかし……
活動家、ミソジニストの子供、ブロシャリストのコーラス：黙れ！！！！
（*口のチャックを閉じる動きをする*）
労働党の女性たち：ええと、私たちはこのことについて話し合いたいので、ここに行って……
活動家、ミソジニストの子供、ブロシャリストのコーラス：素晴らしい！消え失せろ！ いずれにしろ、お前らのようなサクラは革命に必要ない……！
フェミニストたち：こいつは大混乱だ。
活動家：われわれには女性役員に相応しい、この素晴らしい若いトランス女性がいる。なぜなら、彼女は素晴らしいし、トランス女性は素晴らしいし、トランス女性は女性であるし、彼らの人生経験に違いはなく、それは女性の政治的関心を理解していないことを意味するかもしれないが、そんなことを言い出す奴は糞ったれの差別主義者だ。
一般大衆：は？
髪の色が変化する若いトランス女性の役員：こんにちは、私はペタルです。私はとてもペタルで、つまり、私は女性とそのペタルについてすべて知っていて、ペタルの政治的関心事をすべて代弁することができますし、子宮移植を受ければさらにもっとペタルになるでしょう。そしてもしあなたが私のペタルを好まないのであれば……
（※訳者注 ペタル（petal）:花びら）
労働党の女性たち：いやいや、ペタルはいいです。ただ、あなたはとても若いし、人生のほとんどの期間、あなたは……。
ペタル：私が何だったですって！？ 私は"常に"女性でした……
労働党の女性たち：ええ、その点についてはよくわからないのですが……
ペタル：糞ったれ！ このトランスフォビアの差別主義者どもめ！
労働党の女性たち：あの、あなたは私たちの意見を代弁することになってるんだと思ってたんですけど、実際には、あまりできてないような気が……。
ペタル：TERF どもは消えうせろ！
一般市民：いったい何が起こってるんだ……？
フェミニストたち：ええ、私たちが思うに……
活動家、トランス活動家、ミソジニストの子供、ブロシャリストのコーラス：われわれはお前たち魔女にもう黙っていろと言ったはずだが！

エピソード 3：第 2 次戦争の始まり

シーン 1：2018 年、ホワイトホールのどこか

政府：法律を変えるつもりです。ご存知のとおり、非常に弱い立場にあるトランスジェンダーの人々の生活を楽にするために、ちょっとした行政上の整理をするだけです。
フェミニストたち：何をするつもりですか？？？ なぜ私たちにこのことを尋ねなかったのですか？
政府：ええ、あのー、トランスジェンダーの人々は、あなた方には影響がないと言っていました。
フェミニストたち：彼らが何と言ったですって？？？ いや、ちょっと待ってよ。

エピソード 3：魔女の逆襲

シーン 2：サイバースペースと公共圏、2018年

トランス活動家：私たちの後に続いて言ってください。トランス女性は女性です。トランス女性は女性がアクセスできるあらゆる空間から排除されるべきではありません。これに疑問を呈する人は、極右と結託した排他的大量虐殺的人種差別主義者です。ところで、あなた方はも

う女性ではなく、シス女性であり、私たちはあなた方に自分の体について話すのをやめてほしいのです。そして、あなた方に関係するすべての文献の言葉をすべて変更して、女性（female）であることは女性（woman）であることに必須ではないことを誰もが理解できるようにします。そして、これからはあなた方は「月経のある人」であり「子宮頸部のある人」であり「妊娠している人」です。わかりましたか？

女性たち：うわあ。何ですって？ あなた何言ってんの？ 私たちがシス……なんて？ そして 私たちはもう女性ではなく、月経のある人。私たちはこんなの好ましくないと思います。

トランス活動家：それは包括的（インクルーシヴ）です。

女性たち：ええと、私たちにとっては、それは地獄のように非人間的に聞こえます。

トランス活動家：シスジェンダーの人たちは黙って、あなたたちは抑圧者です。これがあなたたちのための新しい言葉です。

女性たち：私たちが自分たちに使う言葉を決める権利はないのですか？

トランス活動家：ええ、あなたたちは抑圧者です。この新しい言葉を受け入れないなら、あなたたちは私たちを抑圧していることになります。

女性たち：私たちが女性と呼ばれたいと望むことであなたたちを抑圧しているのですか？？？ 一体何なの……

トランス活動家：差別主義者！ これらがあなたたちの新しい言葉です。あなたたちはシスジェンダーの女性で、私たちはトランスジェンダーの女性です。私たちはどちらも単に異なるタイプの女性ですが、私たちの方があなたたちよりも抑圧されているので、あなたたちは私たちの言うことに従わなければなりません。ほら、あなたたちには何もできません。政府はすでに私たちに同意しているのです、わかりますか？

女性たち：政府はすでにあなたたちに同意している？ 何ですって？

トランスジェンダー活動家：そうです。さあ私たちの後に続いて言ってください！ トランス女性は女性です。政府はこれを信じており、われわれが魔法の女性のエッセンスを持っていると書かれた紙に署名すれば、女性として法的に認められるように法律を変えようとしている……

女性たち：何ですって？？？ こんなことが正しいはずがない。きっと誰かがこれについて何か言っていたはずだ。フェミニストの人たちはどこにいる？ フェミニストの人、これは正しいの？

フェミニストたち：あー。私たちはどうにかしようと……

女性たち：これは何を意味するの？？？

フェミニストたち：(*図表とエッセイのモンタージュ*)

(*3週間後*)

女性たち：こんなのクソだ。どうにかしなくちゃ。

フェミニストたち：ええ！ やりましょう！

フェミニストたち、急進的な女性たち、インターセックスの人々、トランスセクシャルの人々、心配している親たち、何かがおかしいと気づいているゲイの男性たち、ストレートの男性の仲間：みんな！ 手をつないで！ 引っ張ってえええええええ！！！！

マスコミ：女性たちが何かについて大騒ぎしているようだ。なぜあちこちにチンコのステッカーが貼ってあるんだ？？？ いったい何が起こっているんだ？

トランス活動家と左翼マスコミ：何もない！ 奴らは差別主義者だ！

マスコミのほとんど：ああ、わかった。

数人のジャーナリスト：(*掘り返して*）いったい何なんだ？？？？？？

フェミニストと仲間たち：みんな！ 引っ張り続けてえええええ！！！！動き出してる！！

トランス活動家たち：魔女を燃やせ！ 魔女を燃やせ！ 魔女を燃やせ！

フェミニストたち：はは、そうだ、私たちはもう、あなたたちや、あなたたちの言葉がそれほど怖くないんだよね？ 私たちはここにたくさんいる。そして人々は耳を傾け始めている。みんな！ さあ！！引っ張り続けてえええええ！！！！
トランス活動家たち：魔女を燃やせ！ 魔女を燃やせ！ 魔女を燃やせ！
女性たちと仲間たち：引っ張れええええええ！！！！
世界中から見守るフェミニストたち：そうだ！ 引っ張ってえええええ！！！！
女性たちと仲間たち：どんどん引っ張り続けてえええええええええ！！！！
トランス活動家たち：魔女を燃やせ！ 魔女を燃やせ！ 魔女を燃やせ！
政府：ラーラーラー。
数名のジャーナリスト：えーと、実際この件をちょっと見てみたら、女性たちの言うことに一理あると思うんです。
トランス活動家たち：いや、そんなことはない！ 奴らは魔女だ！ 燃やせ！ 燃やせ！
数名のジャーナリスト：さて、いいですか、法律の改正が提案されていますが、ここは民主主義国家であり、彼らの主張には非常に説得力があり、最近起こったいくつかの出来事から、彼らの懸念には何らかの実体があるのかもしれないと思えます。私たちはこれをよく考えるべきだと思います。
トランス活動家たち：議論はやめろ！ 奴らを燃やせ！ 奴らを燃やせ！
数名のジャーナリスト：それが本当にあなたのケースに役立つかどうかはわかりません。もっと詳しく取り上げるつもりです。
トランス活動家たち：奴らに耳を傾けるなんてあり得ない！ 奴らは魔女だ！ 望むものをくれないなら、私たちは自殺する！
女性たちと仲間たち：引っ張れえええええええ！！！！ 動いてる、動いてる！！！！！！
世界中から見守るフェミニストたち：引っ張ってえええええ！！！！
今までずっと一貫して沈黙したままだった大手左派新聞：(*大げさに咳払い*) えーと、実際のところわれわれが思うに、女性たちの言うことに一理あるかもしれません。

女性たちと仲間たち：(*ひっくり返って後ろに倒れ込む*)

（※訳者注　大きなカブが引っこ抜けたようなイメージ？）

国内外のトランス活動家とアライたち：なんてこった！ どうしてイギリスのメディアはこんなに邪悪な差別主義者たちばかりなんだ？？？？？？

女性たちと仲間たち：(*息を切らして横たわったまま*)　クソどもが、何か言ってやがる。

<終了>

翻訳者の感想

完全に今の日本の状況と似通ってて恐ろしい。

イギリスはそこで必死に戦い抜いたからこそ、現在の正常化があるんですね。

この後、2019年からはJ.K.ローリングなどの超大物もこの戦いに参戦し、ますます激しい逆襲をトランス活動家側に仕掛けていくことを考えると、非常に胸が熱くなります。

が、それも2018年までの多くの人々の戦いの歴史があってこそでしょう。

日本もイギリスの女性たちを見習って、頑張りたいものです。

それにしても、トランス活動家が言ってること、10年前から何にも変わってない…。

クマノミが出てきたところで爆笑しました😂

あとがき

お読みいただきありがとうございました。

日本は今、大きな分岐点にあります。

2023年10月25日に最高裁で性同一性障害特例法に違憲判決が出たことにより、日本においても性別適合手術なしでの法的性別変更が可能になる道が拓かれてしまいました。

2011年に手術要件に対して連邦憲法裁判所で違憲判決が出たドイツでは、それから13年後の今年(2024年)、医療要件すら撤廃してジェンダー・セルフID制度を導入することとなってしまいました。

日本はまだ不完全ながら外観要件は残っているとはいえ(2024年7月10日の広島高裁決定で、男性器がある状態でも女性器に近似した外観であるので外観要件を満たすという非常に奇妙な決定が出ましたが)、このままではドイツと同様、なし崩し的にジェンダー・セルフID制度へと持ち込まれてしまう可能性は低くないと考えます。

一方で、2004年に世界で初めて性別適合手術なしでの法的性別変更を可能にしたイギリスは、ジェンダー・セルフID制度の導入をめぐって2018年頃から国民的な議論が盛り上がった結果、ジェンダー・セルフID制度の導入を阻止することに成功し、今は肉体の性別に基づいて女性スペースや女子スポーツを保護するべきだとか、ジェンダー肯定医療を見直すべきだという議論にまで発展しています。

男性器があるトランス女性のシャワー室利用を断った女性専用ジムが、差別禁止法違反で訴えられて賠償金を支払わされているドイツとは実に対照的です。

手術要件が無くなった日本がイギリスとドイツ、いずれの道を選ぶことになるのか、その分岐点がまさに今なのだと思います。

先行国の現状をしっかりと認識した上で、全ての国民にこの議論に参加してほしい。そのような思いをもってこの本を書かせてもらいました。

皆様のご参考になれば幸いです。

特に医師という職業柄、ジェンダー肯定医療の惨状についてはかなり思うところが多く、かなりページ数も多くなってしまいましたが、このような海外の過ちが日本で繰り返されぬよう願いますし、個人的にもSNSなどで情報発信を続けていきたいと考えています。

ノーディベート（議論の禁止）が海外にどのような混乱・トラブル・医療スキャンダル等々を招いたかについては十分に筆を尽くしたつもりです。差別禁止法やSNS対策法といった法律がいかに議論を妨害・無効化してきたかも。

この本をきっかけにLGBT問題について、正確な情報に基づいた議論が日本で大いに行われることを、心から望んでいます。

最後に、記事の転載を快諾してくださった、ErinさんやJane Clare Jonesさん、そして激しい攻撃を受けながらも多くの記録を残し続けてくれた全ての方に深い感謝を捧げます。皆さんが戦ってくれたからこそ、ほんの1年前まで何も知らなかった私でもここまで調べ形にすることができました。本当にありがとうございました。

なお、本文中、一部を除き敬称は略させていただきました。

2024年7月20日

斉藤佳苗（Xハンドルネーム：エスケー）

斉藤佳苗（さいとう・かなえ）
医師。昨今のLGBT問題をめぐる状況に疑問を持ち、専門知識と語学力を駆使して国内外の文献や資料を徹底的に調べ上げた中間報告が本書である。ジェンダー医療問題を中心にLGBT問題を追究している。本書の記述内容を議論、批判、止揚する中で、LGBT問題をめぐる対立を解消、対話への途に就くことを願う。
Xアカウント「エスケー」で日々発信している。
@katzepotatoes

◎LGBT問題専用メールアドレスを設けました。本書へのご感想、ご批判、LGBT問題についてのご意見はこのメールアドレスに送ってください。
mt.rokusaisha@gmail.com

LGBT問題を考える
基礎知識から海外情勢まで

2024年9月1日初版第1刷 発行

著　者── 斉藤佳苗
発行者── 松岡利康
発行所── 株式会社鹿砦社（ろくさいしゃ）
●本社／関西編集室
兵庫県西宮市甲子園八番町2-1 ヨシダビル301号 〒663-8178
Tel 0798-49-5302 Fax 0798-49-5309
●東京編集室
東京都千代田区神田三崎町3-3-3 太陽ビル701号 〒101-0061
Tel 03-3238-7530 Fax 03-6231-5566
URL http://www.rokusaisha.com/
E-mail 営業部○sales@rokusaisha.com

本文DTP/装丁──西村吉彦

Printed in Japan ISBN978-4-8463-1559-7 C0036
落丁、乱丁はお取り替えいたします。お手数ですが、弊社までご連絡ください。